国学公开课系列

孟子公开课

刘亚玲 ◎ 编著

当代世界出版社
THE CONTEMPORARY WORLD PRESS

图书在版编目（CIP）数据

孟子公开课 / 刘亚玲编著. —北京：当代世界出版社，2016.11
ISBN 978-7-5090-1145-4

Ⅰ.①孟… Ⅱ.①刘… Ⅲ.①孟轲（约前372—前289）—哲学思想—思想评论 Ⅳ.①B222.55

中国版本图书馆 CIP 数据核字（2016）第 266481 号

书　　名：	孟子公开课
出版发行：	当代世界出版社
地　　址：	北京市复兴路4号（100860）
网　　址：	http://www.worldpress.org.cn
编务电话：	（010）83907332
发行电话：	（010）83908455
	（010）83908409
	（010）83908377
	（010）83908423（邮购）
	（010）83908410（传真）
经　　销：	新华书店
印　　刷：	北京时捷印刷有限公司
开　　本：	710毫米×1000毫米　1/16
印　　张：	17.5
字　　数：	270千字
版　　次：	2017年3月第1版
印　　次：	2017年3月第1次
书　　号：	ISBN 978-7-5090-1145-4
定　　价：	39.80元

如发现印装质量问题，请与承印厂联系调换。
版权所有，翻印必究；未经许可，不得转载！

前言

　　如今是一个管理的时代，钻研经营管理之道，已经成为任何一个致力于拓展业务的管理人第一要务。

　　管理是一门学问，也是一门艺术。有人说，管理很复杂，确实如此。管理涉及企业的方方面面，有人力资源管理、财务管理、组织纪律管理、团队管理、后勤管理……也有人说管理很简单，其实，如果把所有的细节整合在一起实行，也确实很简单。这两种说法都正确，但关键是要能实施成功而有效的管理，把工作程序合理化、科学化，减少不必要的阻碍，使企业的利益最大化。

　　可以说，每一个管理者都在不遗余力地探求最有效的成功管理之道，但是如何掌握其中奥妙却是众说纷纭，成功管理的哲学与艺术也是仁者见仁，智者见智。国内专家、学者对此也都做过深入的研究，并从国外引进了一些最新的管理哲学与思想。现在市场上比较流行的也大多是一些国外的著作。当然我们并不是反对它们，但我们在吸收国外管理思想的同时，也要有个进化的过程，要与我国实际相结合，要有个中国化。大家在向外看的同时，不能忽视了中国自己的传统文化。其实中国的传统文化是一座丰富的矿山，里面蕴含着丰富的管理哲学与思想，这需要我们去开采。

　　孟子的治国之道当中，丰富的仁政管理思想对我们当今的企业管理思想是一个极大的启示。孟子是中国人推崇的文化大师，像钻石一样成为后人珍爱的宝物。孟子与孔子并称中华"双圣"，不管在做人还是在治国之道上，都极力推行"仁政"，以为"亲亲而仁民"，"仁者无敌"。孟子在两千多年前就提出了"民为贵，社稷次之，君为轻"的治国原则，认为一切要以民为本，把人放在治国的首位，人是实行仁政的基础。在个人修养方面，孟子要求领导者要有"乐以天下，忧以天下"的胸怀，有"当今之世，舍我其谁"的气概，要有"至刚至大的浩然之气"，做一个"贫贱不能移，富贵不能淫，威武不能屈"的大丈夫。在对人的管理上，要"以德服人"，民众才能"心悦诚服"。孟子认为，民心的向背是决定一个国家兴衰成败的关键因素，"得民心者得天下"。在天、地、人三者关系中，"人和"是至关重要的，"天时不如地利，地利不如人和"，所谓"人心齐，泰山移"，"人和"就是"仁"的一种体现，还有"仁得天下，不仁则失""得道多助，失道寡助"，等等。

  这些在滔滔历史长河中至今还散发着智慧光芒的至理名言，不正是对我们如今提倡的以人为本、构建和谐社会的一种启示吗？

  面对孟子，常令人产生敬畏感，因为他是站在千万人之上的思想巨人，他的智慧就像阳光一样照射到人们的心头。这是孟子的骄傲，也是中国人的幸运。

  学习孟子的治国智慧，也学习孟子的精神，做一个智慧和理智的管理者，就不会在抱怨与牢骚中成长，而是咬紧牙关去拼搏与奋斗，用自己发展的成果撬开世人尊重的眼神，并在别人嫉妒和艳羡声中实现自己的人生价值。

  本书作者以《孟子》为基础去观察孟子的管理思想，融注着真实感，文笔洗练，是一部可读之书，对大家提升自己管理能力必将大有益处。

目录

第一章 中华民族的亚圣——伟大的孟子

在我国漫长的封建社会里，儒家思想处于独尊地位。唐玄宗尊孔子为"文宣王"；宋真宗尊他为"至圣文宣王"；元成宗为其上尊号"大成至圣文宣王"；到了清初，孔子更加显贵，被清帝奉为"大成至圣文宣王先师"。每逢帝王们祭祀孔子时，旁边总会有一位儒家学派的大学者陪着孔子享祭。他同样拥有崇高尊号："邹国亚圣公"。显然，在儒家学派中，他的地位仅次于孔子，这位大学者便是孟子。

中国亚圣——孟子 …………………………………………… (2)
仁者无敌——孟子的人生哲学 ……………………………… (7)
孟子的"大丈夫"精神 ……………………………………… (10)
儒家的奠基者——孟子 ……………………………………… (13)
"亚圣"孟子与"至圣"孔子思想比较 …………………… (18)
民主思想的先驱——孟子 …………………………………… (31)

第二章 要管理先修身——领导者的自我修炼

孟子有言曰："天下之本在国，国之本在家，家之本在身。"所谓"修身、治国、平天下"，最基础的就是要从"修身"开始。孟子在这方面有详尽的阐述，认为"大人者，正己而物正者也"，

"贤者以其昭昭使人昭昭"。管理者要想有效地指挥下属,应当注意培养和提高自身的综合素质。美国著名公司管理大师麦克白曾说了一句很简单、意义却很深的话:"管理人的能力首先不在于如何指挥别人,而在于如何指挥自己跳出最美的舞蹈。""舞蹈"即是指管理者应当具备教练的素质和能力。

身先士卒——领导者的无声号角 …………………………… (36)
培养浩然正气 ………………………………………………… (38)
严于律己,比要求员工更严格地要求自己 ………………… (41)
不为与不能 …………………………………………………… (44)
有所不为而后有所为 ………………………………………… (47)
终身学习的素质 ……………………………………………… (50)
成大事绝不优柔寡断 ………………………………………… (52)
坚持到底,行动就能成功 …………………………………… (55)
怀着高度的责任感 …………………………………………… (58)
心有多大,舞台就有多大 …………………………………… (61)

第三章 民贵君轻——从孟子的民本思想看现代企业人本管理

孟子说:"民为贵,社稷次之,君为轻。"朱熹解释说:"国以民为本。社稷亦为民而立,而君之尊又系于二者之存亡。"照孟子的说法,在社会的政治结构中,有民、天子、诸侯、大夫几个方面。如果天子失去了民众,就不能做天子。所以,政权的更迭,君王的易位,都取决于民众的态度。在社会的政治管理结构中,民众是基础和前提,甚至起着决定性作用。君和民相比,民的作用更重要些。管理说到底是管人的艺术,"人"是一切管理的前提和基础。

人本管理的层次 ……………………………………………… (66)
情、理、法 …………………………………………………… (68)
以人为本,真正地突出员工的主体地位 …………………… (70)
要真诚对待员工 ……………………………………………… (73)
给员工快乐就是给企业快乐 ………………………………… (75)
把员工当作朋友 ……………………………………………… (78)

平等相助，培养上下一体的工作关系 ………………… (82)
体贴民情，关心员工 ………………………………… (85)
领导者的误区 ………………………………………… (88)
不做好好先生，该硬则硬 …………………………… (90)
软硬兼施，才是最佳手段 …………………………… (92)

第四章 仁者爱人——以德服人的领导艺术

　　孟子在指出"民为贵，社稷次之，君为轻"之后，接着便提出了"以德服人"，民众才能"心悦诚服"。以德服人是一门领导艺术，在现代企业管理中，施行人事管理最重要的一项就是要以德服人。所谓"君臣之道，恩义为报"，"君之视臣如手足，则臣视君如腹心；君之视臣如犬马，则臣视君如国人"，你敬人一尺，人就敬你一丈。

以德服人，要德才兼备 ………………………………… (96)
你敬人一尺，人敬你一丈 …………………………… (98)
真诚的关系可以换来忠诚 …………………………… (100)
诚信是管理者必备的素质 …………………………… (103)
兼听不同的意见 ……………………………………… (107)
不要吝啬赞美 ………………………………………… (110)
用倾听架起沟通的桥梁 ……………………………… (113)
斥骂能激励员工知耻而后勇 ………………………… (115)
谦虚求教 ……………………………………………… (118)
优秀的管理者要站得高、看得远 …………………… (121)

第五章 尊贤使能——孟子的用人之道

　　人才是公司的核心，把人才用在最能发挥他特长的地方，就是对人才最好的发掘和激励，必使他能够最大限度地为公司服务。
　　孟子在两千多年前就提出了人才的重要性，他认为"贵德而尊士，贤者在位，能者在职"是实行仁政的重要措施之一。他又说:"国君进贤,如不得已,将使卑逾尊,疏逾戚。"孟子举贤的下限是"士"。士和庶人尽管都可以说是"民",但他们的社会地位是不同的。前者属于统治阶级的一层,庶人是被统治阶级的一层。但是孟子毕竟主张向民众中的一部分人开放政权,这显然是对"亲亲"制度的一个改革。

人才管理是企业管理活动的重中之重 ………………………… (126)
善引千军万马,不如善点数将 ………………………………… (129)
惜才如金,走向成功 …………………………………………… (132)
不拘一格提拔人才 ……………………………………………… (134)
正确评价人才 …………………………………………………… (138)
让合适的人在合适的位置上 …………………………………… (142)
巧用"能人",切忌"武大郎"开店 …………………………… (146)
首先是选好人才,其次是用好人才 …………………………… (151)
任人不能唯亲 …………………………………………………… (156)
用人要以品德为先 ……………………………………………… (159)
不以成败定终身 ………………………………………………… (162)
污水要清除,烂苹果一定要果断扔掉 ………………………… (164)

第六章 得民心者得天下——打造无敌团队,营造良好气氛

孟子在论述天、地、人三者关系时,把"人和"排在首位,"天时不如地利,地利不如人和"。"人和"即是"有道",有道也就有了胜利之本:"得道者多助,失道者寡助",民心是决定战争胜负的最重要因素。

孟子所说的得民心者得天下是仁政管理的重要手段,这一道理同样适用于现代企业管理。管理一个企业与管理一个国家道理相同,只有企业内部员工充分有效地团结在一起,有共同的追求,有共同的目标,每个人都在发挥着自己最大的才能与智慧,企业才能在硝烟弥漫的商战中立于不败之地。

管理是团队的游戏 ……………………………………………… (170)
生于忧患,死于安乐 …………………………………………… (173)
不断搅动锅里的水 ……………………………………………… (177)

凝聚人心，从小事做起 …………………………………（180）
公司内部的协同精神 ……………………………………（182）
团队精神无敌 ……………………………………………（187）
组建互动的学习型团队 …………………………………（191）
选择好合作伙伴 …………………………………………（193）
把没有用的合作伙伴筛掉 ………………………………（196）
团队精神不是集体主义 …………………………………（199）

第七章 没有规矩不成方圆——孟子思想中的制度管理

  孟子说：没有规矩无以成方圆。任何好的办法，在失去了制度的保证下，也将变成烂办法。规矩、制度、法律就犹如一种游戏规则，人人都要按照游戏规则来玩，否则一切利益都将无从保证。同样，一个企业如果没有好的规章制度，则无法形成好的工作局面。一些人把公司的规章制度视作是官僚作风的标志，这是不可取的，没有规章制度的公司，就好像没有法律的社会一样混乱。

"热炉"法则 ……………………………………………（204）
最有效的工具是企业章程 ………………………………（208）
要规矩，同时也要避免官僚主义 ………………………（210）
学会花钱，避免浪费 ……………………………………（212）
合理统筹安排，放手让员工去做 ………………………（214）
秩序和纪律是企业的生命 ………………………………（217）
不要过度追求扩张 ………………………………………（219）
树立真正的成本意识 ……………………………………（224）
不在其位，不谋其政 ……………………………………（228）

第八章 通权达变——孟子思想中的企业创新管理

  孟子有言曰：此一时，彼一时。事情是发展变化的，在不同的环境、不同的条件下考虑问题的方法也不尽相同。"可以久则久，可以速则速。"如果死守经验，死搬教条，那么很快就会被社会淘汰，所谓"尽信《书》，则不如无《书》"。一切要懂得通权达变，有变化才有发展。

我们处在一个不断变革、不断创新的时代，科学技术在飞速发展，企业经营环境处在不断改变之中，国内、国际市场也发生着变化，这都不断地向企业提出了新的挑战。应对这一切挑战的秘诀就是创新。只有不断创新，勇于变革，才能不断地适应市场，赢得竞争的胜利。

通权达变，弃旧图新 ………………………………………（232）
及时调整——创新成就联想 ………………………………（235）
新的思想要与新的市场脉搏一起跳动 ……………………（238）
福特A型车创造第二次辉煌 ………………………………（243）
适时求变，守旧则意味着死亡 ……………………………（247）
顺应市场发展规律，与时俱进 ……………………………（249）
变，才是企业唯一不变的主题 ……………………………（252）

第九章 抓住机遇，主动出击——孟子的机遇观

孟子在两千多年前提出"天时不如地利，地利不如人和"，成了教导我们"团结就是力量"的至理名言。然而，人们往往只注意"人和"，却忽视了"天时"也同样重要。这里的"天时"，指的就是机遇。孟子指出："虽有智慧，不如乘势，虽有镃基，不如待时。"意指虽然有智慧，不如趁形势，虽然有锄头，不如等农时。机遇不管是对人的发展，还是对企业的发展都是至关重要的。在市场竞争激烈的今天，抓住机遇就等于抓住了成功。

机不可失，有机遇一定要抓住 ……………………………（256）
抓住市场"痒"处，饱和市场也有机遇 …………………（258）
只要你有心，就会发现机遇 ………………………………（261）
让偶然变成一种必然 ………………………………………（264）
把握良机 ……………………………………………………（267）

第一章　中华民族的亚圣
——伟大的孟子

在我国漫长的封建社会里，儒家思想处于独尊地位。唐玄宗尊孔子为"文宣王"；宋真宗尊他为"至圣文宣王"；元成宗为其上尊号"大成至圣文宣王"；到了清初，孔子更加显贵，被清帝奉为"大成至圣文宣王先师"。每逢帝王们祭祀孔子时，旁边总会有一位儒家学派的大学者陪着孔子享祭。他同样拥有崇高尊号："邹国亚圣公"。显然，在儒家学派中，他的地位仅次于孔子，这位大学者便是孟子。

中国亚圣——孟子

孟子，名轲，字子舆，战国时期邹国（今山东邹城）人。约生于公元前372年，卒于公元前289年。他虽是鲁国贵族孟孙氏的后代，但是幼年丧父，家境贫寒。相传，孟子的母亲十分贤惠，辛劳地抚养他长大成人。为了给孟子创造一个良好的邻里环境，孟母曾三迁其家，最后找到一个读书人作邻居，使孟子终成大器。孟子晚年时回到故乡，与万章等关系密切的学生一起，"序《诗》《书》，述仲尼之意，作《孟子》七篇"，一方面整理阐发儒家典籍，一方面把自己的言论、事迹整编成书。至今，我们了解、研究孟子的思想，最主要的依据就是《孟子》一书。

孟子是我国古代一位著名的思想家，他生于我国奴隶制向封建制过渡的时代，是继承和发展由孔子创立的儒家学说的新儒家代表，是儒家第二大宗师，后世尊号亚圣。

著名哲学家劳思光说："孔子代表中国儒学之创始阶段，孟子则代表儒学理论之初步完成。就儒学之方向讲，孔子思想对儒学有定向作用；就理论体系讲，则孟子是建立较完整儒学体系的哲人。故在先秦哲学家中，孟子有极为特殊之地位。中国文化精神以儒学为主流，而孟子的理论则为此思想主流之重要基据。"

跟至圣先师孔子一样，孟子一生培育英才甚多，中年以后周游列国，游说诸侯，批判农家与墨家学者，也都与他的学生同行。《孟子》这部书也是孟子去世之后，他的学生如万章、公孙丑等人追述孟子生前的行为与言谈所遗留下来的宝贵记录。这部心灵对话的记录共计7篇，260章，3.5万余字，其中充满了一个伟大心灵思索所得的智慧言语，使得我们尽管于2000多年之后阅读其书，仍然为这部书中所呈现的心灵深度而深深慑服。

公元前289年农历十一月廿五日，孟子去世，享年84岁，又因孔子去世是73岁，两位圣人的寿命遂被后人认为是人寿终正寝之时，因此便留下了"七十三、八十四，阎王不叫自己去"的古谚。

孟子有渊博的知识和很高的道德修养，其精神境界之崇高在我国学术史上影响至深。他的思想对我国哲学思想的发展、民族道德观的形成都产生了深远影响。因此，历代政治家、思想家都很推崇他的学说。唐代思想家韩愈，宋代理学家张载、程颐、程颢、朱熹、陆九渊，清代王夫之、戴震等都非常推崇孟子，这表明孟子的学说中确实含有精湛的内容，具有充沛的生命力。有的至今仍具有不可低估的现实意义，现简要归纳如下：

1. 政治思想

孟子继承了孔子"仁"的思想，特别是劝告统治阶级对人民群众要施"仁政"。孟子认为，这是一种最理想的政治，如果统治者实行仁政，可以得到人民的衷心拥护；反之，如果不顾人民死活，推行虐政，将会失去民心而变成独夫民贼，被人民推翻。仁政的具体内容很广泛，包括经济、政治、教育以及统一天下的途径等，其中贯穿着一条民本思想的线索。这种思想是从春秋时期重民轻神的思想发展而来的。

孟子根据战国时期的经验，总结各国治乱兴亡的规律，提出了一个富有民主性精华的著名命题："民为贵，社稷次之，君为轻。"把人民群众摆在皇帝老子之上，在从奴隶制向封建制过渡的时代能提出这样的观点，是非常难能可贵的。孟子十分重视民心的作用，通过大量历史事例反复阐述这是关乎得天下与失天下的关键问题。孟子认为，"民之为道也，有恒产者有恒心，无恒产者无恒心"，只有使人民拥有"恒产"，固定在土地上，安居乐业，他们才不会去触犯刑律，为非作歹。孟子认为，人民的物质生活有了保障，统治者再兴办学校，用孝悌的道理进行教化，引导他们向善，这就可以造成一种"亲亲""长长"的良好道德风尚，即"人人亲其亲、长其长，而天下平"。孟子认为，统治者实行仁政，可以得到天下人民的拥护，这样便可以无敌于天下。孟子所说的仁政要建立在统治者的"不忍人之心"的基础上。"先王有不忍人之心，斯有不忍人之政矣。""不忍人之心"是一种同情仁爱之心。但是，这种同情仁爱之心不同于墨子的"兼爱"，而是从血缘的感情出发。孟子主张"亲亲而仁民"，"老吾老以及人之老，幼吾幼以及人之幼"。仁政就是这种"不忍人之心"在政治上的体现。孟子的这种"仁政"学说和"民本主义"思想，尽管未被历代统治阶级所采纳，但它却构成了封建社会中儒家思想的理论基础，概括了封建制度下政治、经济、思想、伦理、道德诸方面统一的社会模式。首先，从社会分工的角度讲，他认识到了人民的作用，重视保护人民的生命财产安全，包含有重民、爱民、保民及"忧民之忧""乐民之乐""解民倒悬"的闪光思想。其次，仁政包含着按客观规律发展生产，保护生产力，安定人民生活的思想。第三，从经济的角度上说，"仁政"能保证人民起码的生活条件，使社会安定。

2. 伦理观念

孟子把伦理和政治紧密结合起来，强调道德修养是搞好政治的根本。孟子的"性善说"是一种道德先验论，宋代以后，为理学家们普遍接受，成为正统的人性论思想，影响深远。

他说："天下之本在国，国之本在家，家之本在身。"后来《大学》提出的"修齐治平"就是根据孟子的这种思想发展而来的。

孟子一生具有远大志向，他说："夫当今之世，欲平治天下，舍我其谁也！"并终生为此而努力，在这方面他堪称中国封建士大夫之楷模。孟子还有一套完整的自我修养方法，他说，"吾善养吾浩然之气"，"巍巍然"。孟子这种"巍巍然"的"浩然之气"，表现了他严于律己、宽以待人、品行端正、志行高洁的思想品格。孟子还主张，一个人活在世上应当"贫贱不能移，富贵不能淫，威武不能屈"。他这种顶天立地的大丈夫气概曾为多少志士仁人所景仰，哺育出多少中华民族的英雄豪杰！孟子一生十分孝敬自己的母亲，同时，他还提倡"老吾老以及人之老，幼吾幼以及人之幼"这种尊老爱幼的孝德善行，不但几千年来为人们所尊奉，而且对今天处理家族邻里关系和为人处世也具有指导意义。孟子的"穷则独善其身，达则兼善天下"的思想，固然是封建士大夫的处世哲学，但今天看来，也具有不少合理的正确的内核。孟子的"何必曰利，亦有仁义而已"，是一种重义轻利的利义观，提醒人们做任何事都不可见利忘义。在推行市场经济的今天，面对一些拜金主义者和职业道德败坏的人，它似乎更具有现实意义。

为了说明这些道德规范的起源，孟子提出了人性本善的思想。他认为，尽管各个社会成员之间有分工的不同和阶级的差别，但是他们的人性却是同一的。他说："故凡同类者，举相似也，何独至于人而疑之？圣人与我同类者。"这里，孟子把统治者和被统治者摆在平等的地位，探讨他们所具有的普遍的人性。这种探讨适应了当时奴隶解放和社会变革的历史潮流，标志着人类认识的深化，对伦理思想的发展是一个巨大的推进。

3. 教育思想

孟子还是一位伟大的教育家，一生总结了丰富的教育理论和教学方法。他重视思想教育，反对摧残人才；他主张老师要身体力行，反对只说不做。他乐为天下育英才，反对贵族垄断教育，主张大力开办学校，培养更多的知识分子；他主张教育的形式要多种多样；他重视教育与政治的关系，认为教育的作用就是争取民心而行仁政；他重视人的个性，主张因材施教，强调外在的条件对于人的后天教育成长的影响。在学习上，孟子也有许多有益的见解，如刻苦思虑，深切体会，融会贯通，求自得，循序渐进，持之以恒，专心致志，博而约，等等，在今天仍有指导意义。

4. 哲学思想

孟子哲学思想的最高范畴是天。孟子继承了孔子的天命思想，剔除了其中残留的人格神化的内容，把天想象成为具有道德属性的精神实体。他说："诚者，天之道也。"孟子把"诚"这个道德概念规定为天的本质属性，认为天是人性固有的道德观念的本原。孟子的思想体系都是以天这个范畴为基石的。

孟子的思想代代相相传，深入整个中华民族的心理、道德风俗、习惯当中，对社会的稳定和民族精神的发展都起到了重大作用。他的思想不但在国内有深远影响，而且在国外也得到了广泛传播。南宋以后，孟学被列入"四书"传入朝鲜、日本、越南等亚洲国家。孟子的尊王贱霸思想成为日本明治维新的理论根据之一。

在西方，早在1594年（明朝万历二十二年）意大利人利玛窦就将儒家经典译成拉丁文传入欧洲；1873年英国传教士理雅各将孟子学说译成英文在牛津大学主持讲座；1898年德国传教士卫礼贤将《孟子》译成德文传入德国；20世纪60年代以后，美国加利福尼亚大学教授格莱格认为孙中山的民主主义与孟子的"民之有道也，有恒产者有恒心"的思想一脉相承；在俄国，汉学家比丘林所著《中国的国情与习俗》对孟子也有中肯的评价。

孟子的思想在全世界广泛传播，引起并加深了世界各国学者和人民对孟子的了解，并且给孟子以高度评价。法国《拉鲁斯大百科全书》称"孟子给人性以比孔子更明确的阐述"。日本《万有百科事典》说："在诸子百家的兴起中，孟子为普及孔子的学说做出了努力。"英美学者合编的《新不列颠百科全书》称孟子是仅次于孔子的重要导师，是"中国第二圣人"。认为"《孟子》一书比《论语》更富有文学色彩"。

仁者无敌——孟子的人生哲学

在中国，孟子是个家喻户晓的人。作为儒家思想的重要传承和发扬者，他被尊为亚圣，而"孔孟之道"亦被当作儒学的代名词。孟子对如何做人有着充满智慧和哲理的论述与阐释，今天读来仍能给我们很多启迪。

孟子主张人无分贵贱，在人格上都是平等的。他喊出一句响亮的口号："圣人，与我同类者。"（《孟子·告子》）孟子这种思想的理论基础是"性善论"。他认为："人皆有不忍人之心"，"无恻隐之心，非人也；无羞恶之心，非人也；无辞让之心，非人也；无是非之心，非人也"。而这些基本的人性其实就是人类社会道德的基础，"恻隐之心，仁之端也；羞恶之心，义之端也；辞让之心，礼之端也；是非之心，智之端也"。在天性和人格上，圣人和凡夫俗子是生而平等的，他说："麒麟之于走兽，凤凰之于飞鸟，太山之于丘垤，河海之于行潦，类也。圣人之于民，亦类也。"（《孟子·公孙丑》）正因为每个人都具备善良天性和良好品德，如果人们不断发展自己的"四端"，也就是善性和道德，那么"人皆可为尧舜"。

钱穆先生指出，孟子的性善论包含两层意义：一是启迪人们向上的自信；二是鞭促人们向上的努力（《孟子要略》）。而孟子提倡学做圣人不仅有益于挽救社会风气，更为重要也更积极的意义则在于肯定众生人格平等。每个人经过努力都能够成为圣人的命题，从终极目标上激励人们后天的努力和奋斗，同时表明国君、大臣和庶民在人格上并没有高下之分。在等级分明的古代社会，这一思想无疑是大胆而带有进步意义的。

在孟子看来，要想成为圣人就必须"保养本心"、善养"浩然之气"。孟子说这种"浩然之气""至大至刚"，能够"塞于天地之间"，听起来似乎带有故弄玄虚的神秘色彩，实则仍以保养本性和加强仁义道德修养为旨归："其为气也，配义与道矣。"（《孟子·公孙丑》）纷繁世间，酒色才气，人生总是充满了欲望和诱惑，要想学做圣人，就必须摆脱这些外在干扰。孟子认为，人们的差别不在于富贵贫贱，而在于能否保持高尚的道德，即做"仁人"。君子"以德服人"，"君子所以异于人者，以其存心也。君子以仁存心，以礼存心"（《孟子·离娄》）。抵御外在物欲干扰，保养良好天性，既需要好的环境，更需要个人持之以恒的努力。因此，孟子更强调个人的意志和坚持，强调君子必须"穷不失义，达不离道"。

　　孟子虽然说过"养心莫善于寡欲"（《孟子·尽心》），但其出发点是在强调人们尤其是君子应该注重道德修养，因而并不是反对人们追求物质利益。孟子成名后，每次周游列国，车马随从甚众，场面非常气派，所到之处，诸侯贵戚盛情款待。他的弟子对此不理解，怀疑这不符合儒家所讲的君子不言利的精神。孟子则坦然处之，他解释说："非其道，则一箪食不可受于人；如其道，则舜受尧之天下，不以为泰。"（《孟子·滕文公》）也就是说，问题的关键是要看是否违背道义，有道，利再大也不为过；无道，利再小也不能受。孟子反对的是大家都将"仁义"抛诸脑后而把眼睛紧盯在"利"上，反对"见利忘义"和"后义而先利"。他认为，如果人人都"怀利以相接"，"为人臣者怀利以事其君，为人子者怀利以事其父，为人弟者怀利以事其兄"（《孟子·告子》），那就会导致人们不顾廉耻，互相倾轧，天下大乱。因此他提倡君子应该做到"仁民而爱物"（《孟子·尽心》），在"鱼和熊掌不可得兼"的情况下，要舍利取义、"舍生取义"。

　　与老子的清静无为不同，孟子奉行积极入世的人生观，有一种"当今之世，舍我其谁"（《孟子·公孙丑》）的轩昂霸气，这比孔子的"道不行，乘桴浮于海"的无可奈何更为坚毅和充满斗争意志。他相信，即使暂时遇到挫折和困难，那也不过是一些必经的考验，人要想成功，就必须经风雨、见世面。孟子认为，人只有在逆境中奋斗，才能激发出强烈的进取精神："故天将降大任于斯人也，必先苦其心志，劳其筋骨，饿其体肤，空乏其身，行拂乱其所为，所以动心忍性，增益其所不能。""生于忧患、死于安乐"，人只有在忧患中才能生存，贪图安乐必然会导致灭亡。在面对困境时，"君子不怨天，不尤人"，"自任以天下之重"（《孟子·万章》），以实现自我人生价值。

　　"仁人无敌于天下"，有了这样的修养和"浩然之气"，就能够无所畏惧。孟子在与诸侯王公交往中不卑不亢，表现出高度的原则性和气节。当弟子问孟子，齐宣王对他很尊敬，为什么孟子对齐宣王反而不那么尊敬时，孟子用曾子的话说："彼以其富，我以吾仁；彼以其爵，我以吾义，吾何慊乎哉？"（《孟子·公孙丑》）他还说："说大人，则藐之。勿视其巍巍然……在彼者，皆我所不为也；在我者，皆古之制也，吾何畏彼哉！"（《孟子·尽心》）孟子多次与诸侯论治，坚持仁政主张，言辞犀利，敢撄逆鳞，经常使国君们"勃然变乎色"（《孟子·万章》），或者无言以对，只好"顾左右而言他"（《孟子·梁惠王》）。

正是在这种自信和人格平等的基础上，孟子提出"君之视臣如手足，则臣视君如腹心；君之视臣如犬马，则臣视君如国人；君之视臣如土芥，则臣视君如寇仇"的著名思想。这种平等的君臣观无疑比所谓"君君臣臣父父子子"要进步得多，它引起专制帝王和奴仆们的恐惧和指责，说它使人忘却"君臣大义"："孔子之道，君君臣臣，孟子之道，人皆可以为君也。"1500多年后，明太祖朱元璋读到这些"大逆不道"的话语，仍咬牙切齿地说："使此老在今日，宁得免乎？"（《明史·太祖纪》）他下令将孟子的牌位逐出孔庙，又大肆删削《孟子》一书。但是孟子的观念早已深入人心，这些不过是徒劳罢了。

孟子的"大丈夫"精神

"大丈夫"这个词,据史书记载,孟子为最先使用者。当然,孟子所谓的"大丈夫"有特定的含义,不能照现在世俗的意思理解成大男子主义等等。《说文解字》"夫"字条下说:"周制以八寸为尺,十尺为丈。人长八尺,故曰丈夫。"孟子所讲的"大丈夫"则与身高无关,不是专指"身长八尺"之人。孟子的"大丈夫"与性别也无关,不是专指男性,不是说大男子主义就是大丈夫精神。与权势无关,与财富无关,与能说会道的才能无关,与博学多才无关,甚至与雄才大略也无关(仲尼之徒无道桓文之事者)。

1. 居仁由义

那么孟子讲的大丈夫与什么有内在关联呢?与道德、操守、人之价值、人之尊严有关。一个人若能不失其赤子之心,坚信人之道德良知千古不灭,并在立身行事时不灭本心之良,杀一不辜得天下而不为;杀身成仁,舍生取义,宁为玉碎,不为瓦全;能伸能屈,能上能下,得志掌权时为民族国家天下尽心尽力,廉洁奉公,不得志处于贫贱地位时能抱定固穷之节,乐天知命,自得其乐,独善其身;不枉道事人,不曲学阿世;活得清清白白、坦坦荡荡,仰不愧于天,俯不怍于地,道德光辉畅于四肢,睟然见于面,盎于背——这就是孟子心目中的"大丈夫"。这种"大丈夫"孟子也称之为"大人",也即孔子所讲的"君子"。他的反面当然是"小人""贱丈夫"。孟子在好多地方都谈到了"大丈夫",比如:

(1)"居天下之广居,立天下之正位,行天下之大道。得志,与民由之;不得志,独行其道(即'穷则独善其身,达则兼善天下'之义)。""富贵不能淫,贫贱不能移,威武不能屈,此之谓大丈夫。"(《孟子·滕文公》)

（2）"大人者，不失其赤子之心者也。"（《孟子·离娄》）

（3）"杀一无罪非仁也，非其有而取之，非义也。居恶在？仁是也；路恶在？义是也。居仁由义，大人之事备矣。"（《孟子·尽心》）

《孟子》书中相关言论很多，不一一列举。总之，孟子所讲"大丈夫"，是以仁义为基础的。这可谓"大丈夫"第一特点。

2. 发强刚毅

"大丈夫"的第二特点是"刚"——发强刚毅，壁立万仞。"富贵不能淫，贫贱不能移，威武不能屈"是典型代表，相关言论不胜枚举：

"说大人，则藐之，勿视其巍巍然。堂高数仞，榱题数尺，我得志，弗为也。食前方丈，侍妾数百人，我得志，弗为也。般乐饮酒，驱骋田猎，后车千乘，我得志，弗为也。在彼者，皆我所不为也；在我者，皆古之制也。吾何畏彼哉。"（《孟子·尽心》）

儒家所谓"刚"有坚忍不拔的精神，但是没有盛气凌人的习气和非人格，是"克己"型的。

《论语·公冶长》子曰："吾未见刚者。"

或对曰："申枨。"

子曰："枨也欲，焉得刚？"

孟子的"大丈夫"就有这种"克己"的精神：

"养心莫善于寡欲。其为人也寡欲，虽有不存焉者，寡矣。其为人也多欲，虽有存焉者，寡矣。"（《孟子·尽心》）

"爱人不亲，反其仁；治人不治，反其智；礼人不答，反其敬。行有不得者皆反求诸己，其身正而天下归之。诗云：'永言配命，自求多福。'"（《孟子·离娄》）

3. 乐天知命

孟子所讲的"大丈夫"非常"刚毅"，但自己并不觉得活得很"累"，虽然"克己"，也不觉得活得很"苦"，而是很从容，很快乐。胸次有潇然之"乐"，这是"大丈夫"第三特点。

"口之于味也，有同耆焉；耳之于声也，有同听焉；目之于色也，有同美焉。至于心，独无所同然乎？心之所同然者何也？谓理也，义也。圣人先得我心之所同然耳。故理义之悦我心，犹刍豢之悦我口。"（《孟子·告子》）

"君子有三乐，而王天下不与存焉。父母俱存，兄弟无故，一乐也；仰不愧于天，俯不怍于人，二乐也；得天下英才而教育之，三乐也。君子有三乐，而王天下不与存焉。"（《孟子·尽心》）

"万物皆备于我矣。反身而诚，乐莫大焉。强恕而行，求仁莫近焉。"（《孟子·尽心》）

宋代大儒程颢《秋日偶成》一诗，很能表现孟子"大丈夫"的"乐"的境界：

闲来无事不从容，睡觉东窗日已红。

万物静观皆自得，四时佳兴与人同。

道通天地有形外，思入风云变态中。

富贵不淫贫贱乐，男儿到此是豪雄。

台湾的傅佩荣先生有很好的解释：

程颢与弟弟程颐并称"二程"，都是宋代哲学家。程颢性格宽厚从容，与人无争，颇能体会大自然的气象万千。这首诗虽说是秋天偶然写成，细细分辨却可看出他的人生态度。最近心境悠闲，做什么事都不慌不忙，丝毫不觉得任何压力。一觉醒来，看看东边的窗子透着红光，原来太阳已经升得很高了。睡眠充分，精神充足，走出户外，放眼望去。以平静的心情去欣赏万物时，发现无一不具特色，各有其存在的道理，颇具自得的神情。春夏秋冬四时，也都有各自的美好风光与特殊胜景，这些都要靠人去品味。我们何不随着四季的变化而享受自然的乐趣呢？

沉思宇宙的奥妙时，有形的天地还不足以穷尽道的神奇力量。道是万物的来源，却不随着万物而增减，实在是玄之又玄。思绪随着风起云涌，幻化为各种奇情想象，简直是无所不能，极尽逍遥之能事。既然如此，还有什么不满足呢？

孔子主张"贫而乐"，孟子宣称"富贵不能淫"。合而观之，就是"富贵不淫贫贱乐"，在富贵时不致流连忘返、迷失本性，在贫困时却能不改其乐。能达到这种境界，不就是"豪雄"了吗？何必一定要功成名就，或者叱咤"风云"呢？

儒家的奠基者——孟子

儒家的代表人物谁都会先说是孔子，当然也把孟子带上，然而当我们真正地深入了解儒家思想时，有了一个惊人的发现，儒家思想源于孟子。孟子生于孔子逝世后近一百年，是孔子的孙子——子思的学生。而子思又是后人所称的"四书五经"中《礼记》（包括《大学》和《中庸》）的作者。孟子的思想汇编于他和学生所著的不到5万字的《孟子》之中。

通读《孟子》是一件极其困难的事，因为在这不到5万字中充满了辩论。孟子采用了与孔子相类似的词汇来写他的思想，比如使用仁、义、礼、孝等。同时又在他的书里宣称他继承了孔子的思想，其实，这也并不令人意外，由于孟子是子思的学生，子思是孔子的孙子，于是，后人则比较自然地认为孔子与孟子的思想是一脉相承的，并将二人合称为孔孟。但是孟子思想是不是真的和孔子思想一致，要看他的思想中所包含的基本要素是不是与孔子的相一致，而不能仅用师徒关系来得出表面一致的结论。孟子从孩提时代起就沉浸在孔子所创造的语言世界里，随着学习的深入，他很自然地会采用这样相类似的语言来解释孔子的思想并宣称他是孔子思想的继承人。但这只是一面之词，因为作为当事人孔子已经无法站出来申辩了。人文思想与自然科学不同，自然科学所采用的语言较为精确，而人文思想所使用的语言则比较模糊，同一句话往往会引发不同的理解。2000年来孔孟结合得如此紧密，以至于没有人怀疑他们的思想不一致，正是由于人文思想使用的语言比较模糊所导致的。而今天，我们要深入研究孔孟思想的基础，通过对比来分析儒家思想的归属。

首先，我们来看儒家的"革命性纲领"——三纲五常。

有这样一个故事，一个人对另一个人说他可以看到远处的北斗星。可是一个传一个，结果，到了最后一个人的嘴里变成了他在吃西瓜。这说明

了一件事在传递过程中的不可靠性,有心的人可能会调查一下传递的过程,看一看是在何地、何时又是如何从"北斗星"变成了"西瓜"。研究孔孟思想也可以采用这样的方法,先看一看孔子思想经由孟子传递出去变成了什么。如果变了,我们就可以向回追溯,了解它是在哪里改变以及如何改变的。

先秦的孔子时代乃至孟子时代,"儒"还只是对文人书生的称谓。孔子及其学生不知道自己已经是儒家的代表,同样,孟子也不知道。儒成为一家,并崇奉孔子和孟子乃是汉朝的事,将孔子、孟子合称为孔孟也是从汉朝开始的。一般地说,儒家的建立是以汉朝的董仲舒提出"三纲五常"为旗帜的。也就是说,孔子的思想经由孟子传递到后面儒家手里变成了"三纲五常"。那么,孔子的思想是不是可以推导出"三纲五常"呢?还是孔子的思想是"北斗星",而"三纲五常"是"西瓜"呢?

我们首先对孔子的思想进行解读,可以归纳为:"孝"作为传递道的载体是人生、社会的根本;"忠信"作为人的基本道德具有绝对性;"礼乐"作为人的人文时空具有相对性;"仁、义"作为人生实践的方法具有多样性。那什么是"三纲五常"呢?"三纲"就是君为臣纲、父为子纲、夫为妻纲,纲是根本,纲举目张。五常是五种基本道德:仁、义、礼、智、信。如此看来,孔子思想与"三纲五常"有着很大的差别。孔子思想中作为基本道德的"忠"和作为传递道的载体的"孝"不见了,似乎演变成了君为臣纲和父为子纲。孔子思想中标志人的人文空间具有相对性的"礼",作为人生实践方法具有多样性的"仁、义"与人的基本道德"信"一起被列在"五常"之中,而"三纲五常"还多出了一个夫为妻纲,并将"智"也列为人的基本道德。因此可以肯定的是,孔子思想与儒家的"三纲五常"有着很大的不同(孔子思想是"北斗星",三纲五常是"西瓜")。

自汉朝的儒家建立了以"三纲五常"为核心的理论基础后,2000年来,儒家的发展基本遵循着"三纲五常"的脉络。这个"三纲"非常了不得。君为臣纲发展出了忠君思想,岳飞的事迹好像并不是2000年中国帝王史中的特例;父为子纲发展出了二十四孝,差一点儿被郭巨活埋的儿子要是死了恐怕也不明白他为何而死,并且是不是死得其所;夫为妻纲乃至三从四德使得中华大地到处都是贞节牌坊，每一个牌坊都在昭示着一个被摧残的人性。而五常则是混乱的。五常中的"信"是人的基本道德，这是值得肯定的。但是将"礼"这个具有相对性的概念与"信"并列作为基本道德之一就会造成混淆；而将"仁、义"这两个基于基本道德的衍生概念也作为基本道德就会使本末不清，真假难辨。比如，仁和义中都包含着判断的成分，以仁、义作为基本道德无疑是将人的判断力也归为基本道德之列，这显然是荒谬的。更有甚者，五常之中居然包括"智"，比起其他四个概念，"智"是离基本道德最远的。"智"就像是工具，可以用来建设，也可以用来破坏。有了智慧，小偷小摸可以变成偷天巨盗，高智商犯罪破坏性是最大的。老子就说："智慧出，有大伪。"所以将"智"作为基本道德与"信"并列，不仅降低了"信"的重要性，而且会鼓励"大伪"的出现。因此，儒家应该是三纲五常的儒家，而不是孔子的儒家。与孟子自称是孔子的继承人一样，儒家只不过是将孔子列为先圣，从形式上加以崇奉。而在思想体系上，儒家一直沿着三纲五常的路走到了近代。儒家号称自己为孔子的继承者同样是一面之词，因为孔子已无法站出来申辩了。

自孔子思想到儒家的三纲五常，变化不可谓不大。但是，如此之大的变化发生在何处呢？儒家举着这个与孔子思想有重大出入的三纲五常，怎么可以号称是孔子的传人呢？我们现在要检查一下这中间的传递过程，看一看孔子思想在哪里转了弯。

首先，三纲五常中的三纲，也就是规定君臣、父子、夫妻主次关系的三纲，在孔子思想里是找不到的。儒家的三纲在君臣、父子、夫妻关系中规定了一方主宰另一方的关系。从表面上看，这君为臣纲似乎来源于孔子思想里的"忠"，但是通过对《论语》里"忠"的分析，可以看出《论语》里的"忠"并不是忠君这样狭隘，况且忠是一种道德标准，是一个人对自己的道德要求，并不是拿来要求他人服从于自己的"核武器"。而父为子纲似乎来源于"孝"，其实父为子纲更多地像《新华词典》中对"孝"的解释，但是我们知道，孔子思想中的"孝"是道的载体，是人作为"域中四大"之一所具备的道的特性，因此父为子纲与孔子思想中的"孝"是完全不同的。《论语》中有一段话可能与儒家的三纲有些瓜葛，那就是："君君、臣臣、父父、子子。"但有意思的是，这段话不是描写君臣、父子关系的。这段话出于《论语》第十二章：

齐景公问政于孔子。孔子对曰："君君、臣臣、父父、子子。"

公曰："善哉！信如君不君，臣不臣，父不父，子不子，虽有粟，吾得而食诸？"

齐景公向孔子询问如何从政。

孔子说："要做到君君，臣臣，父父，子子。"齐景公说："对啊！如果君不君，臣不臣，父不父，子不子，虽然有足够的粮食，我又能给谁吃呢？"

很明显，上面这段对话中的"君君、臣臣、父父、子子"的意思是君要做得像君，臣要做得像臣，父要做得像父，子要做得像子！用今天的话说，就是士士、农农、工工、商商、兵兵，就是在什么位置就做得像什么，甚至可以改造为"男男、女女、老老、少少"。这很显然属于"礼"的相对性，它是在强调每个人尽管担任的社会角色不同，但都有约束自己的准则。孔子在这里没有涉及君臣、父子的关系。但是100年后的孟子将这个"君君、臣臣、父父、子子"演化成了君臣、父子。如《孟子·滕文公》中的"父子有亲，君臣有义，夫妇有别"。《孟子·尽心》中的"仁之于父子也，义之于君臣也，礼之于宾主也，智之于贤者也，圣人之于天道也，命也"。于是孔子思想在孟子嘴里转了个弯，从孔子重点强调"君、臣、父、子"各有自身的职责到孟子重点研究君与臣、父与子的关系，历史的发展似乎注定要发生这样的偏离。尽管孟子的"父子有亲，君臣有义"，"仁之于父子也，义之于君臣也"对父子、君臣的关系描述得不清不楚，但是，这种对父子、君臣、夫妻之间关系的关注最终导致了儒家"三纲"的诞生。

儒家的"五常"来源于孟子的痕迹则更为清晰。上一段中所引用的《孟子·尽心》中的一段话就可以看到孟子把"仁、义、礼、智"并列。有意思的是，五常之中唯一具备基本道德特点的"信"并不在孟子所列的基本道德之列，孟子仅举"仁义礼智"四德，如同上一段所摘录的那样。而"信"被加入五常之中是在汉代，由于当时五行说盛行，为了配合五行说将"信"列入孟子所倡导的"仁义礼智"四德而发展成五常。可见，从孟子到儒家的三纲五常有着一定的传承脉络。到此，我们可以将儒家称为孟子的儒家，而儒家将孔子尊为他们的先师则仅仅是形式上的膜拜，儒家理论中的基本观点与孔子所指出的方向却并不相同。儒家思想的三纲将人按照一定的角色而规定主宰或从属地位，在这一点上，他们接近西方的宗教。所不同的是，宗教中只有一个救世主主宰着世间万物，而儒家思想指导的社会有着众多救世主，分别主宰着各自的小社会。从庙堂之上的众臣对皇帝的三拜九叩、唯命是从，到一个个多代同堂的大家族，儒家的社会被分为一个个小型的宗教体系。

可惜的是，孔子思想到孟子手里就改变了。从孟子的五不孝到儒家的三纲五常，我们可以看出孟子比孔子更像是儒家的代表。我们当然不会完全否定孔子创始的意义和重要性，我们做此对比的主要目的，只是想说明孟子在儒家思想这一体系中的重要性。

第一章 中华民族的亚圣——伟大的孟子

"亚圣"孟子与"至圣"孔子思想比较

孔子（公元前551—前479年）是春秋时期的大学者，他首开私学，创立儒家学派。孟子（约公元前372—前289年）是战国时期的大学者，他继承了孔子的学说，并对儒家学派的传播与发展做出了重大贡献。孔子生于今日山东曲阜，孟子生在距曲阜仅数十里的邹县，他们都曾沐浴着以泰山为中心的齐鲁文化。

公元前2世纪中叶，汉武帝认识到孔子学说有利于中央集权大一统的社会格局，因而采纳了董仲舒"罢黜百家，独尊儒术"的建议，从此中国在长达2000多年的封建社会时期，一直尊奉孔子为圣人，尊称孟子为亚圣；上至皇帝，下至黎民百姓，包括孔子后裔和孟子后裔，都自觉或不自觉地相信或认为孟子的学术思想与孔子一脉相承或完全一致，简言之即所谓的孔孟一家。其实，这是一个误会，因为，实际情况是，孟子的学术思想一部分继承于孔子的思想，另一部分则是孟子自己的创造，而这后一部分内容已经大大地超越了孔子。

说到孔子与孟子，不能不先从他们所处的时代来分析。我们之所以要先简介孟子所处的时代背景，是因为一个思想家的思想往往要放在他所处的时代脉络中观察，才能彰显出其独特性及价值所在。就像中国绘画中的泼墨画，如果想要表现月色之静好柔美，并不是拿圆规画一轮高挂天空的圆圈就行了，往往是先画几朵幽兰，旁边还衬着清逸的长竹、嶙峋的石头，在这些地上美好景物的烘托下，我们自然可以感受到天上月亮散发的柔美光泽，也自然就能烘托出月色之美。同样，如果先将孟子放置于历史环境中，分析历史背景中的孟子，在时代背景的映衬之下，孟子的特性与代表性便跃然纸上。这样的一种思维模式是一个很重要的思考方法，举例言之："拿刀子切割人的身体"这件事，究竟是美德还是恶行呢？这个问题是不能够脱离背景进行思考的。医院的外科医生在手术房内以手术刀切掉病人的手指，是为了救人，是值得称赞的行为。可是，绑匪拿起刀子剁掉人质的手指，则是一个令人发指的恶行。所以，同样一件事情我们要放在背景当中才能进行思考判断。我们只有把孟子和孔子放在历史当中，才能得到真正深层的认识并从而了解他们之间的异同。

孟子所处的战国时代（公元前403—前222年）是中国历史上社会、经济、政治秩序变动最为激烈的时代之一。战国时代实在是个"人人有希望，个个没把握"的时代。

在社会变动方面，各阶层之间剧烈的人员流动是最引人注目的现象之一。由于各国之间激烈的军事竞争，各国国君无不求贤若渴，积极招揽人才，许多出身寒微的知识分子凭借自身的才能取得权力，并上升至较高的阶层。社会各阶层间互有升降，激烈流动的结果渐渐使原来上下严明的等级界限趋于模糊。在经济方面，主要的变动在于农业技术的进步，工商业的长足发展，大城市的兴起及人口的激增等。牛耕及铁器的使用促进了农业发展；交通条件的改善及各国统一地区扩大等因素，也为工商业的繁荣提供了有利的条件。而农业及工商业的发展又造成了人口的大量增加，大城市林立，土地私有制度亦逐步形成，最后终于瓦解了奴隶制度的经济基础。

战争频繁也是战国时代的主要特色。"争地以战，杀人盈野；争城以战，杀人盈城。"（《孟子·离娄》）在各国之间频繁的战争中，百姓无疑有如俎上之肉，任人宰割。当时的思想家都对人民所承受的巨大苦难寄予无限的同情，也都不遗余力地挞伐战争的罪恶，希望能够救民于水火之中。孟子身处于这样一夕数变的时代中，对于他身处的世界有三种强烈的认识：一是认为当时弥漫着浓厚的急功近利之风；二是对于当时政治的黑暗与堕落具有相当深刻的体察；三是深切地感觉到战争的残酷及人民的痛苦。有鉴于此，孟子奋起而大力批判他所处的时代，并提出许多建议，他希望通过他的学说，引领时代步入理想的正途。

和春秋战国时代的许多隐者相较，孔子和孟子都是怀抱着强烈的救世之心的人，他们建立了儒家的典型风范，也确立了此后几千年来中国传统

知识分子的典型风范。战国时代被孟子直言批判的国君并不在少数，而是时有所闻。孔子是春秋时代的风格孕育的人物，一个如微风般和煦、温馨的人格典范。相对于孔子温润如玉般的谦谦君子，及不疾不徐的生命情调，孟子的人格特质是刚烈，特立独行，棱角分明，这自然也是他的时代，狂风暴雨、诡谲波澜的战国时代所孕育出来的典型。

战国时期的孟子主要表现出以下四个相当突出的个性。

1. 强韧的生命力

我们只要仔细阅读《孟子》，就会不由自主地被孟子那摄人心魄的强韧生命力所震撼。孟子这个人在当时确实是个异类，是独一无二的。孟子生于乱世，却不随俗俯仰，有所为有所不为，并时时以他雄浑有力、一针见血的笔锋直指时代的堕落，尤其是当时盛行的功利思想。

战国时代的功利思想主要表现于两个方面：第一是各国统治者多半近视、短利，只追求一时的利益而从不把人民利益放在心上。孟子就曾毫不客气地指斥梁惠王（在位于公元前370—前319年）："不仁哉！梁惠王也。以土地之故，糜烂其民而战之。"（《孟子·尽心》）一国之君如此，那么当时的知识分子又是如何呢？战国时代的知识分子游走各国，凭其三寸不烂之舌纵横捭阖，借着对国君的献策图谋个人富贵，而置百姓福祉于不顾，如苏秦、张仪之流务为合纵、连横，"一怒而诸侯惧，安居而天下熄"（《孟子·滕文公》），天下百姓未蒙其利，先受其害。

第二则是普通百姓在这种急速变迁的时代里，也往往随波逐流，淹没于物欲的洪流中。孟子所处的时代可说是"举世滔滔，皆为利来；天下攘攘，尽为利往"的乱世，但他终其一生都坚持斗争，在与时代潮流的顽强抗衡中展现全副的强韧生命力。

2. 强烈的使命感

孟子毕生以其强悍的生命特质"逆流游泳"，抗拒并批判整个时代的潮流，其精神动力之一即是他抱有强烈的使命感。孟子对于所处时代的使命感可在他与充虞的对话中表露无遗："夫天未欲平治天下也，如欲平治天下，当今之世舍我其谁也！"（《孟子·公孙丑》）除非是上天还不想平治天下，上天若想要平治天下的话，那么当今之世除了我之外还有谁足以当此重任呢？孟子的自信自负及沛然莫之能御的气势及使命感，于此表露无遗!就是在这种"舍我其谁"的使命感驱使下,他汲汲营营地奔走各国,希望能够救民于水火之中。

3. 刚直的气概

孟子刚直的气概往往表现为永不妥协的性格。举例言之:当孟子去见梁襄王后即毫不客气地批评他"望之不似人君"(《孟子·梁惠王》)。再举个例子:有一天,孟子已经准备就绪前去见国君,尚未出门,国君派人前来,说:"国君本想来见先生,但是因为临时身体不适,不知道先生能否在早朝时前来一见。"孟子立刻回答说:"不幸而有疾,不能造朝。"(《孟子·公孙丑》)我也本来要去看他,但是不幸临时生病不能去看他了!孟子的个性就是这样,坚持自己的风格,决不妥协。正因为如此,他为中国几千年来的知识分子建立了一种新的风格。纵观专制时代多少朝代更迭之中,如墙头草般的投机分子及曲学阿世的知识分子比比皆是,相形之下更能体会出孟子的人格特质之代表意义。

4. 充满健动精神的理想主义

孟子知其不可而为之的理想主义,在某种程度上可能受到孔子的启迪。子路在石门遇见的隐者就说孔子是"知其不可而为之者"。到了战国时代,孟子把这种精神发挥得淋漓尽致。战国时代是一个相当混乱而变动剧烈的时代,也是中国历史书页快速翻动的时代,社会阶层的流动速度之快,往往令人目不暇接。春秋时代的社会,血缘因素常常是一个人社会地位的决定性指标,但是在战国时代,个人的能力成为决定其能否独占鳌头的主要因素,血缘退居次要地位,"布衣可致卿相",因此造就了许多平民的崛起。举例言之:张仪和苏秦即是当时最著名的两个游士。有一次张仪去游说诸侯,差点赔上性命,当张仪好不容易从九死一生中苏醒过来,随即问道:"我的舌头还在不在?"发现自己的舌头完好如初,才如释重负地说:"只要我的舌头还在,一切就没有问题!"对于专靠一张嘴巴吃饭的谋士而言,只要三寸不烂之舌尚在,便可东山再起。战国时代是一个风起云涌的时代,也正是这样的时代,使中国的知识阶层逐渐进入成熟期。孟子可以说是中国知识分子的典型,他使历代帝王坐立难安,寝食忐忑。孟子就是具有这样的典范意义。

正如大家所知道的,孔子生于公元前 6 世纪,孔子这个人比较有修养,我们读《论语》时印象最深刻的往往是《盍各言尔志》那一章：有一天，孔子对徒弟们说，你们何不说说自己有什么志趣，不要因为我比你们年长，就觉得拘谨。说起自己的志趣，孔子这些学生就不禁雀跃了起来，一个学生就说：如果让我做外交长官，短期内就可以做到协和万国，敦睦邦谊。孔子怎么回应呢？《论语》记载说："夫子哂之！"就是说孔子只是笑笑而不答。接下来，孔子又听到他的学生们有的想做行政院长，有的要做军团司令，各有各的雄心壮志。孔子在听过这些学生陈述自己的志愿之后都只是微笑不语，并未做任何具体回应。最后，轮到一个叫曾点的学生，他就是大家耳熟能详的孝子曾参的父亲，当他的同学踊跃畅谈未来志向时，他只在一旁悠闲地弹着琴。当大家都叙述完自己的志趣之后，孔子转头对曾点说："点！不妨也聊聊你的志趣吧！"曾点于是诚恳地回答说："我只希望能在淡淡的暮春三月时，穿着新做好的春服，跟着五六个成年人及六七个小孩，大家一起悠闲地在小溪中洗浴玩耍，洗完澡后又能闲适地在舞雩的祭台上快乐地乘凉，然后大家愉悦地哼着歌，一起开开心心地回家。"孔子听完后点点头称许地说："吾与点也！"（《论语·先进》）也就是：我与曾点的志趣相投！孔子这个人的风范正是这样让人深有如沐春风之感。孔子待人处世之道一向以敦厚、温和圆融著称，他正是典型的春秋时代人物。

  所以，从两人的人格来看，孔子偏向敦厚，而孟子则偏向愤世嫉俗。孔子作为儒家的创始人自然要以身作则，要别人大气，自己就得是个敦厚的儒者长者。这与孔子的人生经历有关，孔子早年家贫，做过吹鼓手，也做过放牛娃，他是自学成才，因而他自然就养成了谦逊的性格，他向长者请教时也总是恭恭敬敬。成才后，他也将这种恭敬的习惯一以贯之，他为了让年轻人少走弯路，对年轻人的教诲总是不厌其烦。他是老师，也是长者，所以，脾气暴躁的子路都会受他的影响，并拜他为师。宽恕始终是他的人生信条，如在陈国，被别人形容为"丧家之犬"，他都不生气。但在原则上他则义正词严，毫不妥协。当他发现鲁国国君的臣子享受了不该他享受的音乐时，他也会说"是可忍，孰不可忍"。所以，孔子的敦厚中是蕴藏着凛凛正气的。

  而孟子则不同，孟子更偏向愤世嫉俗。孟子生活在战国时期，在那个时期诸侯交相攻伐，仁义早被抛诸脑后，"兴灭继绝"的传统也烟消云散，然而，神仙打仗，凡人遭殃，百姓流离失所，饿殍遍野。孟子把个人与社会紧密地联系在一起，他以解民倒悬为己任，自然是看不惯诸侯的那一套的，百姓的血流在他的眼中，哀号回荡在他的心中，这更激起他的愤世嫉俗。孔子也愤世嫉俗，只不过他最大的愤怒也就是"道不行，乘桴浮于海"。孟子则不同，他是"当今之世，舍我其谁"。孔子的愤怒是出世，孟子的愤怒是入世，是一股豪迈之情，自信之气，他越愤怒越要入世，正如孟子所说"富贵不能淫，贫贱不能移，威武不能屈"。所以在孟子的性格中就表现出很强的战斗性。面对黑暗政治，孔子采取了退让的方法。孟子则与孔子恰恰相反，他鼓励人民起来造黑暗政治的反，并说杀掉厉王、纣王这样的暴君不算"弑君"。是的，这些人算什么"君"：他恣意猎食人民的血汗，他已经成了披着君王外衣的吃人的野兽，人民不打倒他，他就要吃掉人民。杀掉那暴君安慰那百姓，就像及时雨从天而降，百姓们会非常高兴。"诛其君而另其民，若时雨降，民大悦。"（《孟子·滕文公》）据说，历史上有的皇帝畏惧孟子的这些话，在新出版《孟子》一书时命令编者将孟子带有战斗性的话语删去。

孟子善养浩然正气，这也是孔子不及孟子的地方。孟子认为："夫志，气之帅也；气，体之充也。""其为气也，至大至刚，以直养而无害，则塞于天地之间。其为气也，配义与道；无是，馁也。"（《孟子·公孙丑》）意思是说，内心的志向是义气的主导，义气是充满浑身的力量。这种气，最伟大，最刚强，用正直去培养它才没有妨害，就能充满天地之间。这种气，要跟义与道相配合。如果不是这样，就会缺乏力量。这是积累了正义才产生大力量，不是凭偶然的正义之举获取的。孟子养的气，就是正气，就是充满胸间的正义精神和力量。孔子的"气"没有孟子充盈，所以孔子没有孟子的战斗精神强。孟子用这种浩然正气去宣扬自己的政治主张，去唤醒民众与罪恶的统治作斗争。这种浩然正气贯穿孟子的全部行为和言行。"富贵不能淫，贫贱不能移，威武不能屈"，这些话多么具有力量！后来，一些知识分子将"浩然正气"书成巨匾，悬于明堂，激励和鼓舞自己。毫无疑问，孟子这种精神滋养、孕育了一批又一批的中华民族的精英。所以，从对后世文人的人格形成的影响来看，孟子的影响超过了孔子。

　　第二，从他们对"仁"的看法来看，孔子是大厦的设计者和奠基者，孟子是大厦的建设者和完善者。孔子针对"春秋无义战"提出了"仁"的思想，但他并没有将"仁"的思想形象化、具体化，"仁"在孔子时代还只是一个笼统的概念。孟子则在"仁"的基础上将其具体为"不忍之心"，并建立"性善论"来对其进行论述，进而提出"仁政"的概念。由"仁"到"仁政"是一种从社会道德到社会政治的飞跃，这种飞跃将能更好地巩固"仁"的观念，并能更好地施行"仁政"。可以说孟子的思想比孔子更具有人民性。孟子是站在普通劳动人民的立场上的，是为群众着想的。孟子的"仁"是建立在"民"的基础之上的。他说："民为贵，社稷次之，君为轻。"（《孟子·尽心》）他提出"乐民之乐，忧民之忧"的政治行为观。这体现了"圣人无常心，以百姓的心为心"的政治思想。孟子对齐宣王说："君之视臣如手足，则臣视君如腹心；君之视臣如犬马，则臣视君如国人；君之视臣如土芥，则臣视君如寇仇。"（《孟子·离娄》）孔子的"仁"虽然也是"民本"的，但没有孟子具体和鲜明。

　　第三，从具体的施政纲领来看，孔子的施政纲领比较简单和原始，孟子的施政纲领则详细具体得多。孔子治理天下，不外"礼乐"二端，他的礼就是不僭越，君君、臣臣、父父、子子，每一个人都有每一个人的职责，不能超越界限；他的乐就是"浴乎沂，风乎舞雩，沐而归"，简单说来就是简政施仁。孔子也赞同发展经济，他很赞同管仲，他说"微管仲，吾其被发左衽矣"。他也赞同用适当的刑罚来惩戒，不过，他不赞成滥施刑罚。孟子则不同，他认为"民为贵，社稷次之，君为轻"，认为可诛杀"独夫"，虽多了点杀伐之气，却表现出其朗朗正气；他认为乐也当用来治理国家，"古之乐犹今之乐"，为君者当"与民同乐"，以此来教化百姓。孟子不赞同刑罚，只因战国时期各国刑罚太甚，他认为施刑是"网民"，他倒赞同教化"谨庠序之教，申之以孝悌之义"。而他最赞同的是发展经济，"五亩之宅，树之以桑，五十者可以衣帛矣；鸡豚狗彘之畜，无失其时，七十者可以食肉矣；百亩之田，无夺其时，十口之家可以无饥矣"。孟子的经济就是"教养"两大端，毕竟"仓廪实而后知礼节"。

　　第四，从治民思想来看，孔子认为，上对下的基本原则是"君使臣以礼"(《孔子·八佾》)。所谓礼,即孔子所谓"殷因于夏礼""周因于殷礼"(《论语·为政》)的礼,亦即夏代草创、殷代发展、周初成熟的宗法制度。孔子主张"克己复礼"(《孔子·颜渊》),也就是维护、恢复周初的宗法制度。它的关键有两条:一是各级统治者世袭,即所谓"大人世及以为礼";二是上级领属下级,长辈领属晚辈,即孔子所谓"君君、臣臣、父父、子子"(《孔子·颜渊》)。这是治民法宝。

在"大人世及"的前提下,"君君、臣臣",等级森严,则是孔子思想和一生言行的大纲。而贯彻这个大纲的方法则是"正名"。为此,他还曾跟子路吵过架:"野哉,由也!……名不正则言不顺,言不顺则事不成,事不成则礼乐不兴,礼乐不兴则刑罚不中,刑罚不中则民无所措手足。"(《孔子·子路》)孔子如此重视的"名",就是爵位、官阶、身份、名号,它和当时习称为"器"的政权同等重要,他说:"唯器与名,不可以假人……若以假人,与人政也。政亡,则国家从之。"(《左传·成公二年》)

孔子认为,有了"大人世及"和"正名"这两件治民法宝,就不至于争天下、乱名分、动干戈。至于"大人"们是否圣明,"小人"们是否能活下去,那就只好听天由命了。不过,孔子力求完善,对统治阶级提了好多高雅的建议,设计了一套居高临下的治民手段。

(1) 王侯们要行德政。他说:"为政以德,譬如北辰,居其所而众星共之。"(《论语·为政》)

(2) 当政者以身作则。他说:"政者,正也。子帅以正,孰敢不正。"(《论语·颜渊》)

(3) 政刑与德礼并用,德礼是上策,政刑是下策。他说:"道之以政,齐之以刑,民免而无耻;道之以德,齐之以礼,有耻且格。"(《论语·为政》)

(4) 对下民要先"富之",后"教之"(《论语·子路》),目的是为了"使之"。他说:"小人学道则易使。"(《论语·阳货》)

(5) 役使人民要合乎义理,适于时令。他说:"其使民也义。"(《论语·公冶长》)又说:"使民以时。"(《论语·学而》)

孔子的这些劝谏如果确能生效,则周室将代代如文武周公,年景也一如"小康",可惜当权者殊不爱可怜穷人,故厉王暴政有之,幽王淫政有之之，小康之治亦成空中楼阁，且孔子奔走呼号一生也无济于事。

孟子则吸取教训，政论有所改观。

孟子先将孔子的礼治学说改造为"仁政"主张。礼治的躯壳是宗法制度，礼治的目的在"君君"，即以忠君为目的，以亲民为手段。历史的经验是忠君之民常有，而亲民之君罕见。于是孟子在战国时代的君主社会中，率先屏弃了以责民为主的礼治口号，提出了以责君为主的仁政主张，表现了宗主社会意识形态转变为君主社会意识形态的社会思潮。

"仁"在孔子的学说中是一个普遍的道德范畴，以"爱人"为主要内容。孔子认为仁人少见，连自己也不敢称仁；孟子则硬要把仁塞给当政者，并设计了一套祥云救旱的仁政方案：

（1）恢复井田制，轻徭薄赋，什一而税。他说："夫仁政，必自经界始……方里而井，井九百亩，其中为公田，八家皆私百亩。同养公田，公事毕，然后敢治私事。"（《孟子·滕文公》）果能这样，自然是周初的小康世界，但在战国这已经是不可能的了。所以孟子为梁惠王设计的是另一种方案：

（2）控制人民的产业，使百姓能活下去。他说："明君制民之产，必使仰足以事父母，俯足以畜妻子，乐岁终身饱，凶年免于死亡。"（《孟子·梁惠王》）这样的要求往往也难以实现，于是孟子又降低了标准：

（3）不要杀人，要收揽民心。他说："天下之人牧，未有不嗜杀人者；如有不嗜杀人者，则天下之民皆引领而望之矣。"（《孟子·梁惠王》）得了民心还要妥善管理，于是孟子又提出了行政细则：

（4）选贤任能，明赏信罚。他说："贵德而尊士，贤者在位，能者在职；国家闲暇，及是时明其政刑，虽大国必畏之矣。"（《孟子·公孙丑》）

孟子的治民思想如得以实现，战国就会变成"理想国"。然而，人君却以他的言论为"迂远而阔于事情"（《史记·孟荀列传》），让他永远飘在天上，"仁政"则未之有也。

孔子主张以责民为主的礼治，孟子主张以责君为主的"仁政"，外表相差甚远，本质却大致相同，即孟子所说的"劳心者治人"，真是殊途而同归的典范。

殊途而同归是阶级社会中所有政治流派的大趋势。孔子的治民主张符合宗主社会农奴主阶级的需要，为恢复和苟延周王室的政权服务；孟子的治民主张符合君主社会地主阶级的需要，为巩固和发展新兴的君主政权服务，这是殊途。孔孟的治民主张都维护剥削阶级对劳动阶级的统治，这是同归。

第五，从事君思想比较来看，孔孟都是忠君论者，他们主张臣民应当对君主敬且忠。孔子曰："臣事君以忠。"（《论语·八佾》）孟子曰："无父无君是禽兽也。"（《论语·滕文公》）但是他们所说的都是理想化的君主，如文武周公一样的君，是"亲民"的君，对厉君和暴君，他们则有不同的态度。

孔子把事君和事父母看作是一回事。"出则事公卿，入则事父兄"（《论语·子罕》），孔子认为是人之大伦。君父有了错误、丑行，孔子认为首先要替他们隐瞒起来。他说："父为子隐，子为父隐，直在其中矣。"（《论语·子路》）孔子将这个父子互相包庇的原则也用于事君。鲁昭公娶同姓的吴女，于周礼为大恶，孔子却对学生说昭公知礼（见《论语·述而》）。孔子作《春秋》，屡用曲笔，《公羊传·成公九年》指出孔子"为尊者讳，为亲者违，为贤者讳"，《谷梁传·闵公元年》指出孔子"为尊者违耻，为贤者讳过，为亲者违疾"。孔子为君长隐恶的目的，一则是怕招祸而明哲保身；二则是避免小民仇君而叛乱。

在为君主隐恶的前提下，孔子认为忠君应当犯颜直谏，以正君行。子路问事君，子曰："勿欺也，而犯之。"（《论语·宪问》）意思是说不要欺瞒君主，应当知无不言，犯颜直谏。他称赞殷纣王的三个忠臣能不顾个人安危荣辱而谏君："微子去之，箕子为之奴，比干谏而死，孔子曰：'殷有三仁焉。'"（《论语·微子》）这三个人的忠诚态度是不一样的，尤其是微子谏而不听则走，实在算不上真忠，但孔子则给了最高的评价"仁"，说明孔子的忠君思想是有限度的。他的行为也说明了这点。《论语·微子》中说齐赠鲁女乐、文马，鲁君与季桓子三日不听政，孔子乃不谏弃官而走。走则可也，弑君则万万不可。《论语·宪问》中说陈恒杀齐简公，孔子沐浴而朝，请鲁哀公出兵讨伐，这说明孔子在忠的理论方面，虽小德有出入，但"大德不逾闲"（《论语·子张》）。

然而，为出仕的理想能实现，孔子却不免于图谋不轨。阳虎叛乱，劝

第一章　中华民族的亚圣——伟大的孟子

孔子出仕，"孔子曰：'诺，吾将仕矣'"；"公山弗扰以费畔，召，子欲往"；佛肸以中牟叛，召，"子欲往"（《论语·阳货》）。这说明孔子的忠君思想必须在顽强的节制下才能维持贞操。或曰：孔子想参加叛乱的理由是"如有用我者，吾其为东周乎"（《论语·阳货》）。然而这却是借口，孔子周游列国求仕，唯独不求周天子。孔子谋叛的真正目的被子路问出来了，子曰："吾岂匏瓜也哉，焉能系而不食？"（《论语·阳货》）圣人也要吃饭哪！

孔子事君思想的要点是：忠于贤明的君主，劝谏不肖之君，离弃不纳谏之君，隐君之恶，救君之危，尽量不叛君。孔子一生忍辱负重，清心寡欲，力求言行一致，终于没有失大节。

孟子虽秉承师教，却并不如此斯文。

孟子对当时贫富悬殊、攻城略地的社会现象深恶痛绝，他指斥当时的君主是"率土地而食人肉"（《孟子·离娄》）"率兽而食人"（《孟子·梁惠王》）。他认为"春秋无义战"（《孟子·尽心》），当然可以引申为春秋无义君。孟子对这些不肖之君的态度略同于孔子，他说："君有过则谏，反覆之而不听，则去。"（《孟子·万章》）而对那些暴君，孟子则一反孔子的温和态度而异常激烈："君有大过则谏，反覆之而不听，则易位。"（《孟子·万章》）迫君易位，一般被认为是大逆不道，但孟子为他找到了依据，他说："太甲颠覆汤之典刑，伊尹放之于桐。三年，太甲悔过，自怨自艾，于桐处仁迁义。三年，以听伊尹之训己也，复归于亳。"（《孟子·万章》）允许不肖之君改过复位，是伊尹的创造，孟子则把它发展成为理论，表明孟子还没有离开忠的轨道。但对那些不可救药的暴君，孟子就要造反杀君了。齐宣王问武王伐纣杀君可否，孟子回答说："贼仁者谓之贼，贼义者谓之残，残贼之人谓之一夫。闻诛一夫纣矣，未闻弑君也。"（《孟子·梁惠王》）孟子对这样的暴君，不但主张杀，还主张剥夺其名号，谥之曰独夫民贼，与孔子的观点比较可谓小同而大异。小同，是指忠君归宿相同；大异，是指忠君的途径殊异。

孟子的事君思想显然比孔子进步了。孔子的事君思想局限于礼的模式、规范，教条死板；孟子的事君思想则生动活泼，表现出开放的倾向、重民的倾向、竞争的倾向——谁好忠于谁。这些倾向显然是社会经济发展的结果。

第六,从上下互制思想比较来看,孔孟都认为上下级应当互相制约。孔子曰:"君使臣以礼,臣事君以忠。"孟子的态度则更明朗、更激烈,他说:"君之视臣如手足,则臣视君如腹心;君之视臣如犬马,则臣视君如国人;君之视臣如土芥,则臣视君如寇仇。"(《孟子·离娄》)这种等价交换的人际关系原则,就是一种社会约束。

孔子的约束工具是礼。礼本来是一个伦理学范畴,当礼作为一个政治学范畴,作为一种约束工具来维系君臣民关系时,孔子也称之为"度"。据《左传·昭公二十九年》记载,晋铸刑鼎,孔子曰:"晋其亡乎!失其度矣。夫晋国将守唐叔之所受法度以经纬其民,卿大夫以序守之,民是以能尊其贵,贵是以能守其业。贵贱不愆,所谓度也……今弃是度也,而为刑鼎。民在鼎矣,何以尊贵?贵何业之守?贵贱无序,何以为国?"孔子认为贵贱不愆、名分不乱就是度,和礼的内涵一致,所以度就是礼。在孔子看来,唯有度是君臣民以序遵守的法则;举国上下都行之以度,谦恭好礼,等级森严,贵有业守,贱有劳作,自然国会长久。在孔子看来,刑法不是君臣民和衷共济的约束器,因为贵人不用守法,贱人守法尊刑鼎而不尊贵人,所以刑法不能调和君臣民三者之间的关系。孔子为实现他的小康政治理想,便在伦理学的旗帜下大讲其礼,以礼代度求治。他要人们"克己复礼",要人们"非礼勿视,非礼勿听,非礼勿言,非礼勿动"(《论语·颜渊》),他要臣民和君主都讲礼行礼,"为国以礼"。(《论语·先进》)但孔子的礼实在太无能了,就在孔子的家乡、礼乐之邦的鲁国,昭公失礼,三桓政变,国君奔死他乡;继而三桓失势,陪臣擅权,阳虎、公山不狃叛乱;民间则有"苛政猛于虎"(《礼记·檀弓》);以至孔子奋斗一生也未能改变"礼崩乐坏"的局面。

于是孟子改弦更张,以"仁"作为君臣民的共同约束工具。

孟子首先把仁分给每个人一份,他说:"恻隐之心,人皆有之……恻隐之心,仁也。"(《孟子·告子》)又说:"强恕而行,求仁莫近焉。"(《孟子·尽心》)这样,孟子就给每个人找到了行仁的理由,并且找出了求仁的捷径——勉之强之以行忠、宽、恕之道。剩下的就是人们能不能勉强行仁的问题。于是孟子又提出了行仁的好处:"仁者无敌"(《孟子·梁

惠王》),"行仁政而王""仁则荣"(《孟子·公孙丑》)。孟子又指出不行仁政的坏处:"天子不仁,不保四海;诸侯不仁,不保社稷;卿大夫不仁,不保宗庙;士庶人不仁,不保四体","苟不志于仁,终身忧辱,以陷于死亡"(《孟子·离娄》)。孟子期望这样周密的说教会使贵人、贱人一起守仁,互相约束,岂不知人们发现强权和暴力比仁更奏效,于是孟子的约束工具"仁"便被束之高阁。

孔孟不同的约束工具反映了他们不同的性格,也反映了两个时代不同的社会风尚。礼是客观的东西,孔子尊重客观,反映了他谦虚谨慎、屈从现实的性格,反映了春秋时代人们对传统现实流连因循、对新生潮流徘徊观望的社会风尚。仁是主观的东西,孟子尊重主观,反映了他自信自强、追求维新的性格,反映了战国时代人们对新政流弊怀疑挑剔、对未来幻景跃跃欲试的追求精神。这也是社会经济发展所决定的。春秋时代生产力相对落后,故人们的心理怯懦保守;战国时代生产力相对提高,故人们的思想开放大胆。

总之,孟子虽然没有孔子博大,但他继承了孔子以"仁"为核心的修身养性人格学和"亲民"的国家政治管理学,而且在这两方面都比孔子精深。可以认为,孟子的全部学问就集中在这两个点上。孔子开始掘两口井,孟子认为那里会流淌出润人心田的清泉,于是接过孔子的锄头,继续深挖。人们终于看到清泉汩汩流淌而出。修养人格,必须将"仁爱、仁善"与"正义、勇毅"结合起来;政治管理,必须从"民"这个根本出发。就中华民族现在的文化精神状态看,褒扬孟子的人格学和政治管理学比褒扬孔子的人格学和政治管理学更具有意义。不论是中国的过去和现在或将来,在强调"仁爱"的基础上,高扬"勇毅"的精神之旗非常重要,因为中国的传统文化里有极重的"阴气""迂气""腐气"。在中国,不论是过去、现在、将来,都要倡导"民为邦本"。只有政治管理的科学,才能带来国家的强大和民族的振兴。

民主思想的先驱——孟子

"五亩之宅，树之以桑，五十者可以衣帛矣。鸡豚狗彘之畜，无失其时，七十者可以食肉矣。百亩之田，勿夺其时，数口之家，可以无饥矣。谨庠序之教，申之以孝悌之义，颁白者不负戴于道路矣。七十者衣帛食肉，黎民不饥不寒，然而不王者，未之有也。"（《孟子·梁惠王》）

这是孟子为我们描绘的一幅图画，面对着这一尘封历史2000余年但依旧鲜活无比的画面，我们感到震惊！

这是一幅怎样的图画啊！这里没有饥饿欺凌，没有征伐杀戮，百姓丰衣足食，安居乐业，人人尊老爱幼，知礼达信，这不是中国老百姓几千年梦寐以求的理想生活吗？孟子以他那如椽之笔，构筑了这一王道乐土。朴实无华的几行文字，浸透了对百姓的殷殷关爱，透露了治世的玄机，更昭示了他深邃的哲学思想。一些人曾盲目赞美西方民主制度的发达，羡慕他们哲学思想的成熟，但站在伫立于遥远历史起点的孟子面前，我们心中陡然升起一种自豪感。中国原本并不缺乏民主的基因，民主之花早在2000年前的战国时期就已绽放，而且光彩照人。而此时的西方，还是一片混沌。"民为贵，社稷次之，君为轻"，百姓丰衣足食知礼，"然而不王者，未之有也"。他把民生民计置于一切问题的核心，由此生发出一整套民本主义理论，这种民本主义实质就是一种民主的理念，而他为老百姓设计的理想社会又是那么温馨美好，可亲可近。在迷离恍惚的中国历史的长河中，竟然还有一位如此超越时空的民主先驱，又怎能不使人震惊呢？还是来看学者们对孟子民主思想的评价吧。

康有为认为："此孟子立民主之制，太平法也。盖国之为国，聚民而成之，天生民而利乐之，民聚则谋公共安全之事，故一切礼乐政法皆以为民也。但民事众多，不能人人自为公共之事，必公举人任之。所谓君者，代众民任此公共保全安乐之事。为众民之所公举，即为众民之所公用。民者如店肆之东人，君王乃聘雇之司理人耳。民为主而君为客，民为主而君为仆，故民贵而君贱易明也。"

与康有为持大体相同观点的袁保新认为："大体而言，我们不能说2000多年前孟子的王道仁政的思想已经发展了近代西方的民主理论，但是，孟子从人性论出发所主张的'民本'思想的确含有主权在民的成分，却也是不容否认的事实。遗憾的是，孟子在揭举民本思想的同时，未能进一步从法制层面来规划，而秦汉之后的儒者，又后继乏人，结果只有在西风东渐之后，我们才能真正接续上孟子的思想，为孟子的民本理论注入法制架构的思考。"

台湾谭煊吾认为："总观孟子的民本思想，概括了现代民主思潮的一切：孟德斯鸠的法意，卢梭的民约论，法国革命所争取的自由、平等、博爱，林肯不惜南北一战所换来的民有、民治、民享，国父集中外大成所首创的三民主义：民族、民权、民生，以及柏拉图的理想国，老子的小国寡民……成为理想的追求，或是进步的建设，皆离不了孟子以民为本的思想范畴。故孟子不仅是中国民主政治的保姆，也是世界先知先觉的革命导师。"

王杰认为："在孟子看来，国君、社稷都是可以'变置'的，唯有人民是不变的，民心之向背是政权是否稳定的基础，这是一种明显的民本主义思想。"他又说："孟子的这一思想是对春秋以来'以民为本'思潮的继承和发展，对中国思想界起到了振聋发聩的巨大作用，对中国政治思想文化产生了极其深刻的影响，可以说是首开中国思想文化中抨击封建君主及专制制度之先河。"

孟子先进的民主思想对2000年来的封建王朝来说无疑是个重磅炸弹，激起了封建专制者的恐慌。有一个故事很能表现出孟子思想带给统治者的震撼，历代统治者多半对孟子思想憎恶有加，有时却又不得不表现出崇尚的态度。明太祖朱元璋在即位为皇帝后，便装腔作势要读书，而读书的内容则不外是《论语》《孟子》《大学》《中庸》。《论语》这本书读起来就像孔子这个人一样，不疾不徐，无欲无求，朱元璋便也自然而然地打起瞌睡来了。读到《孟子》时，朱元璋才从浓浓的睡意中猛然惊醒，听到讲官朗朗地念出"闻诛一夫纣也，未闻弑君也"，又听到"民为贵，社稷次之，君为轻"的说法，这位出身草莽的专制皇帝简直不敢相信自己的耳朵，《孟子》这部历代读书人所共同的必修课中怎会出现这些大逆不道的话呢？孟子针对时君所发的言论，似乎字字句句都从《孟子》书中跳出来指责他一样。于是在恼羞成怒之际，朱元璋忍不住大骂孟子："假使这个糟老头生在我大明的时代，还能让他有免罪的机会吗？"盛怒之下的朱元璋正不知如何处置这早已死了千年之久的孟子，刚好有臣下来报告即将举行祭孔大典的事，他立即心生一计，下命令说："把孟子的牌位给我撤了，并把他赶出孔庙！"借着这个举动以泄其心头之恨。然而，合该孟子有永享祭祀的口福，第二天，掌理观察天象的官员就赶紧来报告天空出现异象的消息，朱皇帝尽管在人间作威作福，也还不敢得罪上天，违逆天意，就又赶紧把孟子的牌位请回了孔庙。

但是专制跋扈的朱元璋并未因此而改变对孟子的憎恶。24年后的洪武二十七年（公元1394年），朱元璋闲来思及当年的这件陈年往事，觉得《孟子》书中必定大有文章，遂命大学士刘三吾（公元1312—1399年）把《孟子》全书做了一次相当彻底的思想检查，删削了《孟子》书中所有诋毁君主的言论。《孟子》全文共计3.5万余字，刘三吾等人狠狠地删掉了其中85章，出版了一本书叫做《孟子节文》，完整版的《孟子》遂被列为禁书，科举不以之取士，考试不以之命题，想从此把它打入冷宫。尽管刘三吾承皇帝之命编了这本《孟子节文》，并将原版《孟子》列为禁书，《孟子》原书并未从此湮灭，政治权力的护航，并不足以作为人心归向的担保，《孟子》一书仍旧广为流传。

由这一段史实看来，孟子民主思想的活力并不因时空的改变而有所减弱。所以孟子尽管已经死了千余年，他的思想仍携带巨大的力量，使得似乎有点过度敏感的明太祖几乎为之疯狂，并将之视为可恶的敌人，亟欲除之而后快。而明太祖之所以如此仇视孟子的原因，实在于孟子的民主政治思想对君主专制政权具有极为强烈的破坏性与颠覆性。现代学者容肇祖先生曾仔细研究过《孟子节文》，并将被刘三吾删掉的部分做了分类，《孟子》原书中被删掉的共有11类内容：

（1）"不许说人民有尊贵的地位和权利"；

（2）"不许说人民对于暴君污吏报复的话"；

(3)"不许说人民应有革命和反抗暴君的权利";

(4)"不许说人民应有生存的权利";

(5)"不许说统治者的坏话";

(6)"不许说反对征兵征实同时并举";

(7)"不许说反对捐税的话";

(8)"不许说反对内战";

(9)"不许说官僚黑暗的政治";

(10)"不许说行仁政救人民";

(11)"不许说君主要负善良或败坏风俗的责任"。

在这11类的归纳中,被排斥及删除的部分全是孟子民主政治思想的精华所在。这些被删的思想精华在当时的科举考试中也完全被禁止出题命试,由此可见孟子的民主政治思想对专制帝王而言,真犹如洪水猛兽一样可怕呀!

孟子思想的意义及影响并不局限于中国,邻近的日本亦深受孟子思想灌溉。在日本历史上持续将近300年之久的德川时代(公元1603—1867年)即深受孟子思想的影响。在上野之战中,明治天皇打败了德川最后一代的幕府,江户从此易名为东京,现代日本历史于此展开。在日本德川时代以来皇太子的养成教育里,《四书》都是必修的课程。与明朝朱元璋对孟子思想的排斥一样,《论语》《大学》《中庸》所阐述的思想与价值,均可以为统治阶层所接受。然而,《孟子》书中深刻的批判色彩,以人民为根本的民主主张,尽管换了时空,变了容颜,不变的却是又一次挑战了统治阶层的权威,日本这个深受中国文化熏陶的国家当然也不可能例外。当时日本宫廷的讲官,在教皇太子读书前会先针对《孟子》一书做一番思想检查,并在课本中用红笔注明,自某章某句以下数章,或以下若干字,请皇太子不必阅读。那些东西就叫作"御读禁忌",这些有朱笔批点的所谓"御读禁忌"的《孟子》,现在收藏在日本京都大学总图书馆的《清家文库》中。

第二章　要管理先修身
——领导者的自我修炼

孟子有言曰:"天下之本在国,国之本在家,家之本在身。"所谓"修身、治国、平天下",最基础的就是要从"修身"开始。孟子在这方面有详尽的阐述,认为"大人者,正己而物正者也","贤者以其昭昭使人昭昭"。管理者要想有效地指挥下属,应当注意培养和提高自身的综合素质。美国著名公司管理大师麦克白曾说了一句很简单、意义却很深的话:"管理人的能力首先不在于如何指挥别人,而在于如何指挥自己跳出最美的舞蹈。""舞蹈"即是指管理者应当具备教练的素质和能力。

身先士卒——领导者的无声号角

【原文】"上有好者,下必有甚焉者矣。君子之德,风也;小人之德,草也。草尚之风,必偃。"(《孟子·滕文公》)

【大意】在上位的人有什么喜好,下面的人一定会喜欢得更厉害。领导人的德行是风,老百姓的德行是草,草被风吹,必然随风倒。

所谓要治国平天下必须先修身,先正己,才能正人。孟子指出,领导有什么喜好,下属的人就会跟从。领导者是带领企业发展的指挥者,只有领导者自己首先做好表率,下面的人才会跟从。领导者乃下属的榜样,他的言谈举止、音容笑貌、喜怒哀乐,直接影响到部属。如果他自身的行为规范得体,即使不制定任何法令(规章)制度,人们也能自然地效法他的行为,走正道,做正事。然而,如果他自身的行为不正,胡作非为,即使制定严格的法令、法规,人们也不会执行。

在我国农村,曾经流传着这样一个顺口溜:"村看村,户看户,群众看干部。"群众看干部的什么?群众看干部如何说,更重要的是看干部怎么做。上梁不正下梁歪。做领导的念歪了经,做歪了事,部下和百姓自然是以歪就歪。相反,做领导的要使部下服从,要取信于百姓,建立良好的领导者形象,应先自己规规矩矩、扎扎实实地做出个样子来。

曹操当年在军中有较高的威望,大小将士都乐于为他卖命,对他唯命是从,很大程度上是因为他能从自己做起,以此使将士心服口服。在寿春城大战袁术后曾发生过这么一件事:曹操班师回府时,路经一带麦田,曹操传令大小将校,不得践踏麦禾,违者处斩。事也奇巧,曹操的坐骑受惊乱跑,踩坏了大片麦田。事情发生后,曹操不愿践踏自己制订的法纪,便找来行军主簿,要他依法处治自己,主簿不敢,曹操说:"吾自制法,吾自犯之,何以服众?"于是抽剑就要自刎。众人再三劝说后,曹操采取了个折中的办法：割发代首。三军见此，哪个还敢以身试法？这样看来，先做出表率对领导者树立威信、取得成绩十分重要。

在台上说得唾沫横飞，还不如身体力行做一回有鼓动性、有号召力。嘴上说得天花乱坠，讲得振振有词，做起来又是另一套，倒不如不讲不做。因为这样言行不一，无异于在脸上刻下"伪君子"几个字，让人看了骤生反感。一个领导者只有严格地要求自己，起带头表率作用，才能服众。更何况，己欲立而立人，己欲达而达人。只有自己愿意做的事，才能要求别人也去做；只有自己能够做到的事，才能要求别人做到。

第二章 要管理先修身——领导者的自我修炼

培养浩然正气

【原文】 "吾善养浩然之气。""其为气,至大至刚,以直养而无害,则塞于天地间。"(《孟子·尽心》)

【大意】 善于培养自己的浩然之气。这种气极端浩大,极端有力量,用正直去培养它不加以伤害,就会充满天地间。

孟子的这句话可以作为领导者毕生追求的人生格言。白居易有诗曰:"尧舜揖让三杯酒,汤武征诛一局棋。"领导的修养有四个层次。体会天地长久不衰的广大德性,效法天地自强不息的健行精神,修养天地清刚浩大的正气,这是第一个修养层次。以天地为法式才显得博大、高明,这是第二个修养层次。不注重我,不注意私,这是第三个修养层次。平常人的修养尚可从近处、小处着手,而领导者的修养要从远处、大处着手,才能有所作为,有所成就,才能尽性立命,顶天立地,这是第四个修养层次。

老子说:"域中有四大:道大、天大、地大、人大。"人能体会天地之道而存养天地之气,也就是孟子所说的至大至刚,能充满天地的浩然正气。正气在得志时能经天纬地,正气在贫穷时能恪守道义。孔子说:"朝闻道,夕死可矣。"在生死关头,"当道存在我就存在,当道消失我就死亡。眼前见到的只是道,不考虑我的生死"。为道而死,也就是通常说的气节或节操,也就是杀身成仁、舍生取义、视死如归的节操。

正气不能培养,邪气必然产生。"思则得之,不思则不得。"节操不确立,人格便丧失。这样不是家庭的忤逆之子,就是社会的害群之马;不是社会的奸人,就是人类的蟊贼。

西汉将军霍去病,以"匈奴未灭,何以家为"的思想精神,戎马一生,战绩赫赫,战死他乡,年仅24岁。东汉班超,出使西域,以"不入虎穴,焉得虎子"的英勇气概,沉重打击了匈奴的势力,恢复了西域同内地的密切联系。宋代辛弃疾，以"男儿到死心似铁"的不屈意志，在妥协投降派的阻挠、打击下，为收复被侵占的失地奔走、奋战了一生。南宋末年，元军大举南下，紧要关头，丞相文天祥领兵抗敌，不幸于潮阳战败被俘，被押解到大都（今北京）拘禁。在大都，他被囚禁了3年，住的是低窄阴暗的土室，受尽磨难，但他顶住了敌人的一切威逼利诱，在狱中写成了《正气歌》，表现了不屈不挠的斗争精神和高尚的民族气节，最后慨然就义。他那千古流传的"人生自古谁无死，留取丹心照汗青"的诗句，至今为人们所吟诵。

明代海瑞，看到嘉靖皇帝残暴昏庸，黎民苦难沉重，毅然为自己置备了棺木，诀别妻儿亲友，上书直斥嘉靖皇帝。戚继光，以"封侯非我意，但愿海波平"的坦荡胸怀和非凡抱负，率军痛剿东南沿海的倭寇，保卫了国疆边防。清代老将关天培，在鸦片战争英军进攻虎门的战斗打响时，将几件旧衣服和几颗脱落的牙齿装入木匣寄回家，以示死战之决心，在战场上亲自上阵搏敌，壮烈牺牲。邓世昌，中日甲午海战中，指挥受伤的"致远"舰开足马力，向敌"吉野"舰撞去，与之同归于尽。谭嗣同在变法失败后拒绝出走，甘为变法流血牺牲，以"我自横刀向天笑，去留肝胆两昆仑"的正气之歌唤取后来者的觉醒。"居天下之广居，立天下之正位，行天下之大道，得志，与民由之，不得志，独行其道。"

浩然正气包括壮气、豪气、逸气、清气。

临渊不惧，临危不惊；宁死不屈，宁折不弯；宁抛头颅、洒热血，不失节操；国难当头能愤然而起，危急时刻敢舍身成仁。"富贵不能淫，贫贱不能移，威武不能屈。"此是壮气。

临风把酒，横槊赋诗；壮心不已，志在千里；天生我材必有用，千金散尽还复来。孟子有云："如欲平治天下，当今之世，舍我其谁也？"此是豪气。

不以物喜，不以己悲；即使在人生最低谷的时刻，也能沐江山之风月，驾凌波之扁舟，举杯邀月，游目骋怀；不求与日月相始终，只见今世之乐趣无穷。此是逸气。

与自然天地相应合，春虫秋蝉，声声入耳，夏雨冬雪，皆可濯心扉，万物静观皆自得，四时佳兴与人同；见花开水流，能知其乐趣，听禽鸣天籁，可悟其天真。此是清气。

这壮气、豪气、逸气、清气，合在一起，便是君子所有的正气，也是具有不竭生命力的浩然正气。

领导以正气来工作便能自忠，以正气来办事便能自敬，以正气来理财便能自廉，以正气来交友便能自诚，以正气来养心便能自谨。

严于律己，比要求员工更严格地要求自己

【原文】人病舍其田而芸人之田，所求于人者重，而所以自任者轻。（《孟子·尽心》）

【大意】现在人们的毛病往往在于放弃自己的田地不耕种，却跑到别人的田地里去除草，要求别人很严格，要求自己却很宽松。

如果一个普通人具有他人所没有的优秀品质，也会获得别人的尊重。作为一个企业管理人员更是如此，如果你具有一种独特的风格，就很容易获得下属的尊敬，而在此特质中，最重要的就是管理者本人的自我要求。这一点其实是很自然的，有一句话叫作"正己才能正人"，讲的就是这个道理。孟子首先用一个故事来打比方，从前有一个人放着自己家里好好的良田不耕作，反而跑到别人田地除草。比喻人们总是对别人要求严格，而对自己的要求却很低。一个企业的领导者更是要严格要求自己，才能获得下属的敬重，才有统率力。否则，你将只是一个摆设，毫无威信可言。

那么试问，你对自己的要求远甚于下属吗？要知道这种态度和涵养是你身为领导所必需的。一天到晚为自己打算的人，绝非一个优秀的管理者。要知道，你的努力，你的一举一动都逃不过下属的观察，你的一切努力都不会白费，他们内心会如此想：

"这位经理看来是足以信任的。"

"依此看来，他是值得尊敬的。"

让人遗憾的是，多数经理总是忽视或没有能力做到这个"自我要求"，遇事总是喜欢归咎于他人。一些荒谬透顶的事，他们做起来会感到特别安心。譬如一个公司应该开发新产品了，赶紧召开员工大会，一个无能的经理常为自己大脑空空而坦然，却在抱怨别人："这些家伙净是窝囊废，竟然拿不出一个新构想！"其实，新构想不能全靠下属去构思，身为经理应

该先动动脑筋：先制定个框架，或先指明个方向，然后再要求下属全力筹划，这样靠着双方的努力把目标顺利实现多好啊！如果只是把责任全部推给下属，即使事情成功了，你也会失去一个赢得下属信任的绝好机会。而下属们会怎样看你呢？你在别人眼中的形象将会产生一个大的落差，别人会把你给看低了。要知道，如果你的下属在心里对你没有好感觉，你就别想让他们很好地服从你。公司里有能力的下属可能表面在为你拼搏，暗地里却在想方设法取代你的位置。在一个企业里，下属之所以服从你，其理由往往不外乎以下两种：

因为经理地位既高，权力又大，不服从则会遭到制裁。

因为经理对事情的想法、看法、知识和经验较自己高一筹，跟着他做事，不担心出错。

有一句话叫作"善为人者能自为，善治人者能自治"。一个公司的业务能否在激烈竞争的潮流中得到发展，关键之处还在于领导者是否有正确的自律意识。领导者只有严于律己，以身作则，才能建立起人人遵守的工作制度。比如说要求公司的职员遵守时间，经理首先要做出榜样；要求下属对自己的行为负责，老板也必须明白自己的职责，并对自己的行为负责。只有严于律己的领导，才能调动其下属的自觉性，并影响他们朝着良性的方向发展。

培养良好的自律性，成为下属职员的表率，最好能参照以下几点建议来要求自己：

首先乐于接受监督。日本"最佳"电器株式会社社长北田先生，为了培养自我约束能力，自己创立了一套"金鱼缸"式的管理方法。他解释说，员工的眼睛是雪亮的，领导的一举一动，员工们都看在眼里，如果谁以权谋私，员工们知道了就会瞧不起他。"金鱼缸"式管理就是明确提出要提高管理工作的透明度，管理的透明度一大，把每个人置于众人监督之下，每个人自然就会加强自我约束。麦当劳公司曾一度出现严重亏损，公司总裁亲自到各公司、各部门检查工作，发现了各公司部门的经理都习惯于坐在高靠背椅上指手画脚。于是他发出指示，把所有经理坐的椅背锯掉，以此促使经理深入现场发现问题，这一招竟使麦当劳公司经营状况获得了极大的转机。老板和职员们同乘着一条船，只有平时同甘共苦，情况紧急时才会同舟共济。

　　要保持清廉俭朴。作为一个公司老板，应该清楚你的节俭行为，不管大小，都具有很强的导向作用。领导者的言行举止是下属关注的中心和模仿的样板。台湾塑胶集团董事长王永庆曾说："勤俭是我们最大的优势，放荡无度是最大的错误。"他是这样说的，也是这样做的。在台塑内部，一个装文件的信封他可以连续使用30次，肥皂剩一小块，还要粘在整块肥皂上继续使用。王永庆认为："虽是一分钱的东西，也要捡起来加以利用。这不是小气，而是一种精神，一种良好的习惯。"由此可见，想成为一个卓越的领导者是相当不容易的，清廉俭朴这一点，你应该努力做到。

　　一个严于律己的老板总是能受到员工更多的欢迎，也才能影响员工以更积极的心态去工作。

不为与不能

【原文】挟太山以超北海,语人曰"我不能",是诚不能也。为长者折枝,语人曰"我不能",是不为也,非不能也。(《孟子·梁惠王》)

【大意】要一个人把泰山夹在胳膊下面跳过北海,这是真的做不到,确实不能;而要一个人为老年人折一根树枝说不做到,那是不想做,而不是做不到。

孟子把施行仁政比喻成为老年人折枝一类的事,认为是很容易的,以此来说服梁惠王,希望他能推行仁政。这是梁惠王问孟子不为与不能之间的区别时,孟子给予的明确的答案。孟子这样说目的主要是把事情放低,希望管理者不要找借口来推托。

当然,作为管理者本身而言,其基本的素质之一就是不要找借口。遇事能够迎难而上,才能带领员工向前发展。如果遇事就找借口来推托,无论如何,也成不了大事。

一个惧怕挑战的管理者,总会为自己未能实现某种目标找出无数个理由。一旦他们心里排斥某个想法,他们就有不去实现这个想法的理由。

那些喜欢发牢骚、抱怨不幸的人曾经都有过梦想,却始终无法实现。为什么呢?因为他们有找借口的毛病。

杰克是一个长期在公司底层挣扎,直到现在还时刻面临失业危险的人。在一次与朋友的聚会上,他神情激昂、言语气愤地抱怨老板不愿意给自己机会。

"那么你为什么不自己去争取呢?"朋友问他。

"我曾经也争取过,但是我不认为那是一种机会。"他依然义愤填膺。

"能告诉我那是什么吗?"

"前些日子,公司派我去海外营业部,但是我觉得像我这样的年纪,怎么能经受如此折腾呢？"

"为什么你会认为这是一种折腾，而不是一种机会呢？"

"难道你看不出来吗？公司本部有那么多职位，却让我去如此遥远的地方。我有心脏病，这一点公司所有的人都知道。"

我们无法确认是否公司所有的人都知道这位杰克先生有心脏病，如果有的话，真希望他肝火不要那么旺。但毫无疑问，他犯了一种最严重的职业病：推诿病。

与之截然相反的是体育界的成功者罗杰·布莱克。他的杰出并不在于他非凡的令人瞩目的竞技成绩——他曾经获得奥林匹克运动会 400 米银牌和世界锦标赛 400 米接力赛金牌。而更让人心生触动的是，所有的成绩都是在他患有心脏病的情况下取得的。

除了家人、亲密的朋友和医生等仅有的几个人知道其病情外，罗杰没有向外界公布任何消息。带着心脏病从事这种大运动量的竞技项目，不仅很难有出色的发挥，而且有可能危及生命安全。第一次获得银牌后，他对自己依然不满意。如果他告诉人们自己真实的身体状况，即使在运动生涯中半途而废，也是会获得人们的理解的。但是罗杰却说："我不想小题大做。即使我失败了，也不想将疾病当成自己的借口。"作为世界级的运动员，这种精神一直存在于他的整个职业生涯中。

善于找借口的人，总会失去各种机会。成功者不善于也不需要编制任何借口，因为他们能为自己的行为和目标负责，也能享受自己努力的成果。

一般人都会说："我不做这件事情是有原因的。"

如果你回应他说："是的，如果你想给自己找借口的话。"

"不——这不是借口，而是理由。"他肯定会这样辩解。

一个人在面临挑战时，总会为自己未能实现某种目标找出无数个理由。正确的做法是，抛弃所有的借口，找出解决问题的方法。二者之间的区别就在于态度，你选择哪一种呢？

那些实现自己的目标、取得成功的人，并非有超凡的能力，而是有超凡的心态。他们能积极抓住机遇，创造机遇，而不是一遭遇困境就退避三舍，寻找借口。

第二章　要管理先修身——领导者的自我修炼

想想看,你能费尽心思找出各种各样漂亮的借口,难道连一件简单的工作都做不好吗?如果那些一天到晚总想着如何欺瞒的人,肯将一半的精力和创意用到正途上,他们一定可以在其他事情上取得成就。如果你善于寻找借口,那么试着将找借口的创造力用于寻找解决问题的方法上,也许情形会大为不同。

习惯性的拖延者通常也是制造借口与托词的专家。如果你存心拖延、逃避,你就能找出成千上万个理由来辩解为什么事情无法完成,而对为什么事情应该完成的理由却想得少之又少。事实上,把事情"太困难、太无头绪、太花时间"种种理由合理化,的确要比相信"只要我们够努力、够勤奋就能完成任何事"容易得多。

如果你发现自己经常为没做某些事而制造借口,或想出千百个理由为事情未能按计划实施而辩解,那么,你最好还是自我反省一番。别再做那些无谓的解释了,动手做事吧!找借口已经浪费了你很多时间了。

有所不为而后有所为

【原文】人有不为也，而后可以有为。(《孟子·离娄》)

【大意】人要有所不为，然后才能有所为。

孟子指出，作为一个管理者，要知道该做什么和该怎么去做。这里所说的并不是"不为"，而是先冷静分析，选择自己的目标，而后展翅高飞，有所作为。作为一个领导者、企业之首，是企业的决策者，直接影响着企业的发展方向。领导者要具备有所不为而后有所为的能力，带领企业向前发展。

人们都知道松下、日立、索尼，也都知道丰田、本田、佳能，却很少有人知道日本的西武集团。它从20世纪70年代起，在第二代掌门人堤义明的领导下，实现飞跃，与新日本钢铁公司、三菱重工业集团并列为日本最大的企业集团。它总共拥有170多家大规模企业，员工逾10万人，经营的业务涉及铁路、运输、百货公司、地产、饮食业、高尔夫球、职业棒球队、学校、研究所等100多个类别。

在日本，没有一个地方没有西武集团的；在国外，西武集团的旗帜也经常可以见到。这家世界性的超大型企业素有"西武军团"之称。

在世界著名财经杂志《福布斯》公布的全球最为富有的企业家排名中，堤义明在1987年、1988年连续两年雄居第一位，被认为是在世界上刮起了"堤义明旋风"。其实，"堤义明旋风"是从"有所不为而后有所为"开始。

堤义明1934年出生，是一个腼腆、温顺、不起眼儿的孩子，但从麻布学院考入早稻田大学之后，堤义明发生了根本性的转变，他富有主见，精力充沛，雄心勃勃。他和几位好友一起创办了早稻田大学观光学会，发动学生到西武企业去服务打工，表现出较强的企划能力和实践能力，被同学们推举为会长。

是什么使堤义明有如此大的改变？

这要归功于他的父亲堤康次郎。堤康次郎不但是一个合格的父亲，更是一个出色的企业家，他知道自己的一个重要任务就是培养西武企业的第二代当家人。堤康次郎常常与堤义明到离家不远的公园去散步，灌输给儿子待人处世和经营企业的道理，决定培养堤义明为西武企业的继承人。

有一天，堤康次郎把堤义明叫到自己的房间，神情极其庄重地说："千万记住，在我死后，不要投资任何不动产。一定要照我的办法做，只有做到有所不为而后有所为，才能守住我留下的产业。要把目光放远，明确自己的目标，再有所为。"

儿子遵守了父亲的训诫。1964年到1974年，堤义明静观事变，眼看着那些急于求成的企业家们在这段时间里纷纷落马。

堤义明接管家业的第二年，日本进入工业旺盛时代，工商企业蓬勃发展，土地投资更是一本万利的生意。然而，堤义明却决定退出地产界。

此消息在日本企业界相当于一个强烈地震，震惊了全日本的业界人士。20世纪60年代中期，在日本连白痴都相信，炒房地产就等于自己印钞票。有人开始怀疑堤义明的能力是否可以应付一个大企业的经营要求。有人开始中伤堤义明，说他是没有半点头脑的草包。

他手下的八大要员，大部分都主张继续在土地方面扩大投资，以便谋求最大利益。但没想到堤义明完全否定土地投资的建议。

堤义明在最高决策会议上，面对年龄比他大、经验较他丰富的高层主管这样说："我已经预测到，土地投资的好景期已经过了，供求要讲平衡，大家猛炒地皮的结果，把正常的供求状态搞坏了，我看很快就会出现失衡的大问题。"

他的兄弟和手下八大高手，没有几个人同意他的决定。

堤义明是总决策人，他当机立断：

"我们公司必须作出明智决定，如果全体一致同意，事情就不妙了，全体一致主张，时常有毛病。现在大家不同意我的想法，我知道我一个人对，你们全都没看出这行业的风雨即将来临，危险得很。我决定了，大家照我的话去做没错。"

堤义明外表沉静，内心却活跃得很。堤义明很小心地搜集到了足够的情报，经过分析，才作出这个明确而又果断的决定。他预计土地的生意不可为，眼前的好景也就够维持几年。土地的问题是供过于求，只有及时收手，才不至于在大灾难到来的时候烧得遍体鳞伤。

堤义明的看法果然没错，过后很长时间里，土地投资者在炒卖的旋涡里受尽折磨，很多地产投机者都陷入困境。

光守业，靠不为，是不能刮起"堤义明旋风"的。

10年甘于寂寞，到了1975年，堤义明在100多种事业中全面出击，酒店业、娱乐场、棒球队等等上的投资，捷报频传……

这里的不为，不是无为，而是静观以待后有所为；这里的不为，是在沉寂的表象下面积聚爆发与突破的力量。

20世纪的最后几年，有多少企业被网络经济的浪潮卷了进去，结果发现被搅动的泡沫远比浪潮多，被泡沫呛得喘不过气来。

企业家应该是站在最热闹的岸边而不湿鞋的那一种，这才是管理的真谛。

终身学习的素质

【原文】 虽有天下易生之物也,一日暴之,十日寒之,未有能生者也。(《孟子·告子》)

【大意】 天下即使有容易生长的植物,晒它一天后又冻它十天,没有能长得了的。

孟子非常注意学习,认为一个人要随时学习,要不断深造自己。孟子的这种学习精神是非常值得我们借鉴的。现代社会已经进入了知识经济时代,各种新学科、新知识层出不穷,管理者要想与时俱进,就要不断地武装自己,学习守住成功、发展成功所需要的各类新知识。要知道学习是一项终身追求,在学习的道路上,谁若想停下步子,就一定会落后于他人。作为一个领导者,若以此自傲,不继续学习,那么最终会被下面的人所超越。

"你学习了吗?""现在在学什么?""学得怎么样了?"这些话已经逐渐取代了"你好!""吃了吗?"成为现如今人们见面打招呼一股新兴潮流。由此,我们可以看出,人们对学习、对适应时代的重视。

知识经济时代,随着网络信息技术日新月异的飞速发展,管理者如果不随时给自己充电,不断学习,那就可能被这个社会所淘汰,迅速丧失自己的能力。所以,无论在何时何地,每一个现代企业管理者都不要忘记给自己充充电。尤其是在竞争激烈的工商业界,需要随时充实自己,奠定雄厚的实力,否则就难以生存下去。一个有干劲的人,时时充电,就不会被社会淘汰。

要注意的是,现在的学习除了要勤奋努力,能吃苦外,还要有一种崭新的学习观念。它就是终身学习的观念,尤其在现在这个时代,没有这样的学习观念你将无法适应日新月异的变化。

可是，书本的知识只是基础，需要用自己的理解力将其消化吸收才行，社会是更大的一本书，需要不断地去翻阅。在现代社会中，不充电就会很快没电。

现代生活的节奏已经大大加快，你必须抱定这样的信念：活到老学到老。你也应当记住：一刻也不放松的人，是最难胜过的劲敌。

你是否听过"那个人是属于大器晚成"之类的话，意思是说，那个人以前虽然不怎么样，但现在是成功的。

对于新的工作有人能立刻得到要领而灵巧地掌握，这实在是很难得。但有些人就洋洋自得不再努力了，这种人一般在中途就干不下去了。

与此相反，有些起先摸不清情况而不顺畅的人，经过多方请教前辈或老板，同时自己也认真用功并持续保持这种态度，最终获得很大的成就。

人们会由别人的帮助与指导逐渐成长，比如双亲、师长、朋友等的指导，但更重要的，就是个人持之以恒的努力。

许多人从学校毕业后迈进了社会就失去进修的心，这种人以后是不会再有什么进步的。反过来，学生时代就算不显眼，但到社会后仍然勤勉踏实地进修，自动学习应学的事，一般都会有长足的进步。

能继续保持那种状况的人是只有进步没有停顿的。他肯定会随着岁月踏实地发展，经过一年就积攒成一年的实力，经过两年就积攒成两年的实力。以至10年、20年、30年，积攒成与其时间相称的实力。这种人才是真正的"大器晚成"的人。你的工作每天都会有新的情况、新的挑战，你每天都要面对新事物，学习与生活相伴，生活就是学习。

对一份工作，很多人干一段时间就觉得没意思了，想换一份工作。现代社会的机会很多，你只要天天学习，就会有进步，你的生活就会富有生机。若能将一份工作当作一生的工作而埋头苦干，不断进修，不停创造新的东西，始终能"活到老学到老"，那这个人的进步一定是无穷的，这种人就能日日以清新愉快的心有效率地做自己的工作。这样他自然就有希望，不至于失去理想，当然也不觉得疲倦了。

成大事绝不优柔寡断

【原文】今有人日攘其邻之鸡者，或告之曰："是非君子之道！"曰："请损之，月攘一鸡，以待来年，然后已。"(《孟子·滕文公》)

【大意】从前有个人每天偷邻居家的一只鸡，有人告诫他说："这是不道德的行为！"这个偷鸡贼便说："请让我先减少一些，每月偷一只，等到明年再彻底洗手不干。"

孟子请梁惠王以减赋税来减轻人民的负担，而梁惠王却说不能一下子做到，要慢慢实行。孟子针对梁惠王这种找借口的说法，就做了一个偷鸡贼的比喻。孟子严厉指出，既然知道是错，就要毫不犹豫，坚决果断地去改正。从孟子的话语当中，我们得到相当大的启示：优柔寡断的人是成不了大事的。管理者做决策时，当判断一件事情是正确的时候，就应该毫不犹豫地去执行，才能收到效果。

优柔寡断的人往往与成大事无缘。这样的人在成大事的机会来临时不紧紧抓住，当然也就与成功擦肩而过了。

遇事优柔寡断，拿不定主意，这是管理中常见的现象。心理学家认为，人在做事时所表现的这种拿不定主意、优柔寡断的心理现象是意志薄弱的表现。

不要追求尽善。"金无足赤，人无完人"，只要不违背大原则，就可以决定取舍。

为什么有些人办事易反反复复、优柔寡断？这主要有以下原因。

（1）心理学认为，对问题的本质缺乏清晰的认识是使人办事拿不定主意并产生心理冲突的原因。只要留心观察就不难发现，优柔寡断多发生在青年管理者身上，这是因为他们涉世未深，经验不足，对一些事物缺乏必要的知识和经验。

（2）俗话说："一朝被蛇咬，十年怕井绳。"一旦遇到与以前失利类似的情境，便产生消极的条件反射，踌躇不已。

（3）一般说来，优柔寡断者大都具有如下性格特征：缺乏自信，感情脆弱，易受暗示，在集体中随大流，过分小心谨慎等。这种人从小就在溺爱中长大，过着"衣来伸手，饭来张口"的现成生活，父母、兄弟姐妹是其拐杖。这种人一旦独自走上社会，办事就容易出现优柔寡断现象。另一种情况是家庭从小管束太严，这种教育方式教出来的人只能循规蹈矩，不敢越雷池一步。一旦情况发生变化，他们就担心不合要求，左右徘徊，拿不定主意。

怎样克服这种办事拿不定主意、优柔寡断的毛病呢？

（1）培养自信、自主、自强、自立的勇气和信心，培养自己性格、意志独立的良好品质。

（2）心理学认为，人的决策水平与其所具有的知识经验有很大的关系。一个人的知识经验越丰富，其决策水平就越高；反之则越低。这也就是俗话所说的"有胆有识，有识有胆"。

（3）"凡事预则立，不预则废。"平时经常开动脑筋、勤学多思，是关键时刻有主见的前提和基础。

（4）排除外界干扰和暗示，稳定情绪，由此及彼、由表及里仔细分析，亦有助于培养果断的意志。

犹豫，如果有，你便会被挤到没有机会的死水中。

其实，凡世间众人皆有犹豫，但并非所有情况都会让人犹豫，它甚至根本就不会发生，因为犹豫是来自自己的想象，只要有坚强的意志力便能将之克服。若能了解这些，接下来的问题就只是如何去克服。

每当面临一个新的机会，在斟酌得失之间，犹豫便会在你的内心悄然出现，阻挠你制胜的决心。这虽然是每个人都有的心理变化，但若不趁早加以克服，它便将慢慢累积扩大，当它爬满你的心，且进而侵蚀你的骨髓时，就难以救治了。如果你正保持着维持现状的观念，即应早日医治，阻止病菌继续蔓延，从而将残留在体内的病源完全根除，以免到头来后悔不已！

美国前总统林肯，在他上任后不久，有一次将六个幕僚召集在一起开会。林肯提出了一个重要政策方案，而幕僚们的看法并不统一，于是七个人便热烈地争论起来。林肯在仔细听取其他六个人的意见后，仍感到自己是正确的。在最后决策的时候，六个幕僚一致反对林肯的意见，但林肯仍固执己见，他说："虽然只有我一个人赞成，但我仍要宣布，这个方案通过了。"

表面上看，林肯这种忽视多数人意见的做法似乎过于独断专行。其实，林肯已经仔细地了解了其他六个人的看法并经过深思熟虑，认定自己的方案最为合理；而其他六个人持反对意见，只是一个条件反射，有的人甚至是人云亦云，根本就没有认真考虑过这个方案。既然如此，自然应该力排众议，坚持己见。因为，所谓讨论，无非就是从各种不同的意见中选择出一个最合理的。既然自己是对的，那还有什么可犹豫的呢？

在企业，经常会遇到这种情况：新的意见和想法一经提出，必定会有反对者。其中有对新意见不甚了解的人，也有为反对而反对的人。一片反对声中，领导者犹如鹤立鸡群，陷于孤立之境。这种时候，领导者不要害怕孤立。对于不了解的人，要怀着热忱，耐心地向他说明道理，使反对者变成赞成者。对于为反对而反对的人，任你怎么说，恐怕他们也不会接受，那么，就干脆不要寄希望于他们的赞同。

重要的是你的提议和决策是对的，只要真理在握，就应坚决地贯彻下去。

决断是不能由多数人来作出的。多数人的意见是要听的，但作出决断的是一个人。

消除犹豫的方法，只有从正面迎击，别无他法。因为犹豫一旦被姑息，便会常留在你的身边，把机会从你身旁逼走。因此，为能获得机会，就必须先消除犹豫。完成这个步骤，接下来忙不完的工作便会迎面而来，多得使你不得不从中选择机会，会让你没有时间去考虑害怕的问题。

优柔寡断不仅浪费成大事的机会，还有可能让你与成功擦肩而过。如果你现在心里有尚未完成而需要完成的事，切勿迟疑，赶快开始行动吧。

坚持到底，行动就能成功

【原文】有为者辟若掘井，掘井九轫而不及泉，犹为弃井也。(《孟子·尽心》)

【大意】做事就好比挖一口井，掘到六七丈深还没有见到水，仍然只是一口废井。

孟子给我们指出一个普遍的道理，就是做任何事情都要坚持到底，累了就歇在路边的人是不会得到胜利的。作为一个领导，更应具备坚持的素质，更具有耐心。因为耐心和持久胜过激烈和狂热。

成功不在于力量的大小，而在于能坚持多久。只要你锲而不舍地坚持到底，那么你就能取得成功。

美国的一家著名的管理研究机构进行了一次大规模的调查，通过对10万从业者的调查研究发现，那些专心于自己的工作和事业的人更容易取得成功，而那些经常转换工作或者人生目标的人，则大部分发展得并不尽如人意。

尤其是像企业的高层管理人员，专注于自己行业而取得成功的占98%以上，而那些靠转换工作或者所谓的寻找机会而做上管理者的几乎无所作为。

对于那些没有恒心和毅力的人，他们对任何事情往往缺乏专注的态度，也就不可能有敬业的精神，这样的人，任何一位老板或者客户都是不会喜欢的。

对工作和事业的专注是一个优秀人才应具有的起码职业道德。只有毅力和专注才可以改变一个人的现状，使他一步步到达辉煌的顶峰。相反，那些这山望着那山高的人，功亏一篑便是他们最终的归宿。

1823年，瑞典化学家柏济力阿斯收到了维勒的一封信，这位23岁的德国化学博士诚恳地要求拜师学习，柏济力阿斯接受了这位弟子。

维勒聪明敏捷，领悟新事物的能力很强，也能提出一些创造性的新点子，他做实验很快，但比较粗心，柏济力阿斯经常告诫他做实验要专注于实验目的，把实验的准确性放在第一位。可是维勒依然我行我素。

一年以后，维勒告别严师，回到德国从事化学教学与研究。1830年，维勒在分析墨西哥出产的一种铅矿石时，发现一种特殊的沉淀物，他断定，这种铅矿中有一种还没有被人发现的新元素。

可是虽然有了这样的想法，令人遗憾的是，他并没有继续深入研究，找出这种新元素，而是轻易地把它放到了一边。

第二年，柏济力阿斯的另一个学生、瑞典化学家塞弗斯托姆发现了这一新元素——钒。钒的原意是希腊神话中一位女神凡娜第丝的名字。

维勒非常懊悔，这一唾手可得的新发现从他手边溜走了。他把事情的经过写信告诉老师柏济力阿斯，不久便收到了老师一封风趣而意味深长的回信：

在北方极远的地方，有一位叫作凡娜第丝——"钒"的女神。有一天，来了一个人敲这女神的门。

女神没有马上去开门，想让那个人再敲一下，结果那敲门的人转身就回去了。这个人对于是否被请进去，显得满不在乎。

女神觉得奇怪，就奔到窗口去瞧瞧那位掉头而去的人："原来是维勒这家伙！他空跑一趟是应该的，如果他不那么急躁，能专注一点，他就会被请进来的。"

不久，又有一个敲门的人来了，因为这次他很热心地、执着地敲了很久，女神只好把门开了。

这个人就是塞弗斯托姆，他终于发现了"钒"。

维勒缺乏深入钻研精神，使他失去了一次重大发现。从此，他记取这一教训，专心致志地深入进行化学研究，终于用辛勤的劳动和汗水，敲开了一座座女神之门，成为德国著名的化学家。

在工作或者开创事业的过程中，人们总会遇到许多困难和棘手的事情，要想取得成功，更离不开像大象一样脚踏实地、专注向前的精神。一个管理者要想在公司里干一番大事业，获得同事的支持，下属的拥戴，上司的重用，更是离不开专注的精神。

只有在工作中全神贯注，你才能够越过重重障碍，也才能发挥出你所具有的一切长处，并且最大限度地调动起自己的潜能，向着成功的目标迈进。否则的话，即使成功来到了你的面前，你也会与它擦肩而过。

一句话，只有锲而不舍，你才能敲开成功的大门，步入胜利者的殿堂。

我们可以把自己比做是一个烧水工,现在有太多的人不能够把一壶水烧开,而是烧到60℃就撒手了。还有不少的人,这壶水还没有烧开,又跑去烧别的壶。这些人本来是很有才华、可以有些作为的,可是到了最后却一事无成,究其原因就是缺少把一壶水烧开的专注精神!

苏格兰有句谚语:"再好的猎犬也不可能同时追两只兔子。"这句话的意思就是,一个人需要专注地来做一件事情。我们要想烧一壶开水,首先要定位,看看自己到底有什么过人之处,看自己到底有什么潜能,至少应该看看自己的兴趣何在。常常有这样的情况,一个太过优秀的人,总是认为壶壶水都值得烧,壶壶都可能烧得开。这样见异思迁,终究一事无成。

如果你能做到专一地烧开一壶水,用恒心和毅力将工作做到善始善终,那么,你不就成功了吗?

一个人想干成任何大事,就要能够坚持下去,坚持下去才能取得成功。说起来,一个人克服一点儿困难也许并不难,难的是能够持之以恒地做下去,直到最后成功。

在基督降生300年以前,一位希腊大政治家给予了我们一个关于坚持不懈这一优良品质的很好的例子。

德摩西尼斯天生就是一个声音微弱、吐字不清而又气喘的人,尤其是"R"这个字母他怎么也说不清楚,而且他的发音也很糟糕。

传说他为了克服这些齿唇上的缺憾,便把石子含在嘴里练习。他站在法利蓝的海滨,想把滔滔波浪喊得平静下来。他向山上跑时便开始背诵,练习一口气念好几行字;他站在镜子面前演讲,以矫正自己的姿势。当他站起来面对大众演讲时,他已经经历了无数次的失败。当他第一次尝试当众演讲时,他的语句全混乱了,听众们都放声大笑。为了培养自己的演讲才能,他特意建了一个地洞,每天在里面练习他的声音和演说的姿势,每次练习总是持续两三个月。他还将自己的头发剃去了半边,以此来抗拒自己想上街的欲念。

他的坚持终于取得了结果,德摩西尼斯成为了自古以来最伟大的演说家之一。

这样的例子太多了,成功者都是为了自己的目标,坚持不懈,都有一股不达目的不罢休的良好心态。林肯是这样,德摩西尼斯是这样,爱迪生也是这样,莱特兄弟更是这样。但凡有所成就的人,都具备这样一种优秀的品质。

怀着高度的责任感

【原文】 如欲平治天下，夫当今之世，舍我其谁？(《孟子·公孙丑》)

【大意】 如果想天下太平，在当今这个世界上，除了我还有谁呢？

这是孟子学生问孟子时，孟子的回答。我们可以看到孟子"以天下为己任"的责任感和使命感，作为一个管理者，你的肩头永远不要缺少了责任，否则，你永远也不会成功！

在从事一定工作的人应当具备的品质中，责任感是那样朴素而又可贵。没有责任感的人不仅不堪大用，即使小用，也令人担心。

责任感反映了一个人的精神境界。有责任感的人，突出的优点是他们绝不是个人中心主义者，他人的、团体的、公司的利益总是先于自己的利益。

在平时工作的时候，有责任感的人总是毫不犹豫地负重前行，绝不会袖手旁观；在紧要关头、危急时刻，有责任感的人总是担负责任、挺身而出，绝不会逃避后退。

管理者，尤其一个企业的最高管理者，团队的带头人，他所具有的学识、能力、才华固然很重要，但如果缺乏责任感、责任意识和责任心，就会让团队止步不前，取得零的成绩，甚至最后崩溃解体。

责任感落实到日常工作中，就是关乎细微的责任心。人们都熟悉的白衣天使南丁格尔，她的伟大来自平凡。她把护理工作看成是一种关乎人的生命、尊严乃至人类文明的神圣事业，而这些恰恰是通过诸如采光、通风、消毒、伙食、卧具等等细致周到的关爱体现出来的。

德国一家工程公司签下了一个合同，是给一个小楼装修改造，公司老板多施内尔先生亲自带了两名工人来干。

他们工作十分认真，而且每天收工时，都要用自己带来的吸尘器等工具将施工现场打扫得干干净净，把当天的施工废料全部弄走，暂时拿不走的大型工具和材料也都码放整齐。

他们甚至抽烟都不在屋里，尽管当时是 1 月份，天气很冷，但每次抽烟他们都要跑到室外。老板说，因为没有看到屋子里有烟灰缸，这说明主人不抽烟，所以他不能污染房主室内的空气。

由于开始对施工难度估计不足，眼看快到要求完工的日期，但工程进度不理想。多施内尔先生和工人延长了工作时间，中午简单地吃点带来的三明治便继续工作。到了合同规定的最后一天，他们在征得了主人同意后，一直干到深夜两点，终于完工。

这之前，房主已经说过，他们可以先回去，明天再干，不算他们违约。但多施内尔先生说，他以后几天工作日程都已经排满了，如果今天这里不能完工，他就只能以后抽空来这里干，这样就会将工期拖延好几天。

这位德国人是如此细致、周到、认真，坚持原则，只是因为他有着高度的责任感。他要为工程质量负责，要为合同的约定负责，要为房主的利益负责，更要为给工人一个好的带头作用而负责。

一个有责任感的管理者，同时一定会有勤奋、认真、忠于职守这些优秀的品质和良好的职业道德，因为强烈的责任感，会促使一个人努力约束自己，养成许多好品质。

人们从事的工作不同，能力和作用不同，但无论是平凡岗位上的工作人员还是统管全局的领导者，都应具有责任心。

一颗道钉足以倾覆一列火车，一根火柴足以毁掉一片森林，一张处方足以决定一个人的生命。很多低级错误，包括一些本不该发生的重大安全事故，就是因为缺少那么一点点责任心。

一个普通员工只有有责任感，才会自觉地努力地去工作，为他本人，也为单位而工作。一个管理者只有有责任感，才会带动整个团队取得更大的成绩，创造更高的价值。

公司管理者主要工作是对员工进行管理。当老板认为需要增强员工对公司的责任感时，常常会与他们来探讨对策。然而，假如一个管理者与公司的其他员工一样，也是公司风险的逃避者，那么在增强员工责任感的问题上，管理者往往会处于一种非常尴尬的境地。

一方面，作为管理者，他们有责任向员工宣传责任感的重要性；另一方面，他们自己又没有这种责任感。管理者长期处于这样的境地，会使他们在责任感管理方面的工作难有成效。

责任感是领导者基本素质的一个重要方面。一个企业的领导者有无责任感或责任感强弱，可以从他所带领的团队的精神面貌中清晰地表现出来。

强大的团队往往具有高远志向、进取精神、严明纪律和一丝不苟的工作态度。当这个团队遇到困难和风险的时候，不仅领导会站出来，员工们也会站出来，以奉献和牺牲来分担困难，排除风险。这样的团队无疑是不可战胜的。

如果一个人对事业、对家庭、对朋友不负责任，那他一定不会成功，一定为亲属所不齿，也一定难以在社会上立足。反过来，负责任的人，人人敬重。普通人都应该有责任感，更何况是一个企业管理者。

所以，想成为管理者——企业的最高管理者，就一定要有责任感，这是一种必备的职业道德。

一个企业，如果所有人都有责任感，都知道自己应该怎样去担负起这份责任的话，那任何困难都会有办法解决。只有企业的领导人、管理者讲责任，有对企业、对股东、对工人的责任感，那这个企业才真正有成功的机会。

企业只有在不断创新、不断进取和有所作为的情况下才能发展。而作为企业最高管理层的管理者，对待工作，你只能有一种态度：抱着做事业的心态，不单单把工作看作一种职业，还要把它看作是自己的神圣事业。这样才能不仅仅对自己的工作负责，还为企业负责，为团体负责，为员工负责。如果你的团队现在很好，那就想方设法让它好上加好；如果发现哪些方面有待改善，则应努力采取措施，调整改良，使企业不断朝好的方面发展，使个人和团体都得到进步，这才是有责任感的管理者的良好心态。

如果抱着打工的心态，天天守着旧皇历来办事，交来的任务完成了就算万事大吉，却不管完成得好坏，换来的结果就是——你也同样不会有任何作为。因为这个企业一定不会有大的发展，这个管理者的职业生涯也不会持续几天。

假如你想成为管理者，那么你千万要记住这些：要是一个企业的管理者没有高度责任感，就永远没有成功的可能，那对他所带领的团队将是一个毁灭性的灾难！

心有多大，舞台就有多大

【原文】圣人，与我同类者。(《孟子·告子》)
【大意】圣人，与我是同类的。

圣人其实与我们是一样的，只要你有这样的目标，努力追求，就能达到。作为一个管理者，更要有远大的目标。

心有多大，舞台就有多大；志有多高，路就有多远！

燕雀看见高飞的鸿鹄，不解地问："这里有吃有喝的，为什么不停下来，还要去面对狂风暴雨的袭击呢？"

鸿鹄坦然地一笑，回答说："你们安乐于蓬草之间，而我的目标却是在远方更为广阔的天地。安于享乐，没有高远的志向，只会让自己放弃远大的前程，失去追求的目标。"

同样的道理，作为一名优秀的管理者，有远大的目标是必需的。否则一旦失去了对美好未来的追求，他就会安于现状，失去了工作的激情，便不会再拥有上进心，最终成为一个碌碌无为的平庸之人。

微软的一位主管和微软总裁比尔·盖茨在主持面试的时候，同时有三个应征者脱颖而出。最后，主管问他们："进微软以后，你们有什么打算？"

第一个人说："能进这么伟大的企业工作是我的荣幸，我将尽全力做好自己的本职工作，争取把分内的一切事情做到最好。"主管赞许地点了点头。

第二个人说："不瞒您说，我感觉自己的压力很大，微软是一个优秀人才聚集的地方，如果我能有幸进入的话，我希望适应的这一段时期内不要犯什么错就好。"

第三个人则说："每个人都希望有发挥自己才能的舞台，而微软正是一个发挥能力的好舞台，我希望能把任何一份工作都当成一个学习和积累的机会，最终成就一番大事业！"

比尔·盖茨笑着问："那么，您所说的事业是指什么呢？先生。"

那位应试者说："和您一样，先生。"前两位面试者当中有一位是第三位面试者的朋友，他拼命地给第三个面试者使眼色。

没想到，比尔·盖茨说："好，心有多大，舞台就有多大，既然你有雄心，我愿意为你提供这个表现自己的大舞台。"

会后，面试主管不解地问比尔·盖茨："那个人要么是个空想家，要么是个狂妄自大的家伙，即使他真的有才能，从他说的话来看，他将来即使是成功了，也不会再留在公司，为公司所用，为什么还要录取他呢？"

比尔·盖茨说："一个人能否取得成就，与他的志向有着直接的关系，一个没有大志向的人，即使再有才能，也不可能取得大的成绩，因为他的人生目标早已被他的鼠目寸光给羁绊住了。也许像你担心的那样，他将来有所成就的时候可能会离开微软，可是他为公司创造的利润将会比其他普通员工都大。这对我们而言，并没有失去什么。"

果然不出比尔·盖茨所料，微软在录取了这三个人之后，前两个工作都兢兢业业，成为了合格的员工，而最后一个人则工作出色，很快就进入了公司的管理层，为微软的发展做出了很大贡献。

人生就好像爬山，最最重要的是先给自己定一个高度，如果你只把自己的人生目标定在半山腰，那么你就绝对不可能爬上荣誉的顶峰。

世界 500 强企业之一的美国国际贸易公司的 CEO 詹姆斯从业之初只是一个小职员，当他回忆的时候说："当时我只是一个穷小子，根本就没想过会成为一家国际企业的管理者，更没想到有一天自己会坐到今天这个位子，我只是在想着如何能解决自己的温饱。但一次偶然的事件让我改变了想法。"

那时候，詹姆斯还在一家名不见经传的公司里当推销员，一次他为了推销一种杀虫剂，敲开了一个老人的家门。老人一个人孤独地住在一套房子里。出于同情，詹姆斯经常过来和老人聊天，很快，两人就成了无话不谈的朋友。

原来，老人竟然是沉船打捞业内最著名的潜水员之一——杰斯·瑞尔，老人谈起了自己以前的一些经历，其中有一段话让詹姆斯感受颇深。

老人说:"海底打捞是一个看起来希望很渺茫的工作,你根本不了解你要去的地方是哪里,在那里你又会碰到什么,你也不知道你今天到底要潜到什么深度,这一切的一切都是未知的。"

詹姆斯问:"那么您又是怎么坚持了这么多年呢?"

老人说:"是志向,我的朋友。我的志向就是要把那些沉睡在海底的宝藏和无尽的秘密展示到众人的面前,一想到这个,我就会热血沸腾。广阔的海底世界,成了我一个人的舞台,其中的任何东西都成了我的道具,而我是真正的主演。正是这种颇有成就的自豪感,支撑着我一直从事这项事业,并取得了不少成功。"

老人拿出很多他以前打捞出来的沉船照片给詹姆斯看,脸上洋溢着无限的幸福。

经过这件事情以后,詹姆斯彻底抛弃了以前只为满足温饱的人生目的,把成为世界上最优秀的管理者作为自己人生的目标,他说他也要拥有一个广阔的舞台——一个能展现自我的舞台!

后来,成功以后的詹姆斯在回答记者提问时,这样说:"当我认定了自己要做一个什么样的人以后,以前一直困扰我的许多问题都迎刃而解了,原来压抑、沉闷的心情也一扫而光,就好像在很远的地方亮起了一盏灯。原来你不知道自己该往哪走,而现在,虽然你离那盏灯还很远,可是至少你不会迷失方向了!"停顿了一下,詹姆斯继续自豪地说,"这种感觉就好像是你原来站在漆黑的舞台上,根本就不敢动,然后所有的灯一下子全都打开了,你可以清楚地看到周围的一切,你可以尽你的才华进行表演了。"

作为一个优秀的管理者,就要让自己拥有一颗高远的心,一个广阔的舞台——在职场上点亮自己理想的明灯,尽情地挥洒自己的才华,最终获得经久不息的喝彩与掌声。

第三章　民贵君轻
——从孟子的民本思想看现代企业人本管理

　　孟子说："民为贵，社稷次之，君为轻。"朱熹解释说："国以民为本。社稷亦为民而立，而君之尊又系于二者之存亡。"照孟子的说法，在社会的政治结构中，有民、天子、诸侯、大夫几个方面。如果天子失去了民众，就不能做天子。所以，政权的更迭，君王的易位，都取决于民众的态度。在社会的政治管理结构中，民众是基础和前提，甚至起着决定性作用。君和民相比，民的作用更重要些。管理说到底是管人的艺术，"人"是一切管理的前提和基础。

人本管理的层次

【原文】 民为贵，社稷次之，君为轻。(《孟子·尽心》)

【大意】 百姓最重要，代表国家的土神谷神为其次，国君为轻。

从孟子的民本思想中，完全可以看出企业人本管理的影子。人本管理是以人为本的管理。它把人视作管理的主要对象和企业最重要的资源，尊重个人价值，全面开发人力资源，通过企业文化建设，培育全体员工共同的价值观，运用各种激励手段，充分调动和发挥人的积极性和创造性，引导全体员工去实现企业的经营目标，依靠全体员工的共同努力，促进企业的不断发展。

研究人本管理的管理学家认为，人本管理在管理实践中有不同的形态，并且这些形态具有层次性。目前，较为普遍的是把人本管理分为五个层次，即情感沟通管理、员工参与管理、员工自主管理、人才开发管理和企业文化管理。

情感沟通管理是人本管理的最低层次，也是提升到其他层次的基础。在该层次中，管理者与员工不再是单纯的命令发布者和命令实施者。管理者和员工有了除工作命令以外的其他沟通，这种沟通主要是情感上的沟通，比如管理者会了解员工对工作的一些真实想法或员工在生活上和个人发展上的一些其他需求。在这个阶段，员工还没有就工作中的问题与管理者进行决策沟通，但它为决策沟通打下了基础。

员工参与管理也称决策沟通管理，管理者和员工的沟通不再局限于情感，员工已经开始参与到工作目标的决策中来。在这个阶段，管理者会与员工一起讨论员工的工作计划和工作目标，认真听取员工对工作的看法，积极采纳员工提出的合理化建议。员工参与管理会使工作计划和目标更加趋于合理，并增强员工工作的积极性，提高工作效率。

随着员工参与管理的程度越来越高，对业务娴熟的员工或知识型员工可以实行员工自主管理。管理者可以指出公司整体或部门的工作目标，让每位员工拿出自己的工作计划和工作目标，经大家讨论通过后，就可以实施。由于员工在自己的工作范围内有较大的决策权，所以员工的工作主动性也会增强，并且能够承担相应的工作责任。在该阶段，每位员工的工作能力都会得到较大的锻炼，综合能力较强、创造力较强的员工在这个阶段会脱颖而出，成为独当一面的业务骨干。

为了更进一步提高员工的工作能力，公司要有针对性地进行一些人力资源开发工作。员工工作能力的提高主要通过三个途径：工作中学习、交流中学习和专业培训。人才开发管理首先要为员工建立一个工作交流的环境，让大家相互学习和讨论。另外，人力资源部门可以聘请一些专家进行有针对性的培训。

企业文化说到底就是一个公司的工作习惯和风格。企业文化的形成需要公司管理的长期积累。员工的工作习惯无非朝两个方向发展：好的或坏的。如果公司不将员工的工作习惯朝好的方向引导，它就会向坏的方向发展。企业文化的作用就是建立这样一种导向，而这种导向必须是大家所认同的。随着公司的发展，企业文化也会不断地发展。但不论怎样，企业文化管理的关键是对员工的工作习惯进行引导，而不是仅仅为了公司形象的宣传。

情、理、法

【原文】 仁者无敌。(《孟子·梁惠王》)

【大意】 施行仁政的人是无敌于天下的。

孟子"仁政"管理学说的理论基础是"性善论"。任何政治思想的基础是它对人性的理解和界定，不同的人性观必然导致不同的政治观点和政治主张。孟子的性善论为仁政管理的实现提供了理论依据。

孔子的"仁"主要是伦理学范畴，孟子发展了孔子的"仁"的思想，进一步提出了"仁是怎么来的"这一具有哲学意义的命题。孟子主张人先天性善，"人皆可以为尧舜"，要求努力培养人的精神境界和道德情操，即"养浩然之气"。孟子认为人的天性是善良的。

与人性理论相联系，孟子提出了独特的内向修养理论。既然人人都有善良的天性，那么就没有必要向外用功，只要守住本心，就能成为有道德的人。但为什么现实社会中又有那么多的不道德的事呢？孟子认为，现实的不道德并非原本没有道德，而是人自己丢掉了善良的本心。因此，他认为学习的根本目的就是要找回人们放弃或失掉的"本心"。正因为有了这一基础，上至君王下至庶民才有"仁"的可能性，仁政管理也才可能真正实施。

对统治者来说，正因为人人皆有"恻隐之心"，只要他们把自己的恻隐之心扩而充之推行到实际的统治中，与人民同忧乐，办每一件事情，都想着人民的疾苦，统治也变得举重若轻了。统治者若真能行仁政，将无敌于天下，所以说，"亲亲而仁民，仁民而爱万物"。他认为，为政须行仁政，否则就只能自取灭亡。正是由于人性善良，特别是那些统治者的善性，仁政的实施才有了可能性。

《孟子》告诉人们："仁也者，人也。"人为宇宙万物之一，其所异于禽兽的地方虽然不多，但这很少的差异，却是人之所以成为万物之灵的特征。人类要进步，必须造就高尚的人格。孟子提出"礼""义""廉""耻"乃为国之四维，具体说来是，"无恻隐之心非仁也"；"无羞恶之心非仁也"；"无辞让之心非仁也"；"无是非之心非仁也"。孟子所说的恻隐之心、羞恶之心、辞让之心、是非之心，应该被管理者视为"应有的表现"。只有做到"道德仁义者，互助之用也"，管理者才能以恻隐、羞恶、辞让、是非的表现，实施符合人性的仁道管理。这在市场竞争日趋激烈的今天，更具有重要的现实意义。超越竞争原则的仁道管理，做到竞争无情人有情，才能显现人类最高的道德，也才能最大限度地激发广大劳动者的潜能，调动其工作的积极性和创造性。

"情、理、法"是被我国传统观念视为管理的最高原则。"情、理、法"乃是"仁、义、礼"的通俗化说法，代表孔子思想的三种不同层次，构成立体的观念架构。这些宝贵的精神文化瑰宝，过去曾一度被视为封建主义思想被批判。现在看来，这些都值得我们很好地去吸收，尤其在当前管理中，更值得我们重视、珍惜与实践，让古老的传统文化为今天的现代化建设服务。

人类的发展史和科学的进步史告诉我们，只有合乎人性的管理，才是合理的管理。

以人为本,真正地突出员工的主体地位

【原文】 得其民,斯得天下矣。(《孟子·离娄》)

【大意】 得到民众的支持,就可以得到天下了。

"以民为本"以及由此延伸出的人性管理理论是仁政管理的重要内容。历史经验教训使得上古统治者就得出这样的结论:"民为邦本,本固邦宁"(《尚书·五子之歌》)。先秦儒家继承了这种观点,莫不围绕着"民"来思考治国之道,如孔子的"修己以安百姓"(《论语·宪问》)。民本主义的管理智慧贯通于爱民——养民——富民——教民的系统工程之中。其中"教民"与儒家的人性管理有直接的关系。

在人性管理理论中,孟子的"性善论"认为人的本性是善良的,人心皆具仁、义、礼、智这"四端",那么,作为管理者就要"善教"——对百姓教以人伦,以发展其"善端",增长其善性,实现仁政管理的目标。

以人为本的企业管理正在成为许多企业的目标。但事实上,要真正做到以人为本,并不是轻而易举的事情,它包括对员工真正的关心和尊重,平等地对待公司中的每一个人。让每个员工都感到命运掌握在自己的手中,能充分发挥自己的能力并实现自己的价值,而由此激发出的劳动热情将是无穷无尽的。

惠普很早就已经开始实践"以人为本"的企业管理。早在20世纪40年代,公司的两位创始人休利特和帕卡德就下定决心,不让惠普成为一家只会"雇用人和解雇人"的公司。在当时那个电子工业还完全依赖政府支持的年代,这种提法是非常鼓舞人心的。后来,在20世纪70年代经济衰退时期,当公司的生意遭到严重打击时,休利特和帕卡德这一集体经受住了考验,他们并没有解雇员工,而是让包括自己在内的公司全体员工减薪10%,同时每人减少10%的工作时间。就这样,惠普在没有牺牲任何一个员工的情况下，成功地经受住了经济衰退期的风风雨雨。

惠普的这一用人哲学不但实行得早，而且还在不断地自我更新。公司的目标总是在改写和再版并附上公司哲学的重申之后交给每名员工。公司目标的第一句话就是："一个公司所取得的成就是每个人所取得的成就联合起来的结果。"惠普强调自己对那些富有创新精神的员工的承诺，这一哲学一直被认为是惠普取得成功的直接驱动力量："首先，我们公司到处都应有能力很强且富于创新的员工。第二，公司的各个阶层都应有激发员工热情的目标和领导。处于重要领导岗位的员工应该不仅能够激发自己的热情，他们在激发合作者的热情方面的能力也应是经得起挑战的。"修订后的公司目标陈述的导论总结道："惠普不应是一个紧张的、军事化的公司组织，而应是这样一家公司，员工们享有自由，并能选择最适合他们各自责任领域的方式去实现总体目标。"

从惠普公司实行的"开放式实验仓库"政策中就可以清楚地看出惠普对其员工是何等信任。在惠普，实验仓库是用来保管电子和机械元部件的地方。这一政策意味着惠普的工程师们不仅可以自由动用这些设备，甚至还被鼓励把它们带回家去供私人使用。这个政策的主旨就在于，不管工程师们动用这些设备的目的是否与其工作的项目直接相关，他们的上司相信，通过在工作场所或家中摆弄一下这些设备，这些工程师会从中学到东西，并由此履行了公司致力于创新的承诺。曾有这么一个传说，有一次，休利特在星期六来参观一个车间，发现实验仓库区的门被锁住了。于是他立即到维修间取来钳子，接着就把仓库的门给撬开了。星期一一早，人们发现了他留下的一张字条，上面写着："请别再锁上这道门了。多谢合作。比尔。"

总之，惠普公司最与众不同的特征是始终如一地坚持"以人为本"的企业精神，维持对自己承诺的一贯性以及其办事方法与态度的连续性。因此，无论在惠普的哪个部门，人们都会看到员工们在谈论他们公司的产品质量，言语中可以感觉到他们对自己所取得的成绩是何等的自豪。而正是这种永无止境的精力和热情，才使惠普能获得令人瞩目的成功。

企业的活力归根结底来源于人，企业管理的中心也是人。"以人为本"不是一句口号，其关键在于如何在企业文化建设中具体地体现和落实。

（1）要做到对内以员工为本，对外以顾客、用户为本。二者紧密联系，缺一不可，这样才能促进企业发展。

（2）要突出员工在企业的主体地位，全心全意依靠员工办企业。企业的构成主体是员工，他们是企业发展快慢、生产水平高低的决定因素。特别是在市场经济条件下，员工是企业构成的主体，更是企业的主人，因此，以人为本就要全心全意依靠员工办企业。这样员工才会真正感到自己是主人，才会真正体会到"乐在工作"的价值。

（3）要把培养、造就员工成才作为企业发展的目标。企业的发展取决于人才的成长，因此，企业发展的目标不仅要包括经济发展和效益增长，还要包括提高员工的素质，培养造就企业人才。

（4）创造良好的人际环境和企业环境。不断疏通和理顺各种关系，为各类人才得以展示其才、脱颖而出创造良好的人际环境和企业环境。员工能动性的发挥，创造性成就的取得，往往会受到各种因素的制约和影响，其中企业文化和人际环境的和谐与否至关重要。因此，企业一定要创造良好的人际环境，使每个员工工作顺心和舒心。这样员工才会乐在工作，才会有一种发自内心的自豪感和责任感。

要真诚对待员工

【原文】至诚而不动者,未之有也;不诚,未有能动者也。(《孟子·离娄》)

【大意】极端真诚而不能够使人感动的是没有的事;不真诚是不能感动人的。

孟子在此指出了个人真诚的重要性,假如你以诚待人,别人也会以诚待你。

在实行人本管理过程中,管理者要真诚对待员工。

美国斯凯朗电视公司的总裁阿瑟·利维为了研制闭路电视,曾录用了一位颇有干劲的青年人比尔。比尔一上任便一头钻进了实验室,整整干了一个星期。在工作最紧张的时候,比尔一连40多个小时没有离开实验台,连吃的东西都是请人送去的。工作告一段落后,比尔在床上睡了一天一夜,当他醒来时,好像老了10多岁。

此情此景使利维深受感动,他拉着比尔的手说:"要是你再不改变一下工作方式,我就要停止新产品的研制工作。"

"为什么?"比尔一听要停止研究工作,心里不免有些紧张。

"因为像你这样不分昼夜地工作,不等新产品问世人就垮了。我宁愿不做这种生意,也不能赔上你这条命。"利维的话确实感人肺腑。

比尔有些激动了:"不会的,凡从事这种研究的人都是这样工作的,很难改变。"

利维有些伤感地说:"是的,搞研究的人少有长寿者,但我希望你能节制一点。虽然我们相处的时间不长,可我知道你是竭尽全力地干这项工作的。你的心意我领了。就是研究不成功,我也不会怪你。"

比尔的心被深深地感动了。

仅此一番话，使比尔的心理发生了极大的变化。他不再是为了工资，为了个人吃饭而工作，而是把研制新产品当作他和利维的共同事业，怀着一种士为知己者死的心情以一当十、夜以继日地工作着。不到半年时间，闭路电视就研究成功了。闭路电视的问世，为利维公司的进一步发展开辟了广阔前景。

由此可见，激发部下的干劲，就是如此简单，它并不需要特意花费很大力气，也不一定要花大量金钱和给予优厚的待遇。有时，一句深情的话、一种真诚的关怀，就可以使下属真诚地服从你的领导，心甘情愿地为你拼命工作。

给员工快乐就是给企业快乐

【原文】 乐民之乐者，民亦乐其乐；忧民之忧者，民亦忧其忧。(《孟子·梁惠王》)

【大意】 以百姓的快乐为自己的快乐者，百姓也会以国君的快乐为自己的快乐；以百姓的忧愁为自己的忧愁者，百姓也会以国君的忧愁为自己的忧愁。

在企业管理中，管理者有快乐，别忘了与员工一起分享。以下一些因素能达到和员工一起分享的目的：

(1) 如果员工的工作单调，试试给工作添加些乐趣和花样；
(2) 对于如何做工作，只给出一些提议，由员工自己选择去做；
(3) 在公司里提倡并鼓励责任感和带头精神；
(4) 鼓励员工之间的互动与协作；
(5) 有大的庆祝活动，别忘记也让员工参加；
(6) 日常闲谈中多表示赞赏，让员工知道管理者是关心他们的；
(7) 在员工生日时，给他一份礼物或让其休息，员工自然会对公司产生一种亲切感。

孟子认为"与民同乐"才能感到真正的快乐。在企业管理中，给员工快乐也就是给企业快乐。下面这个故事或许可以给你启示。

公司所有人都知道海因茨要去佛罗里达旅行。

大家对他说："好好玩一玩，你太累了，一年365日都没见你轻松一回。"

不久，旅行的海因茨回来了。

"怎么这么早就回来了？"一位员工问。

"你们也不在，没有多大意思。"他对大家说。

海因茨指挥一些人在工厂中央安放了一只大玻璃箱，员工们纳闷地过去看，原来里面有一只大家伙，是短吻鳄，重达800磅、身长14.5米、年龄为150岁。"怎么样，这个家伙看起来还好玩吧？"

　　"好玩。"许多人都说从来没有看到过这么大的短吻鳄。

　　海因茨笑呵呵地说："这个家伙是我佛罗里达之行最难忘的记忆，也令我兴奋。请大家工作之余一起与我分享快乐吧！"

　　原来，海因茨是为员工们买回来的。这个海因茨不是一般的人，他就是亨利·约翰·海因茨。

　　亨利·约翰·海因茨，1844年出生于美国的宾夕法尼亚。他小的时候就具备了领导才能。他在家中是最大的孩子，于是，他带领着弟弟妹妹们在父亲砖厂的空地上开垦了一块小菜地，种植西红柿、洋葱、土豆等蔬菜，到了收获季节，他们就挎着菜篮子向邻居和砖厂的工人兜售蔬菜。尽管弟妹们只当这是游戏，但是海因茨却认真对待。他不但坚持了下来，而且从10岁时开始推着独轮车走街串巷去叫卖，到了16岁，他已经成为了一个小老板，手下有了好几个伙计替他种菜和卖菜。

　　后来，海因茨创建了H.J. 亨氏公司。有人说：这个食品王国里的"国王"是从宾夕法尼亚的菜地里走进商界的。

　　1888年，他的公司更名为H.J. 亨氏公司，海因茨成为"酱菜大王"。

　　1900年，亨氏公司的产品种类超过了200种，跃居美国大公司的行列。

　　最后经过几代人的努力，亨氏公司的产品不只是人们印象中的婴儿营养奶粉、婴儿营养米粉。仅就美国而言，亨氏公司的产品已经渗透到美国人的每一间厨房、每一张餐桌——罐装金枪鱼、青豆罐头、泡菜、芥末粉等，成为美国人生活的组成部分。

　　一个企业要卓有成效地成长，在相当程度上取决于领导与员工的相处能力。

　　而作为一个员工，和领导共享快乐是他们最大的幸福，员工也没有理由不为企业卖命。

　　愉悦的老板肯定会有愉悦的企业。

　　一家企业、一家公司，真正的效益不是逼出来的，而是自动地由职员工作产生的。如果一味去强求工作，只能使产品质量和效益大打折扣。但要员工乐于工作也不是一件容易的事情，还需要管理者付出很大的细心和努力。

平等地对待员工和部下。由个人自尊心而产生的要求平等的精神、平等的意识在企业人才管理中是不可忽视的，优秀的企业家和管理人员都十分重视这种平等精神，使企业上下齐心，使领导和员工和谐相处。

对部下和员工要亲切友善，且有关怀同情心。管理者亲切随和、笑容可掬，不摆架子，就会使职员感到老板很有人情味儿。

管理人员要能虚心听取职工的意见和建议，使大家"知无不言，言无不尽"。

对职工的薪水要求要尽力满足，特别是企业效益好的时候。职工也要生活，天下没有免费干活的人。

把员工当作朋友

【原文】君之视臣如手足，则臣视君如腹心；君之视臣如犬马，则臣视君如国人；君之视臣如土芥，则臣视君如寇仇。（《孟子·离娄》）

【大意】如果君主把臣下当手足，臣下就会把君主当腹心；君主把臣下当狗马，臣下就会把君主当一般不相关的人；君主把臣下当泥土草芥，臣下就会把君主当仇敌。

孟子指出了君与臣之间的关系，只有君主把臣民当作手足，那么臣民才会对君主死心塌地。运用到现代管理学中，可以理解为领导要把员工当作朋友，员工才可能对公司忠心耿耿。

俗语说：一个篱笆三个桩，一个好汉三个帮。一个人即使是天才，也不可能样样精通。所以，他要完成自己的事业，就必须善于利用别人的智力、能力和才干。作为企业管理者，要最大限度地调动下属的工作积极性，最好不要把自己和员工定位为雇佣和被雇佣的关系，而要把员工当作自己的朋友，这样他们才会在关键时刻助你一臂之力。

人是一种感情动物，他必须时刻进行感情上的交流，他需要获得友谊。在迈向成功的道路上，要想坚持到底，仅仅依靠信念的支撑是不够的，还必须有友谊的滋润。良好的人际关系会使你获得一种强大的力量和热情，在成功时得到分享和提醒，在挫折时得到倾诉和鼓励，这必将会有助于你心理平衡，从而使你有勇气迈向新的征程。

在许多人的心目中，商场就是战场，充满着尔虞我诈、你死我活的斗争，根本没有什么人情好讲。其实不然，要想在商场上不被淘汰掉，你就必须懂得广交朋友，善于用"情"。

香港富豪李兆基就非常善于处理人际关系，这使他的生意也充满了人情味儿，并且获益匪浅。他的哲学是：对长期合作伙伴，一定要让彼此皆大欢喜。

1988年的一天，建筑部的经理偶然向李兆基提及，承接恒基集团一项工程的承包商要求他们补发一笔酬金，遭建筑部的拒绝。

李兆基便问："那个承包商为什么要出尔反尔呢？一定有他的原因吧？"

"是的。"建筑部的人回答，"他说他当初落标时计错了数。直到如今结账时，才发觉做了一桩亏本生意。"

本来，这桩买卖是签了合同的，有法律保障，大可不必对此进行处理。

李兆基却说："在市道不俗时，人人赚到钱，唯独他吃亏，也是够可怜的。承包商是我们的长期合作伙伴，反正这个工程我们有钱赚，也就补回那笔钱给他，皆大欢喜吧！"由此可见，他无论做什么事，一定要讲点儿人情味儿。

李兆基之所以能成为亿万富翁，做出那么大的事业，这与他善于运用人际关系技巧有着十分重要的关系。

凡跟李兆基工作过的人都对他赞不绝口，认为他是最照顾伙计利益的好老板。为了取得同事的精诚合作，李兆基给几位重要的管理决策人员一些机会，让他们投股于一些十拿九稳的房地产项目上，让他们能赚到比薪金多几倍的利润。使员工分享业务的盈利，感受做生意的乐趣，对士气肯定会有良好帮助，这是李兆基的一贯态度。

有一次，李兆基就拿出某地产项目的15%让身边的5位员工入股，结果，有一个人没那么多钱，只好把股份放弃了2%。

李兆基知道了这件事，在问明原委之后，对他说："我有机会赚1万，都希望你们赚10万。这样吧，我把我名下的2%股份让给你，股本暂时你欠我的，将来赚到钱，你再偿还给我吧！"于是，大家都赚到了钱。而这事对于李兆基来说，真是本小利大；付出小小的钱，就能赢得一团和气，合作愉快。

对于普通员工，李兆基同样是善用人情，巧妙关怀，扶危济急，赢得一片忠心和无限感激。

有一次，李兆基身边一位任事多年的下属因自己炒楼炒股失败，血本无归，又被证券经纪行迫仓，欲哭无泪，走投无路。

李兆基知道了这件事，也不等对方开口，马上叫来会计，嘱咐说："替他平仓吧。"

当时李兆基的恒基集团也欠下银行很多的债务,可以说是自顾不暇,而市场又不景气。会计便忍不住问了句:"在这个时候帮他吗?"李兆基说:"就是这个时候,我不帮他,还会有谁帮他?"

这一做法自然是让那位下属感激涕零,做起工作来更加勤恳卖力了。

和气生财,这是李兆基成就事业的秘诀之一。

不论对上对下、对内对外,良好的人际关系有时就是一笔巨大的投资,必然会在你需要的时候给你丰厚的回报。把这种方式用在管理中,处处为员工着想,像对待朋友一样对待他们,他们怎么能不感动?又怎会不为你卖力地工作呢?

想成为一名卓越的管理者,必须注意加强你所领导的这个集体的凝聚力。你必须把员工当作你事业上的伙伴和朋友,而非你的佣人,要善待他们。只有这样,你才可能得到他们的回报——尽心尽力地为你工作。

把你的员工当作事业上的伙伴和朋友,不妨从几个方面来实行:

1. 不要任意摆布别人

人是相当独立的动物,即使在他们最高兴的时候也不愿意听人摆布。大多数人都是不得不服从领导,因为他们没有选择的余地。因此,如果你是顶头上司,不要处处耍弄权威,而是应该代之以引导、鼓励等方法。这样才能取得更好的效果。

2. 不以争吵服人

不能以争吵服人。你说的情况可能是百分之百的真理,你或许是世界上最好的律师,尽管如此,你也不能使他们心悦诚服。如果他们不想同意你的看法的话,他们可能以最荒唐的理由与你争辩。对此你不要着急,要冷静,你首先要做的是赢得他们的心,而不是赢得他们的理,然后你才有可能使他们同意你的观点。但是,不能用无情的逻辑和争辩迫使别人同意你的观点。

3. 正确处理纠纷

在一个企业中,如果有几百名员工在一起工作,纠纷是不可避免的。一个好的领导就需要善于处理这种纠纷。假如他很有警惕性,他就能够预测纠纷,采取措施,把纠纷的影响降到最低程度,或者完全阻止纠纷的发生。如果纠纷已经发生,在处理时不应偏袒纠纷的任何一方,而应公平对待。

4. 鼓励员工多提建议

当有人提出一个建议时,有些领导者会直言不讳,说这个建议不切实际,行不通。但在这个时候直言不讳地说出来,这会打击员工的积极性。你可以不作任何表态,在大多数情况下可以让这种建议在不伤和气的情况下自生自灭。这种态度往往会鼓励人们多提建议。即使前几个建议都是没有多大用处的,但也许下一个是会带给你重大成果的建议。建议是需要鼓励的。如果你不这样做,好的建议将会中断,同时也会阻碍你事业的发展。

5. 防止误会

如果我们要求人们用自己的语言复述一下我们给他们的指示,就能减少许多误会。所谓沟通思想,就是把一个人头脑中所想的东西传到另一个人的头脑中去。可能你传递一个简单的理念,却惊奇地发现在传递过程中有那么多的障碍,你可能解释有误,也可能别人理解有误。这种事情时有发生,但是如果你要求他们复述一遍他们理解的东西,那就可以避免误会的发生,从而增加你和员工的亲密程度。

6. 面对面地谈话

著名的麦克阿瑟将军主张与士兵要常常进行面对面的谈话。麦克阿瑟是盟军发动大反攻的主要指挥官之一,第二次世界大战是他曾经历过的最大战役。在这种危急关头,他仍然认为没有比偶尔找士兵谈话更为重要的了。他认为,正是由于这个办法,他才在战场上赢得了很大的胜利。在经营企业或公司时,这种办法也会获得同样好的效果。它能拉近你和员工的距离,更加有利于你的工作。

7. 不要吝惜你的赞赏

做好一件事的一半乐趣在于得到别人的赞赏。一个人超时加班当然要得到额外的加班费,但表扬和赞赏与加班费一样重要。我们都盼望被人表扬,都希望自己的行为获得别人的肯定和赞同。当你的员工十分出色地完成了你分配给他的工作时,适时给他一些表扬,会让他今后工作更努力。

平等相助,培养上下一体的工作关系

【原文】出乎尔者,反乎尔者也。(《孟子·梁惠王》)

【大意】你怎样对待别人,别人也会怎样对待你。

出尔反尔的最初意义就是指平等相待的意思。在人本管理中,更要体现平等相待。

企业由人组成,企业的发展更是离不开人。员工的事就是企业的事,关心照顾员工会使其安心工作;关心有困难的员工会使其对企业更加忠诚。只有做到这一点,才能使上下同心,企业才能形成团结向上的气氛并共同进步。

越来越多的人的工作目的不再仅仅是为了挣钱,他们更喜欢那些具有平等相待、互相尊重的文化气氛的企业。在这种企业中,领导人和员工之间、同事与同事之间的友好和支持性的人际关系会提高员工对工作的满意度,会使大家并肩工作,使工作更加有效率。

在索尼公司,公司管理者和员工们平等相待,气氛轻松融洽,充满友善,就好像是一个大家庭,而员工们都被看作是一家人。这种企业氛围不是一下子就能营造起来的,它是索尼经过了许多次员工罢工的教训后才慢慢形成的。第二次世界大战以后,大大小小的罢工示威特别多,索尼公司也曾有过失去大批员工的情况。

1974年石油禁运,是因为劳资纠纷而导致工时损失最多的一次。那一年,日本损失了966.3万个工作日。这是一个深刻的教训,日本许多企业专门作了探讨和改进,尤其是索尼公司,在盛田昭夫领导下迅速寻找解决之道:对员工平等相待,发扬互敬互助的精神。

尽管索尼公司有两个工会组织,但也有许多没有加入工会的员工。公司与工会之间的关系十分和谐。盛田昭夫认为,之所以公司和员工能保持良好的合作关系，主要因为员工对企业管理者的态度比较了解和接受，知道许多事情都是出于诚意和善意。按照盛田昭夫的说法，日本企业的发展壮大并不仅仅是创业家一个人可以包揽的，故而仅仅把下属作为生产工具牟取暴利，是不人道的。日本的创业者在公司成立后，会招聘员工来帮助他实现理想，达到目标。但创业者一旦聘用了员工，就要将他们当作同事或帮手，而不是赚钱的工具。公司固然需时刻将股东的利润放在心上，但也应经常为员工着想，应该给这些发展企业的人相应的回报。所以，在盛田昭夫看来，股东与员工的分量是一样的，有时候员工甚至更重要。例如，股东为赚钱，经常会变动，但创业者和员工的关系却会一直保存下去。只要员工在公司工作一天，他就会为他个人和公司尽最大的努力。盛田昭夫充分看到了这层利害关系，因此特别强调互敬互重。

索尼的高级主管没有私人办公室，甚至连工厂的厂长也没有办公室。索尼希望管理人员能和其他人坐在一起，使用同样的设施。每天早上开工以前，小组长会召开一个短短的会议，并指示交代各人当日的任务。他同时也检讨前一日的工作情形，在他报告的同时，他也仔细观察各个组员的脸孔。如果有人看起来不对劲，就让小组长设法了解他是否病了，或是有什么问题。盛田昭夫认为这点很重要。如果员工生病了，不开心或是有心事，表现就不好。

为了培养上下一体的工作关系，盛田昭夫过去几乎每天晚上都与许多年轻的中下级主管一起吃晚饭，并且聊到很晚。有一晚，盛田昭夫注意到一位小伙子心神不宁，无心作乐，于是盛田昭夫鼓励他说出心中的话。几杯酒落肚后，小伙子打开了话匣子："在我加入索尼公司以前，我以为这是家了不起的公司，也是我唯一想加入的公司。但我的职位低下，而我的上司无疑是代表公司本身的，偏偏这人是个草包，我所做或建议的每一件事情都必须由他决定。我看不到我在索尼公司的前途。"

这些话对盛田昭夫不啻是当头棒喝。他想到索尼公司可能有许多员工都有类似的问题，而索尼必须了解他们的想法。于是盛田昭夫开始发行一份公司内部的周刊，并在上面刊载各单位部门现有的职位空缺。这样一来，许多员工都可以悄悄试探公司内部其他可能的工作机会。

这样做有双重好处：一来员工通常可以找到更满意的工作，同时人事部门也可因属下纷纷离去而发现管理上潜在的问题。对那个存在问题的主管，索尼的解决办法是将他调到一个没有那么多下属的岗位上，问题就这样迎刃而解了，而公司的互助互敬的精神也从这里得到了充分的体现。

如何在公司里做到平等互助呢？

要当好"企业家长"这一角色，做一名称职的"企业家长"，必须做到以下几点：

1. 尊重员工

尊重员工首先是尊重员工的言行，管理者应该最大限度地与员工进行平等的沟通，而不是对员工的言行不闻不问。让员工能够在上司面前自由地表达自己的意见和看法，这一点非常重要。尊重员工还表现在尊重员工的价值观，公司的员工来自不同的环境，有着各自的背景，所以每个人的价值观也会不尽相同。只有尊重员工正确的价值观，才有可能让他们融入公司的管理理念和企业文化中。

2. 体贴关怀

有远见的管理者明白"爱员工，企业才会被员工所爱"的道理，因而采取软管理办法，创造出了若干员工与管理者"家庭式团结"的佳话。重视企业的"家庭氛围"，就可以在建立员工与企业之间的"情感维系的纽带"方面取得丰富的经验。

3. 精心呵护

作为企业管理者，理当是员工的"保护人"。也就是说，要竭尽全力地维护员工的种种切身利益，如经济利益、政治利益、文化利益、法律利益等，这往往也是许多员工最为关心的现实问题。优秀公司成功的一条基本经验，就是他们建立了一套很完善的物质奖励制度，同时采取了成套的、令人眼花缭乱的精神鼓励的办法，以激励员工非同凡响的热情。

体贴民情，关心员工

【原文】王如好货，与百姓同之。(《孟子·梁惠王》)

【大意】大王如果喜爱钱财，要想到老百姓也喜欢钱财。

孟子在这里运用的是比较的方法来劝说梁惠王，希望梁惠王能将心比心，也知道老百姓的喜好。管理者要体察民情，关心员工，将心比心，也知道员工们的喜好。这在管理中是最重要的。

美国军方出版了一本有关领导的书叫《三军军官》，其中就谈到："即使以前曾说过，现在还是值得再说一遍：每位军官最大的责任就是在照顾自己之前先照顾士兵——这是最重要的原则！假若一位军官和一位士兵同行，他应该照料他的饮食、住所、医药治疗和其他需要。他要先满足这位士兵的需要后才能再来照料自己。假若只有一张床或一碗饭，他得先让给这位士兵，自己只能忍耐一点。"

人是公司得以存在的基础，然而人不是机器，人是有感情的。所以，企业的管理者应该时时想着为员工分忧解难。这样，员工也一定会与企业忧患与共、共同进退。关心职工也许要付出更多的时间和金钱，但它能让员工以百倍的热情投入工作，员工为你创造的财富将远远高于你付出的。

企业的管理者应该牢牢树立"以人为本"的观念。

作为一个人，如果当你悲伤时，有人替你分忧；当你快乐时，有人与你共享喜悦，那么你会把他当作你的知己。

韩国十大财阀之一、鞋业大王梁正模就成功地做到了与员工忧乐与共，致使大家愿意与他同生共死。

早期，梁正模在他父亲的公司里做事，主要处理公司与代理商之间的有关事宜。在他的工作中，他并没有把人与人之间的关系看成简单的相互利用，相反他总是特别诚心地对待别人，所以与那些代理商建立了良好的信任关系。

梁正模突破了公司与代理商之间的"工具型"关系，更没有去算计别人，而是真心地和这些代理商交往。他总是能站在代理商的位置，替他们着想，充分照顾他们的利益，因此代理商们都愿意与他打交道。

这些人情资源成为梁正模创业初期的无形资产，而且这些无形资产迅速转化为有形资产。在他开始创业时，没有足够的资金，向银行贷款也很困难。以前的代理商们知道后，马上向他伸出援助之手，帮他渡过难关，这些分布在全国各地的代理商们筹足了钱，借给他，而且不要利息。在这些朋友的帮助下，梁正模的公司如期建成。

不幸的是，他的工厂又遇到了几次火灾。但每次火灾后，他又奇迹般地站了起来，这又是得益于代理商们的大力支持。

这就是"得人心者得天下"的道理，人心的获得是靠与别人同忧苦、共患难。工于心计的人是不可能获得人心的。

作为一个公司，如果管理者对员工悉心关照，想员工所想，急员工所急，就会有非常大的功效。从人作为感情动物的特性来说，你关注我，我也会想着你；如果上升到企业的高度，那么这就会形成员工与公司忧乐与共、共同进退的工作氛围。

梁正模开办了自己的企业后，对员工也是关心备至。当他和工人接触时，总是问他们在工作中和生活上有什么具体困难。在获悉困难后，他总是想办法替他们解决。

他的工厂里有一位技师朴明镇技术高超，是梁正模多花了好几倍的薪水才请过来的。朴明镇的家乡在平壤，由于朝鲜半岛南北分裂，他与家人被迫分离。对亲人的思念，使他非常痛苦，但又无能为力，只有每天借酒消愁。

梁正模知道这件事后，每天陪着他一起喝酒，到半夜才回家。这样的以人之忧为己之忧，深深打动了这位技师，他晚上不再去喝酒了，而是把全部的身心都放在技术创新和技术改造上，使公司的产品在质量上大大提高，在竞争中处于非常有利的领先地位。

梁正模的成功，在很大程度上是他处理人与人之间的关系的成功。在韩国、日本、中国、东南亚等国家和地区，儒家文化的传统使得人与人之间重视亲情式的关系，这是一种良好的人员管理模式。

美国国际农机商用公司的老板西洛斯·梅考斯是一个坚持原则的人。一方面，如果有人违反了公司的制度，他会毫不犹豫地按章处罚；另一方面，他同样能够体贴员工的疾苦，设身处地地为员工着想。

有一次，一位老工人迟到，而且喝醉了酒，梅考斯知道后，会同有关部门商议讨论，最后开除了这名工人。但当他了解了实际情况后，又及时采取了补救措施。

原来，这位工人的妻子刚刚去世，留下了两个孩子，一个孩子不小心摔断了腿，另一个孩子太小而成天哭闹。这位工人在极度痛苦中不能自拔，借酒消愁，结果误了上班。

梅考斯知道了情况后，当即掏出一大笔钱为这名工人解决实际困难；同时继续执行开除的命令，以维护公司的纪律。然后，他又将这位工人安排到自己的一家牧场当管家。这样做既保障了工人的生活，也赢得了公司其他职工的心，让全体员工都能全身心地投入到工作当中。

领导者的误区

【原文】君子可欺以其方,难罔以非其道。(《孟子·万章》)

【大意】君子可以被合乎情理的方法欺骗,但难被不合理的方法欺骗。

君子是人,也难免被骗,也难免犯错误,但这并不是君子犯错误的借口。作为一个管理者也一样,既然不是借口,就要尽量避免错误的发生。

领导者在施行以人为本的管理过程中,要尽量避免出现以下几种误区:

1. 以"压服"为威信的误区

这其实是一种封建家长制式的东西。有些管理者认为,威信就是我说你听、我令你做,不得违背。他们习惯于用权力来压服员工,甚至于"牛不喝水强按头"。如有稍悖,就轻率地采用惩罚措施。这种"威信"必然只是表面上的,如果你想培养自己的员工阳奉阴违的能力,这倒不失为一种好方法。

2. 以"高明"为威信的误区

一个出色的管理者必然会有其过人之处,但这种过人之处只可能集中在某些方面上。如果认为管理者为树立威信就要时时处处显得比员工高明,这毫无必要。

某厂长一次下车间巡视,指出一车工技术粗糙,该职工微有不服之态。此厂长二话不说,换上工作服,上车床操演起来,果然又快又好。一时围观者为之叹服。如果事情到此为止,那么不失为以行动树立威信的范例,可错就错在该厂长以下的言行。他竟一拍胸脯言道:"技术不比你强,我敢做这个厂长吗?这不是吹牛,无论车钳铆焊,只要有谁的技术比我好,我马上拱手让位。"此君把威信理解为轻狂了。这种狂妄反倒给人一种极端不自信的感觉,显然,此君并没有对自己作为一厂之长的工作性质和存在价值有一个清楚的认识，他把自己降为一个和员工比技术的角色。

3. 以"神秘"为威信的误区

一位朋友引用了孔子的"近之则不肖"。他认为威信来自于距离感，一个管理者应以神秘的面貌出现在员工面前。这个朋友的话好像有一些道理，人们对未知的东西的确会产生敬畏心理，但他也许不知道，人们对未知的东西是没有安全感和归属感的，而这二者都是威信产生的基础。尤其当一个管理者为了神秘而神秘，为了威严而威严时，就会显得不伦不类。千万不要低估员工的判断力，故弄玄虚对己而言是一种无自信的表现，对人而言是一种愚弄，绝不是长久相处之计。

4. 以"说教"为威信的误区

首先，我们承认，善于言辞表达是一项优秀的素质。但正所谓言多必无信，有些老板片面地认为在各种场合多讲话、多演说会树立自己的威信。一言堂式的谈话必然会沦为一种说教。言不在多，而在于能切中要害，打动人心。善于表达自己意见的人必须首先是一个能让对方愿意开口说话的人。

5. 以"刚愎"为威信的误区

有缺点的人能不能树立威信呢？当然能。而且，勇于承认和改正自己缺点和错误的人更容易赢得别人的尊重。有许多管理者都有护短的倾向，他们明知自己错了，却不许员工议论和反对。这是一种"虚荣"心理在作怪，当这种虚荣上升到一种偏执的程度，便会表现出一种神经质的刚愎自用来。其实，这种表面上的"刚"，恰恰是内心无"刚"、缺乏勇气的表现。著名心理学家阿德勒说过："从一个人看待别人的错误的方式上可看出他是否宽厚，而从他对待自己错误的方式上则更可判断他是否独立与坚强。"能对个人行为负责的人是一个合格的人，而能对群体责任主动承担的人便是一名优秀的管理者。

不做好好先生，该硬则硬

【原文】 非之无举也，刺之无刺也，同乎流俗，合乎污世。居之似忠信，行之似廉洁，众皆悦之，自以为是，而不可与入尧舜之道，故曰："德之贼"也。(《孟子·尽心》)

【大意】 你说他有什么不对，又举不出例证来，你要指责他却又好像无可指责。他只是同流合污，为人好像很忠实，行为好像清正廉洁，大家都很喜欢他，他自己也以为很不错，但实际上，他的所作所为却不合尧舜之道，所以说他是"德行的损害者"。

这是孟子的学生万章问孟子什么算是"好好先生"时孟子的回答。孟子针对当时急功近利、同流合污的现象，给予了很深刻的批评，认为像宦官那样八面玲珑、四处讨好的好好先生是一个"德行的损害者"。在此孟子指出，一个人要坚持自己的正确原则，而不应该为了讨好别人而同流合污。在管理上，有些管理者充当一种"老好人"式的角色，他们不敢冒丝毫触动员工利益的风险，为了不得罪人而到了一种姑息迁就的程度。但好感决不等于威信，好好先生是做不了现代企业的管理者的。

作为老板，你对员工保持一定程度的宽容是合乎情理的，但是，如果你毫无原则地容忍员工的不良行为，那就表明你还不大称职。任何事情都有一个界限，员工偶然的一次小错误你可以不用计较，但如果员工接连不断地犯错，势必会酿成大错，出现更大的问题。这时候你可不能再沉默了。该唱黑脸时你一定要唱黑脸，千万别心软。

在实际工作中，我们往往难以找到一个绝对有效的是非判断标准来衡量自己和员工的行为。哪些东西可以接受，哪些东西无法令人接受，两者之间的界限往往模糊不清，而且不同的人可能有不同的理解。在确定这一标准时，个人的主观判断占有很重要的成分，你必须准确判断出哪些是可以容忍的，哪些是绝对不能容忍的。如果员工在你面前表现得很差，那说明他对你缺乏尊重，他也无法实现你对他的期望。作为一名管理者，你不能对此听之任之。

当一个人跨越你可以接受的界限时，你应及时处理这些不良行为，如经常迟到、不怀好意的玩笑、恶作剧、不恰当的姿态语言、不尊重他人、贬低他人、背后说三道四、衣冠不整、时常抱怨、工作中处理私事、不守承诺、撒谎等。对这类行为切不可等到事情发生之后再去作决定。你应该向这种不良行为进行挑战，并且要求员工向你作出解释，不要等到出大事时再作出决断。

身居管理者之位，你的员工每一分钟都在观察你。你处理不良行为的方式直接影响到员工对你的印象。你必须在员工心目中建立一个明确的概念，即让员工在心目中明确哪些是可以接受的，哪些则不能。对员工的行为，你不必闭上一只眼睛，假装视而不见，因为他们会很快发现这一点。当你在制定一个你可以接受的标准之时，这一标准可以成为今后处理不能接受行为的依据。如果某人超越了这一界限，就应与他们谈谈并找到解决问题的最好办法。经过这些努力，你会发现，每个人都将会检点自己的行为，保证自己的行为不超越这一界限。

在任何一个公司，并不是每个员工都十分完美，都能出色地完成工作，都能在你的引导和培养之下尽职尽责。技术上的差距可以弥补，但品性的不良却不能容忍。

在当今商海中，由于竞争的残酷，慈善行为的生存空间是十分有限的，你不可能总是对那些不能完成工作的人都给予一种慈善性的宽容。当你觉得这类员工无可救药时，就应在他导致灾难性后果之前将其解雇。

一般来讲，对于公司的某些问题，有些员工可能比你知道得更早、更清楚，他们期望你能采取行动，他们希望你解雇那些品性不良的同事。如果你忽视了那些不良行为，并且不能正视和面对表现很差的员工，你的信任度将受到极大影响。每个员工都为自己所做的事情和取得的成功感到自豪，他们不希望有人给他们抹黑。

你的决定十分重要，你决定实施的方式也十分重要，所以小心是很必要的。这里的小心意味着对待被解雇的员工要敏感、公正与理解。

软硬兼施，才是最佳手段

【原文】 闻诛一夫纣矣，未闻弑君也。(《孟子·梁惠王》)

【大意】 我只听说杀了一个残暴的人，并没有听说是杀掉了一个君王。

与孔子比起来，孟子是更为激进的。孟子认为，君王只有施行仁政才能安定天下，对一些"独夫""暴君"，残害百姓的君王，则要讨伐消灭。这可以看出孟子刚烈的性格。

作为管理者，在处理人际关系时，不能一味地忍让，该硬则硬，该软就得软。

在公司的人际关系中，信任关系的建立是有效人际关系的根本。员工之间的彼此信赖、精诚合作会使公司始终有一种拧成一股绳的势头，这也会让人在处理人际事务时总能对自己说："问题定能解决，只是还需要一点时间，消除一下误会！"

但信任关系建立以后，还需要领导与员工共同来维持。由于领导在公司中的特殊地位，所有的人也许首先将目光投向领导，领导的举手投足都会成为员工闲暇时细细品味的"材料"。这就需要领导在公司内部的人际交往中把握好自身的立场，以免损毁了自身的形象，也殃及了公司和谐的人际关系。

1. 同情弱者

在我们这个大力提倡竞争的年代，弱者似乎就等同于失败，他在特定的环境中难免会受到别人有意无意地排挤与冷落。

人们对弱者所持的态度还是善意的，但在他们"哀其不幸，怒其不争"的同时，弱者最终还是弱者。

在你的公司中，肯定也存在着一些"身单力薄"之人。他们的自尊心、自信心在历经一次次失败以及在遭受别人"软刀子"的刺痛之后，变得异常脆弱与敏感，这使他们在公司中"生存"的空间只限于三尺工作台，甚至更小。也许他们的存在会使整个健康、开放、自由的人际关系显得有些名不副实。那个被爱遗忘的角落也许会最终成为公司中阳光永远照不到的地方。无疑，这对弱者是极不公平的，也对公司良好人际关系的维持是极其不利的。

对待这些将自己囚禁封闭起来的、遭别人冷落的不幸人士，你不应该弃他们于不顾，让他们自生自灭，更不应该用生存的法则将他们清除出去。

同情是你正确的态度与立场，也许你会觉得这样做会引起大多数人的非议，与众意不合，别人也许会说："公司的存在是需要效益与业绩的，他们只会把事情搞得更糟。不如让他们独自一人，好好反省，这对双方都有好处。"但一个温暖的集体可能让这些被边缘化的人发出更大的能量。

你应当主动地接触那些弱者们，用心真诚地关爱，使他们的小小空间也能体会到公司的温暖。尽管这也许很微薄，但对一个处于风雪中的人来说，一根火柴足以点亮心灵，况且，它或许能点燃、引发更多的热源。

2. 适当保持中立

对于公司人际关系中出现的摩擦与冲突，当然不能视而不见，但有时适当保持中立、沉默会产生"此时无声胜有声"的意境。

保持中立并不是让你在公司中充当一个和事佬，对矛盾双方都不得罪，有两副面孔，或者是干脆事不关己，高高挂起，以顺应事态的发展。

你保持中立的立场必须是建设性的，有助于矛盾的化解与问题的解决。

试想，一位员工在与同事发生了激烈的口角之后，找到了你，要求你调换工作岗位，更糟糕的是他的那位同事是你昔日的同窗知己，这时你该怎么办？千万别作出盲目的决断，也不要显露出对任何一方偏袒的倾向。保持一个公正、中立的立场，针对问题寻求解决之道，就事论事。

这里的中立是一种公正的处事策略，是一种刚正不阿的处事态度。

如果你这样做了，问题的双方就会将注意力从人与人之间的各种微妙关系上转移到具体的问题上来，因为复杂的并不是问题本身，而是人心！

3. 敢对雇员说"不"

公司的人际关系应当是一种健康向上的人际结构，而并非那种以原则为牺牲品的庸俗关系。

在你的公司中，肯定会有人向你提出带有诱惑性的请求，也许这种请求同时带有某种许诺。比如你的一位雇员找到你，略带愧色，但又仿佛踌躇满志地对你说："如果你不太计较我这个月的那几次缺勤，我保证会更好地工作。"这种许诺也许会使你难以拉下脸。在另外一些时候，雇员的请求又近似于敲诈，比如"我不会告诉其他人的，特别是汪经理，说你把文件搞丢了，但我太想休假了……"

还有一些说法则更以一种特别巧妙的方式来促使你放弃原来最佳的选择："我们都知道老李不完全合乎当下一届主管的条件，但他确实为公司工作了大半辈子了，没有功劳也有苦劳啊！况且别人都很支持他。"这种带有极大攻心的意见，会让你在关键问题上放弃原则。

的确，你完全可以很容易将所有的决定顺乎"人心"。但你必须意识到，当你在作出决定的时候，你并不是出于决策合理化的考虑，而是出于对自身利益的考虑，或者是出于类似的动机。这时组织的人际关系会产生"失之毫厘，谬以千里"的影响，你会使那些我们传统文化中的庸俗部分死灰复燃，在你的公司中腐蚀它健康的肌体。

你必须敢对雇员说"不"，这不仅意味着你的尊严，还体现着公司的一贯原则与处事风格。每个人都会在这样的原则约束下，使彼此的关系更加亲密、健康。

第四章 仁者爱人
——以德服人的领导艺术

　　孟子在指出"民为贵,社稷次之,君为轻"之后,接着便提出了"以德服人",民众才能"心悦诚服"。以德服人是一门领导艺术,在现代企业管理中,施行人事管理最重要的一项就是要以德服人。所谓"君臣之道,恩义为报","君之视臣如手足,则臣视君如腹心;君之视臣如犬马,则臣视君如国人",你敬人一尺,人就敬你一丈。

以德服人,要德才兼备

【原文】 以力服人者,非心服也,力不赡也;以德服人者,中心悦而诚服也,如七十子之服孔子也。(《孟子·公孙丑》)

【大意】 用武力征服别人的,别人并不是真心服从他,只不过是力量不够罢了;用道德使人归服的,是心悦诚服,就像70个弟子归服孔子那样。

这里孟子论述了品德对治理国家的重要性,引申到我们现代管理中,也同样是适用的。在现代管理中,以德服人的领导艺术是非常重要的。

而人的品行、道行其实就是"德",生活中人们对自己仰慕的人最常说的就是德才兼备。

一个品行不端、德行糟糕的人不可能结交真正的朋友,获得长久的事业成功。这样的人很难有人能与之长期合作,因为这种人不是搞一锤子买卖,就是过河拆桥;他们甚至还可能因为某种利益的驱动,铤而走险,以致落入法网……

要走向成功,需要以德立身,这是一个成功者必须确立的内在标准,没有这个内在标准,人生之路就会失去支撑,失败将是必然的。同样,在为人处世中,要想在人际交往中畅通无阻,成为一个人人喜欢的人,以德立身也是必不可少的。

以德立身,还必须以自律为前提,一味讲"哥儿们义气"并不在以德立身之列。俗话说,"近朱者赤,近墨者黑",在社会上,缺德之友最终会成为自己成功路上的定时炸弹。例如,明知这笔贷款不合手续,但因为对方是朋友,所以大开绿灯;明知这个项目不能担保,因为受朋友的委托,所以还是办妥了。诸如此类经济犯罪案件多数发生在年轻人身上,他们重朋友、讲义气,交往中自以为彼此很了解底细,因此在合作中绝对信任对方，毫无防备，不能办的事也不好意思拒绝，这样做或许表面上让人喜欢，实际是害人害己。

以德立身贯穿于每个人的人生全部过程，是做人最根本的原则。在人生的不同阶段，道德对于人的要求虽有着不同的变化，每个人体验和经历的内容也不一样，但是，"以德立身"的人生支柱是不变的，它对每个人人生大厦起着支撑作用的定律是不变的。

一个人一旦在道德上出了问题就很容易为众人所唾弃，这在现代管理学中尤为明显，请看下面这个事例。

1999年3月，美国的《读者文摘》刊登了一篇文章，作者写道：

我应邀为一家银行诊断员工士气低沉的原因，年轻的银行总裁叹气说："我真不明白哪里出了问题。"他精明能干，由底层晋升至现在的高位，却发觉银行业务日渐衰落，他归咎于部属工作不力。"我使尽浑身解数激励员工，他们还是无法振奋。"

他说得对。银行里到处弥漫着互不信任的气氛。我与员工多次私下交谈之后，终于明白了真相。所有员工都知道，这个已婚的年轻总裁与一名女职员有婚外情。现在事情清楚了：银行业绩差劲是受总裁品德所累。他只顾偷欢，忽略了其行为的后果。

品德其实对每一个人来讲都极为重要。品德由种种原则和价值观组成，给你的生命赋予了方向、意义和内涵。品德构成你的良知，使你明白事理，而非只根据法律或行为守则去判断是非。因此，正直、诚实、勇敢、公正、慷慨等品德，在我们面临重要抉择之时便成了首要。

注重道德，以正其身，才能有资格赢得人们的喜欢，在灯红酒绿的现代生活里，很多人抵挡不住诱惑而丧失操守、道德沦丧，纷纷坠入堕落的深渊，我们一定不能掉以轻心。

你敬人一尺，人敬你一丈

【原文】敬人者，人恒敬之。(《孟子·离娄》)

【大意】只要你尊敬别人，别人也会尊敬你。

在企业的人事管理中要充分尊重你的员工。每个人都有长处和短处，懂得欣赏和尊重他们的长处、改正他们的短处，这是领导的艺术。

被人尊重和欣赏总是让人感到快乐的。尤其是员工受到上司的尊重和欣赏时会更加感动和高兴，所以管理者在调动员工积极性方面不要忽视了这一点。

每个人都渴望获得别人的尊重和欣赏，你的员工也不例外。学会尊重和欣赏你的员工，是企业走向"以人为本"的柔性管理的第一步。

当你的员工向你提出工作建议时，这个建议可能并不符合公司的现实情况，但他向你提出建议本身就应该得到尊重和欣赏。你应该尊重他的诚恳和责任心，同时也要欣赏他的勇气。员工所提的建议受到了尊重和欣赏时，这种正向激励作用会促使员工去提出更多有利于公司发展的建议。如果员工的责任心和勇气受到了打击，员工会倾向于被动地接受工作，毫无工作主动性可言，这种情况又如何让管理者更好地开展工作呢？

其实，在企业中类似的小事还有很多。如果管理者换个眼光，从尊重和欣赏的角度来观察员工的工作，你就会发现每位员工都有很多可圈可点的优点和特长。如果将这些优点和特长不断地加以放大，并且在团队内部不断地传播，这些优点和特长就会成为所有组织成员的共同财富。

尊重和欣赏员工是对员工进行的感情投资。所谓人本管理，实际上就是严格管理和感情投资的结合。比如马来西亚的富商郭鹤年，他的管理控制经验就是严格标准与感情投资的结合，努力做到以法服人，以情感人，把"家和万事兴"的家训推行到企业中去，在公司创造一种家庭式气氛，互相尊重。他认为，经营管理不能只靠制度，更重要的是靠人。只有上上下下有感情、合作得好，才能调动每个人的才能，发挥他们的最大潜能。

从某种意义上说，企业管理就是人际关系的总和。刚性的"哲商"制度管理和柔性的"和商"亲情管理各有所长，而历来重视人际关系的东方人常以赢得对方的尊重为追求的目标。如果经营者只重视现在的劳动力，而忽略他们未来的发展布局，那经营者永远都要寻找新的劳动者，最后的结果当然就是企业缺乏人才。

《中国青年报》社会调查中心曾经做过一个"青年人为什么想换工作"的社会调查，调查结果表明：青年人选择单位时最注重的不是收入、房子、福利，而是将自己能否在单位中得到充分发展放在首位来考虑。

在想调换工作的青年中，27%的青年是因为"得不到重用"；不想调换工作的青年则主要是因为"受重视，有发展机会"。可见他们很重视人格的尊严，他们需要确认自己在社会中的地位。也就是说，人们有可能宁愿放弃收入虽高但得不到重视的工作，而追求收入虽低却能得到信任、受到重视、获得施展自己才华的机会的工作。

员工总是希望管理者把他们当作个体来进行管理，承认并尊重他们个人的价值和尊严，使他们每个人都觉得自己在企业中或者说在领导的心目中并不是可有可无的；希望管理者能够关注他们个人的物质需要和精神需要，关心他们个人的处境和困难。如果每个个体都能体会到管理者浓浓的人情味，每个个体的能力甚至潜能都能得到充分的发挥，企业就会充满生机。

尊重和欣赏你的员工，可以从最简单的方法开始做起。不要吝惜你的赞美，如果你真诚地赞美每个员工，那么这就足以促使他们更加友好交往和努力工作。因为每一个人都希望得到称赞，希望得到别人的承认。在人们的日常生活中，你会惊奇地发现，小小的关心和尊重会使你的群众关系迥然不同。

真诚的关系可以换来忠诚

【原文】君子以仁存心，以礼存心。仁者爱人，有礼者敬人。爱人者，人恒爱之。(《孟子·离娄》)

【大意】君子内心所怀的念头是仁，是礼。仁爱的人爱别人，礼让的人尊敬别人。爱别人的人，别人也经常爱他。

"仁爱"思想是企业内部加强团结和增强凝聚力的基础。现代企业是什么？在美国人看来是"一堆资本"；在日本人看来是"一群人"，是"一个人的群体"。因此，日本人主张企业管理要"以人为本"，企业的发展要靠人的作用，靠人所发挥出来的协作精神。在我们的国家，职工是企业的主人。只有以仁爱之心对待别人，社会和企业才可能有一个和谐安宁的环境。企业的领导、企业家们要以仁爱之心去对待自己的下属和工人，同样工人也应该以仁爱之心去对待企业的领导与管理人员。只有这样，企业才能产生出内在的凝聚力。

"仁爱"思想也是一个企业成为一流企业的重要条件。韩国高丽大学校长洪一植先生在《经济学人》周刊上发表过的题为《21世纪韩国的企业和道德性》的文章中指出：道德性是优秀企业文化的绝对标准。立足于道德性树立企业文化，是成为世界一流企业的首要条件。因此说，树立企业道德是比开发尖端技术和改善企业体制更重要的事情。如果说财富和权力是幸福的表面，那道德性则是幸福的本质。文化生活的基础是道德，它决定生活的质量。道德不单是人类必须遵守的道德规范，道德还体现着真正生活的基础。现在，我们正体验着没有道德基础的物质丰富的严重的虚假现象。过分的个人主义，使上下之间、左右之间的隔阂日益加深。那么，如何树立企业的道德性呢？他认为，应该弘扬传统文化。只有创造性地继承和发扬民族文化中固有的道德性，才能真正成为世界一流的企业。

洪一道先生的这些思想，对于我们来说，具有启发性，值得深思。换言之，我们的企业要想成为世界一流的企业，就必须要弘扬我们民族文化中的道德性，其中基本的就是"仁爱"的思想。

"人心齐，泰山移"，全体员工的同心协力、一致努力是企业能获得最终成功的有力保证。而要做到这一点，管理者就要多关心人才的生活，对他们遇到的事业挫折、感情波折、病痛烦恼等"疑难病症"给予及时的"治疗"和疏导，建立起正常、良好、健康的人际关系、人我关系，从而赢得员工对公司的忠诚，增强员工对公司的归属感，使整个企业结成一个凝聚力很强的团体。

摩托罗拉总裁保罗·高尔文不仅本人勤奋工作，而且重视员工，一直对为他工作的员工十分关怀，以诚相待。他珍视并忠诚于和同事间的关系，许多极具才华的人也因此对他怀着深厚的感情，愿意追随于他的左右。

高尔文之所以能取得下属的依赖，最重要的原因之一就是他重视人的情感和尊严。他注重奖励那些有创造能力的人，并认同权威应属于勇敢地负起责任的人。他对人们的关怀扩展到他们的雇佣关系之外，当听到他的员工家人生病时，他就打电话探询："你真的找到最好的医生了？如果有问题，我可以向你推荐这里看这种病的最好医生。"由于他的努力，许多按常理不会到来的专家被请来了，而且在这些情况下医生的账单就直接交给了他。

他曾亲自干预员工的酗酒问题。他打电话把酗酒人召唤来，同他谈话，试图说服他接受适当的治疗，以摆脱酗酒的恶习。一次，当管理人员建议把一个不可救药的员工开除时，高尔文要求先和这个人谈谈。20年后，这位员工仍被雇用，而且成了管理人员。

高尔文对下属无微不至关怀的大量故事在摩托罗拉的工厂中流传。在一条生产线上作业的一个女孩，他父亲不是摩托罗拉的员工，身患癌症，在家养病。高尔文叫这个女孩回家照看他的父亲，并照发全部工资。他还从自己的腰包中拿出钱来，替一个员工的子女交纳大学的学费，为一个员工的妻子交纳分娩费。

这些慷慨解囊的行为不仅仅表现在员工遇到极度困难时。比尔·阿诺斯是一位20世纪30年代的采购人员,他回忆在大萧条的最恶劣阶段时,他因牙病而延缓了迫切要做的工作,因为他无力去做。

高尔文看他如此痛苦不堪,就让他去找医生。当手术做完后,费用是200美元,这是当时只有普通工资收入的人所不能支付的。阿诺斯从未见到账单,他每次向高尔文询问,得到直截了当的回答是:"我会让你知道的。"

几年后,当阿诺斯的生活改善了,他直率地告诉高尔文,他要偿还高尔文支付的那个账单。高尔文问他为何如此关心这件事,阿诺斯回答说,他还钱是为了使高尔文能帮助其他员工医好牙病。

高尔文乐于将自己的好运同别人共享。在经过头几年艰苦奋斗,企业终于开始有所发展后,高尔文告诉和他共同创业的人,他们在工资之外,应分到公司增加的财富。他要他们理解,他们在公司未来的岁月中会受到公平对待,就是说,送给他们每人一些股票。

他告诉自己的下属:"我不要你们跟我一辈子,只靠工资为生。我希望你们和你们的家庭在公司中也是股东,因此,一直到退休,你们都有奔头。"

摩托罗拉员工成立了许多组织,第一批组织中有几个于1938年成立。其中最重要的是"服务俱乐部",它把1928年和高尔文共同创业10年的老同事组织在一起。摩托罗拉服务俱乐部的第一次集会于1939年在高尔文的办公室举行,与会的有9个员工,3个是1928年进来的,6个是1929年来的,他们聆听了高尔文热情洋溢并表示感谢的贺词后,都非常激动,热泪盈眶,发誓他们不会让高尔文失望。

同美国重要企业的很多其他创办人相比较,高尔文在更大程度上以公司为生命。高尔文强烈地意识到他必须用他真诚的感情说服他的员工,使他们认识到:"一个公司只能在它的员工参与管理后,才能发挥效能;否则,它只能是死水一潭。"他排除种种障碍取得的成功是由他的员工对他表示的尊敬与爱戴来显示的,没有在那些艰难困苦与磨炼的创业年代里建立起来的这个忠诚的核心,摩托罗拉是不可能创造出后来的辉煌的。

诚信是管理者必备的素质

【原文】君子不亮，恶乎执？(《孟子·告子》)

【大意】君子不讲信用，怎么能够有操守？

作为一个管理者，更应该要言而有信，言出必行，行必有果。这样你才能在生意场上立足，才能获得别人的认同。

李嘉诚做人最讲诚信，他总是以一颗真诚的心对待别人，不怕别人亏待自己，就怕自己亏待别人。他常常爱说这样一句话："不怕没生意做，就怕做断生意。"李嘉诚对于诚信的追求已经近乎于执着，他反复告诫部下："你要让别人信服，就必须付出双倍使别人信服的努力。"为了赢得信赖，就得吃一些亏，不怕吃亏，就能够得到别人的信赖。他说："有时看似是一件很吃亏的事，往往会变成非常有利的事。"

在创业的第五年，李嘉诚准备装运一批塑胶玩具给外国客户，但对方在最后一刻因故突然要求取消订单。当时李嘉诚并没有向对方要求索赔，认为自己的货物不愁销路，所以，他很真诚地向对方表示，这次生意不成，以后还有机会继续做生意，可以建立友好的关系。这次事件过去不久，突然有个美国客户登门，订购了很多塑胶产品，原来该公司的一位高级职员认识以前突然取消订单的那位外国客户，是由他介绍前来找李嘉诚的，说李嘉诚的公司不仅很有规模，而且信誉特别良好。李嘉诚以自己的诚实做人，为自己带来了滚滚的财源。

如果说处于顺境时讲诚信还好理解的话，那么处于逆境之时，许多人就很难继续坚持其诚信了，正所谓"良心丧于困地"也。然而，李嘉诚的诚信却能一贯坚持。他在1998年接受香港电台采访时说道："在处于逆境的时候，你要自己问自己是否有足够的条件。当我自己处于逆境的时候，我认为我够！因为我有毅力……始终坚持以诚信待人，肯建立一个信誉。"

李嘉诚后来的经商经历也证实了这句话，每当事业出现挫折时，他都可以凭借自己良好的诚信，顺利渡过难关，扭转局势。

李嘉诚的成功人生，一路走来并非一帆风顺，而是荆棘满地，多有坎坷。李嘉诚认为化解困难的最佳手段就是要始终坚持信誉第一。用你的信誉让别人相信，你是可行的。

创业初期的李嘉诚年少气盛，急于求成，一味追求数量，而忽略了企业信誉的关键——质量。所以，创业不久，一帆风顺的李嘉诚遭到当头棒击，长江塑胶厂遭受重大挫折。

首先是一家客户宣布李嘉诚的塑胶制品质量粗劣，要求退货。紧接着多米诺骨牌效应出现，接二连三的客户纷纷拒收长江塑胶厂的产品，还要求长江塑胶厂赔偿损失！

仓库里堆满因质量欠佳和延误交货日期退回的玩具成品。索赔的客户纷至沓来。还有一些新客户上门考察生产规模和产品质量，见这情形扭头就走。

屋漏偏遭连夜雨。银行知悉长江塑胶厂陷入危机，立即派人催还贷款。全厂员工人人自危，士气低落。

黑云压城城欲摧。长江塑胶厂面临着遭银行清盘、遭客户封杀的生死存亡的严峻局势。

质量就是信誉，信誉是企业的生命。李嘉诚铸成如此大错，他深为自己盲目冒进而痛心疾首。但在母亲的开导下，李嘉诚痛定思痛，以坦诚面对现实，力挽狂澜。

李嘉诚的第一招是"负荆拜访"。首先要稳定内部军心，这是企业能否生存的前提条件。因此，李嘉诚向员工坦率地承认自己的经营错误，并保证绝不损害员工的利益，希望大家同舟共济，共渡难关。

李嘉诚一贯的言行赢得了员工们的信任，因此，员工的不安情绪基本得到稳定，士气不再那么低落。

后方巩固之后，李嘉诚就一一拜访银行、原料商、客户，向他们认错道歉，祈求原谅，并保证在放宽的期限内一定偿还欠款，对该赔偿的欠款，一定如数付账。

李嘉诚坦言工厂面临空前危机，随时都有倒闭的可能，恳切地向对方请教摆脱危机的对策。李嘉诚的诚实得到了业内大多数人的谅解。大家都是业务伙伴，长江塑胶厂倒闭，对他们同样不利。在李嘉诚的诚心感召下，银行、原料商和客户一致放宽期限，使李嘉诚赢得了收拾残局、重振雄风的宝贵时间。

李嘉诚的第二招是立即普查库满为患的积压产品，将其分门别类，淘汰劣质产品，选出优质产品，然后集中力量推销，使资金得以较快回笼，偿还了一部分债务，解了燃眉之急，缓了一口气。

李嘉诚的第三招是利用缓冲的喘息机会，对工人进行技术岗位培训，同时筹款添置先进的新设备，以保证质量。就这样，经过李嘉诚的努力，在银行、原料商和客户的谅解下，工厂终于一步一步地度过劫难。到1955年，长江塑胶厂出现转机，产销渐入佳境。被裁减的员工全部回厂上班，并且，李嘉诚还补发了他们离厂阶段的工薪，令他们感恩至深。

1955年的一天，李嘉诚召开全厂员工大会。他宣布："我们厂已基本还清各家的债款。这表明，长江塑胶厂已走出危机了。"听到这里，员工们欢声雷动。

然后，李嘉诚噙着热泪向全厂员工深深地三鞠躬，感谢大家在长江厂最困难的时候同心协力。之后，李嘉诚亲手给全厂每一个员工分发红包。

灾劫和磨难可以使某些人一蹶不振，甚至将其彻底摧毁；而另外一种人却从中汲取动力，使之成为向上攀登的台阶。就如一块好钢，越淬火，越坚硬。李嘉诚无疑属于后者。

经过这次挫折和磨难，李嘉诚更成熟了。正是这次反向的动力，李嘉诚由一个余勇可贾、稳重不足的小企业主迅速变为一个成熟的商人。后来，李嘉诚甚至说道："我有今天的成就，是因为有那一次的挫折作为基础。"

这次磨难后，李嘉诚就为自己立下了做人与做生意的座右铭，并且成为一生的行动准则，这就是："讲信用是做人、做事的根本，即使在最困难的时候也不能放弃。"

商场如战场，有时候自然少不了短兵相接。当李嘉诚身处逆境时，一些同行厂家企图趁机搞垮长江塑胶厂。"信"在李嘉诚的事业中再一次发挥了重要的作用。

原来，一些同行雇用一些人到长江塑胶厂拍照，企图用揭短的反面宣传使长江厂信誉扫地。

果然，他们的照片在报章上发表，镜头中是长江厂那破旧不堪的厂房。

李嘉诚自然知道这种反面宣传会使长江厂再度濒临绝境，于是，他决定用诚心去打动客户，充分利用这种负面宣传来反败取胜。

李嘉诚拿着这份报纸，背上自己的产品，走访了香港上百家代销商。

李嘉诚很坦诚地对他们说："不错，我们尚在创业阶段，厂房比较破旧。但请看看我们的产品，我相信质量可以证明一切。我欢迎你们到我们厂实地考察，满意了，再向我们订购。"

代销商们被李嘉诚的诚恳以及他的优质产品所打动，同时敬重李嘉诚有这样灵敏的商业头脑，果然去到长江厂参观订货。

精明的李嘉诚适时借助了这场恶意宣传带来的反作用力，为长江厂做了一次相当实惠的广告宣传。长江厂的订单越来越多。

讲信用是一个企业管理者的立身之本，只有言出必行的行为才能赢得大家的尊重。

兼听不同的意见

【原文】左右皆曰贤，未可也；诸大夫皆曰贤，未可也；国人皆曰贤，然后察之。(《孟子·梁惠王》)

【大意】左右亲信都说某人好，不可轻信；众位大夫都说某人好，还是不可轻信；全国人都说某人好，就要考察他。

孟子在这指出两点：第一点当权者要听取别人的意见，不要刚愎自用，一意孤行；第二点当权者应该广泛听取意见，所谓兼听则明，偏听则暗。作为管理者更要懂得此理。

不少领导者都有一意孤行的癖好，除了自己的意见外，根本就听不进别人任何有益的进言。而当别人有意见的时候，他们也常常命令别人保持沉默。在组织的环境里发生质疑的时候，出面发出质疑的人就很有可能会被贴上"不忠"的标签，甚至被视为是制造麻烦的人。到底什么才是判断和应对反对或不同意见的最佳方式？应当鼓励勇于发表不同意见甚至是反对意见的人，并注意倾听。

战国时期，一位君王曾下过一道求谏旨令："群臣和百姓能当面指责寡人之过的，受上赏；上书规劝寡人的，受中赏；能在公共场合议论寡人的过失而被我听到的，受下赏。"这道旨令一下，收到了极好的效果。一年之后，人们想再进直言，已无话可说了。而这个国家在很长一段时间内，国泰民安，社会稳定。

自古以来，一意孤行、刚愎自用的领导人必定要垮台。这是历史经验的总结。

读过《三国演义》的读者都知道关羽"大意失荆州"的故事。其实，关羽并不是疏忽大意而丢了荆州，荆州是丢在他不能兼听不同意见的弱点上。关羽守卫荆州时，东吴吕蒙做了大都督，吕蒙早就有抢回被刘备骗去的荆州的打算，但他心知强攻硬取只会使自己吃亏，于是想办法从关羽的弱点上开刀。正巧，关羽没有亲自驻守荆州，而在外面带兵攻打樊城，吕蒙一见机会难得，便表面上主动与关羽搞好关系，暗中却用计蒙蔽关羽。他诈称有病，让东吴书生陆逊代替自己都督的职位。陆逊刚上任，就以友好的言辞写了一封信，并备了厚礼，遣使拜见关羽。关羽听说后，警惕性一下子放松下来，他还嘲笑孙权说："孙权见识短浅，竟用孺子为将！"他丝毫没把陆逊放在眼里，认为陆逊奈何荆州不得，反而把荆州守兵抽出攻打樊城。关羽的副将司马王甫、赵累却不这么看，他们认为东吴必有阴谋，苦劝关羽不要轻易撤走荆州守兵。而关羽对东吴近日一系列的行动与迹象没有认真分析研究，只是知其然而不知其所以然，狂妄地认为东吴胆怯，放心大胆地撤走了荆州守兵。但后来事实是，东吴军队渡江夺取了荆州城。

直到此时，关羽对荆州已失守的消息仍不相信，当军中有人私下传言荆州失守时，他听后愤怒地制止道："此是敌方讹言，以乱我军心！东吴吕蒙病危，孺子陆逊代都督之职，不足为虑！"这是何等的目空一切。后来探马报知实情后，才相信荆州真的丢失了。关羽这才大惊失色，不得已投奔荆州属地公安，岂知公安也已被吕蒙夺取了。在这进退无路之际，关羽似乎才有一丝觉醒，他对身边的司马王甫深深叹道："悔不听足下之言，今日果有此事！"

如果说，荆州是关羽大意才丢失的还说得过去，那么，关羽败走麦城则是不听建议所致。当困守麦城，内无粮草、外无援兵之际，关羽决定抛弃麦城，突围去西川。可是去西川如何取道，他又拒绝了王甫的正确建议。去西川本有两条路可走，一条是大路，一条是偏僻小路，关羽打算从小路去西川。王甫听后唯恐吴魏在小路设下埋伏，连忙建议部队取道大路。这时，关羽又犯下了一意孤行的老毛病，他不肯听王甫的话，还自信地扬言："纵有埋伏，有何惧哉！"固执地要走小路。王甫料定关羽此去凶多吉少，纵百般劝阻仍无济于事，结果呢？父子双双遭擒身死。一代英雄豪杰因不能兼听不同的意见而酿成重大的历史悲剧。

一千张羊皮，不如一张狐狸腋窝皮珍贵；千百人俯首顺从，不如一人诤言争辩对事有益。作为一个领导，应该具有从谏如流的雅量，能够听取不同意见，并鼓励下属敢于讲不同意见。正所谓"君子和而不同，小人同而不和"，领导者能经常听取下属不同意见，于己于人都有好处。

　　唐太宗问魏徵："历史上的国君，为什么有的明智，有的昏庸？"魏征回答说："兼听则明，偏信则暗。"接着，他列举历史上的人与事说："秦二世只听赵高的，隋炀帝偏信虞世基，结果耳目闭塞，导致国家灭亡。国君如果能多听各方面的意见，采纳下面的正确主张，下情上达，就会明智；如果只听单方面的话，就会被蒙蔽，就昏庸。"太宗听了魏征的话，连连点头称好："明主思短而益善，暗主护短而永愚。"

第四章　仁者爱人——以德服人的领导艺术

不要吝啬赞美

【原文】曰:"无伤也,是乃仁术也,见牛未见羊也。"

【大意】孟子说:"没关系,这就是仁爱了,因为王只看见牛而没看见羊。"

齐宣王有一次看到一头牛要被宰杀祭钟,心有不忍,就用羊替代了牛,孟子认为他虽没有使牛羊都摆脱被宰杀的命运,但也可以称"仁爱",所以并不吝啬赞美他。

在我们分析孟子仁政管理思想时,可以发现,孟子的仁政管理思想是建立在性善论的基础之上的。以德服人的领导艺术也是同理。作为领导者,只有以德服人,才能让下属忠诚企业。

所以孟子以为要隐恶扬善,从正面来看激励员工,要求管理者不要吝啬赞美。

有一个富翁特别喜欢吃烤鸭,于是用重金聘请了一位烤鸭大厨师,每天专门为他烤一只鸭。大厨师名副其实,每天烤出的鸭皮脆肉松,香喷可口。但富翁为人刻薄,即使天天吃到美味的烤鸭,也从不肯说一句赞美的话。终于有一段时间,厨师烤出来的鸭都只有一条腿,富翁觉得奇怪,但碍于身份不好过问。一星期后情况还是这样,富翁实在忍不下去,他问厨师烤的鸭子为什么只有一条腿?另外一条腿上哪儿去啦?厨师回答道:"哎呀!您不知道?这些鸭子都只有一条腿,不信我带您去看看!"

富翁当然不相信厨师说的是真的,便随着厨师到后院去看。这时,因天气太炎热,鸭子们都缩着一条腿站在树下休息。厨师说:"您看,鸭子都只有一条腿呀!"富翁仍不信,当即拍了几下手掌,掌声惊动了鸭群,它们伸出另一条腿纷纷逃离开了。富翁说:"你看,鸭子不是都有两条腿吗?"厨师回答说:"是的!如果您提前鼓掌的话,那鸭子老早就是两条腿了。"

人人都渴望掌声与赞美,哪怕只有一句简单的赞语,都会给人带来无比的温馨和振奋。有位企业家说:"人都是活在掌声中的,当部属被上司肯定、受到奖赏时,他才会更加卖力地工作。"戴尔·卡耐基也曾说过:"当我们想改变别人时,为什么不用赞美来代替责备呢?纵然部属只有一点点进步,我们也应该赞美他。因为,那才能激励别人不断地改进自己。"

尽量少批评,赞美可以多一点。

如果你希望领导效益降低,不妨在大庭广众之下指出某个人的错误。你会使这个人感到困窘,以后他不但不愿跟随你,可能一辈子都不会原谅你。假如在场的人有支持他的,你的敌人就更多了。因此,绝对不要轻易尝试。有位研究领导学颇有造诣的学者提出这样的建议。

赞美是合乎人性的领导法则,适当得体的赞美,会使人感到开心、快乐。这时候,你会听到这样的心声:"他很清楚赞美我的表现,我就知道他是真挚地在关心我,尊重我,并且很熟悉我的工作内容。"同时,你会得到意想不到的回报,那就是当人们感到自己的表现受到肯定和重视时,他们会以感恩之心表现得越来越出色,越来越精彩。

一有机会就赞美你的下属,永远不要嫌多。赞美你的下属,用真诚的微笑来示意和表达。微笑的力量,无坚不摧,微笑是最好的领导。当然,最直接的方式还是用语言表达来赞美别人。

当杰克·韦尔奇担任一个有前途的工作小组的主管时,他在办公室里安装了一部专用电话,所有直隶的采购人员都可通过这部电话直接和他通话。任何一个采购人员如果能使卖主降低价格,就可以打电话给韦尔奇。不论韦尔奇当时是在谈一笔百万的生意或是在和秘书交谈,他一定会立刻放下一切,亲自接电话:"好消息,你使每吨钢铁的价格降低了5分钱。"一说完,他就会若有其事地坐下来写一封贺信给那位采购员。这整个的赞美过程看上去很随意,然而韦尔奇却凭借着这种象征性的行动,使自己及属下成为了英雄。

有7个方法可以提高赞美的能力:赞美前,培养关爱欣赏部属的心态,这是令你产生赞美意愿的唯一方法;赞美要找出值得赞美的事情;赞美要真诚；赞美时配合你关爱的眼神和肢体语言；一发现员工的优点，就立即赞美他，为他打气；让员工知道你感到自豪高兴的心情；当然，赞美要讲究你的语言表达技巧。

工作成绩被肯定，是人的价值得到了最期望的肯定，当他们得到赞赏和鼓励后，会本能地焕发出更多的光和热。为什么我们不能学得慷慨一些呢？试着去寻找部属身上值得你赞赏和称颂的东西，并且真诚地告诉他。一开始也许不容易，但不久就会习惯的。

用倾听架起沟通的桥梁

【原文】左右皆曰不可,勿听;诸大夫皆曰不可,勿听;国人皆曰不可,然后察之。(《孟子·梁惠王》)

【大意】左右亲信都说(某人)不好,不要听;众位大夫都说不好,还是不可轻信;全国人民都说不好,那就要考察他。

这是孟子在向梁惠王介绍施行仁政时,要慎重举荐人才,认为要任人唯贤,唯才是举,可以"卑逾尊"。这本是说人才的使用的重要性,但其中对人才的考察,孟子指出要多听听下面的意见,听听他们怎么说。从这我们也可以看出孟子对管理者要求谦虚听取意见,多与下面沟通。而沟通的最佳技巧就是领导者要倾听,用倾听架起沟通的桥梁。

孟子在这里充分强调了倾听的作用,要求君王多与国人沟通,不可亲信一两个人的片面之言。在管理当中,管理者更应该多倾听,多与员工沟通,才能达到最佳管理效果。

倾听原不是复杂的事情,但不少管理者不愿意倾听,而且特别不愿倾听下属的意见。实际上,管理问题在很大程度上就是沟通问题,80%的管理问题实际上就是由于沟通不畅所致。而我们又不得不承认倾听是解决这一问题的最简单最有效的方法。

倾听,并不一定代表你对对方谈话的认同,它仅表示对对方的尊重。每个人都有表达自己想法的权利。每个管理者都希望自己的讲话能够被下属认真地倾听。同样,每位下属也希望自己的声音能够被自己的上级倾听。

倾听与"听见"不同,它反映了管理者对下属的态度。如果某个管理者认为自己听见了就是在倾听,这是错误的,因为倾听用的不仅仅是耳朵,更要去用心。

1. 弄明白下属的真正意图

管理者在倾听时首先要弄明白的是下属的真正意图，他到底想说些什么，是对公司的建议，对某人的意见，还是对待遇的不满。

由于每个人的性格不同，不同的员工在表达自己的观点时采取的方式也不尽相同。比如，性格较内向的下属，在表述一些敏感的问题时可能会更加隐晦。这需要管理者在平时多与下属接触，多了解下属的动态，这样对正确理解下属的意图很有帮助。

2. 站在对方的立场去倾听

下属在阐述自己的想法时，可能会有一些看法与公司的利益或管理者的观点相违背。这时不要急于与下属争论，而应该认真地分析他的这些看法是如何得来的，是不是其他下属也有类似的看法。为了更好地了解这些情况，管理者不妨设身处地地站在下属的角度，为下属着想，这样做可能会发现一些自己以前没有注意到的问题。

3. 发表意见要谨慎

在倾听结束之前，不要轻易发表自己的意见。由于你可能还没有完全理解下属的话，这种情况下妄下结论势必会影响下属的情绪，甚至会对你产生抱怨。管理者在发表自己的意见时，要非常谨慎，特别是在涉及一些敏感的事件时，尤其要保持冷静，埋怨和牢骚绝不能出自管理者之口。

对员工而言，你的言论代表着公司的观点，所以你必须对你说出的每一句话负责。

4. 做记录以示重视

在倾听员工的讲述时，最好做一些记录，一方面表明你对谈话的重视，另一方面也可以记录一些重要的问题，以备遗忘。管理者对自己作出的承诺也应加以记录。作出的承诺，要及时兑现，如果暂时无法兑现，要向员工讲明无法兑现的原因以及替代的措施。

倾听只需要你给员工也给自己一点时间，让他们尽情地去说，你认真地听，然后诸多管理的问题就不再成其问题了。优秀的管理者会用倾听架起与员工沟通的桥梁，让管理走向简单化。

斥骂能激励员工知耻而后勇

【原文】人不可以无耻，无耻之耻，无耻矣。(《孟子·尽心》)

【大意】人不可以不知羞耻。不知羞耻的羞耻，是真正的耻辱啊！

孟子提倡人性善，认为"人皆有不忍之心""有恻隐之心""善恶之心""恭敬之心""是非之心"，也有羞耻之心。孟子的这些观点都是从正面来论述的。其实在管理中，我们也可以从反面来思考问题。

虽然称赞的话谁都爱听，一般人都喜欢用称赞来激励别人。然而，斥骂也是一种简单有效的激励，尤其在关键时刻往往更能激起人的自尊心和好胜心，"知耻而后勇"，完成一些极为艰巨的任务。

美国食品大王鲍洛奇坚信这样一种观点：要想管理一个企业，就必须完全摒弃个人的感情因素，只能根据客观效果评价员工的工作成绩。工作成绩好，无论出力与否，他都加以表彰；工作成绩欠佳，再努力也免不了挨一顿批评。

有一次，鲍洛奇准备建一座新的加工厂，有人向他介绍了一个地方，还特意为他提供了那儿的一些关系。鲍洛奇派了一名很善于交际的手下去对新厂址进行考查，并把这份公关名单交给了他，让他与这些人搞好关系，多倾听他们的意见。

过了一段时间，鲍洛奇前去视察工作。他发现，那位负责人与当地名流关系非常融洽，大家都表示愿意为鲍洛奇的新厂提供帮助。然而，这位善于交际的负责人却忽略了新厂的用水问题。他既没了解工厂用水的费用，也没有搞清楚他们自行钻井取水的相关权利问题。在返程的飞机上，鲍洛奇对那位负责人表达了他的不满。

"可我对其他的问题都处理得非常妥善，不是吗？"那位负责人很不服气。

"假如你是这架飞机的驾驶员,"鲍洛奇一脸严肃地说,"机上有这么多顾客,却因为没有排除飞机上的一个隐患问题,最后你会把大家都扔到海里去喂鱼。"他说完便转身离开了,留下那位负责人一个人在那里发呆。

飞机降落之后,那位负责人立即搭乘返程的飞机回去,彻底解决了用水的隐患。

还有一次,鲍洛奇鉴于产品需求越来越大,决定兴建一座新的加工厂。他派了一批得力干将负责新厂的建设。他本人只是在预定开工日期前三个星期,才乘飞机前去查看工作的进展情况。

飞机飞到那里,已是晚上九点多钟了,鲍洛奇径直乘车前往新厂房视察。到达厂址时他发现,厂房里还没有装好电灯,只在厂地中间临时装了一个电灯泡照明。昏黄的灯光下,四周乱七八糟堆放的东西显得一片狼藉。

鲍洛奇回过头去看了看他的工作人员,在暗淡的灯光下,他的爱将们满脸疲倦,强打精神挤出一种极不自然的笑。

鲍洛奇默默地看着这些手下,从他们的脸色中不难看出工作很艰辛。然而,他知道,新厂如果不能如期开工,将会使整个公司陷入一片混乱。

"我看了这里的情形,简直糟透了!别说三星期,三个月之内能够开工就不错了。看看你们,一个个垂头丧气的,这是做工作的样子吗?"

说完这一番话,鲍洛奇拂袖而去,丝毫不管爱将们的满腹委屈。当工厂按时开工时,一位手下告诉鲍洛奇:"您的不通情理激怒了我们,我们决心让你知道我们的厉害。不过,工厂能如期开工,真要多亏您对我们的刺激,它激发了大家的好胜心,使我们创造了奇迹。"听了这些话,鲍洛奇露出了得意的笑容。

鲍洛奇这种不近人情的管理方式,许多人表示不理解,甚至有的人因此给他冠上了"暴君"的称呼。鲍洛奇却仍旧是我行我素。他认为自己的这种管理方式恰恰是考虑到了员工们最根本的要求。

每个到公司来工作的人,都希望能够有机会发挥自己的本领,希望能够拿到更高的薪水。因此,如果对每个人的疏忽都听之任之,就会造成赏罚不明:优秀的员工得不到应有的荣誉,善于找借口的人反而会得意洋洋,长此以往,员工的创造性和进取心将会受挫。这是鲍洛奇所绝对不能容忍的，而真正具有事业心的员工也会对此失望。

也许鲍洛奇是对的。他的斥骂管理术虽然不近人情，但却给公司带来了效率，也在企业内部形成了一种直率、公平的风气。水涨船高，公司也因此得到了大发展。

其实，人是一种非常奇妙的感情动物，他似乎有无穷的潜力，但经常又很容易陷入情感的旋涡中不能自拔。一句热情的鼓励会令人信心百倍，可强硬的命令却会使人产生不满。对此，如能采用激励式的管理方法，往往能收到意想不到的效果。

每个人对自己都有着很高的期望值。他们认为自己拥有别人所没有的某项特长，同时也希望别人能够承认这一点。当一个人自我感觉良好的时候，他会变得很坚强，很有干劲，他会想方设法来表现自己，这时往往会收到"百尺竿头，更进一步"的效果。相反，当一个人所联想到的不是成功的喜悦而是失败的懊丧时，他就可能垂头丧气，心灰意冷。聪明的经理从不会运用制度的强制力来达到目的，他们总是尽可能从感情上激发部属的信心，通过员工对自己自觉的管理代替制度的约束。

谦虚求教

【原文】 公都子曰:"滕更之在门也,若在所礼,而不答,何也?"

孟子曰:"挟贵而问,挟贤而问,挟长而问,挟有勋劳而问,挟故而问,皆所不答也。滕更有二焉。"(《孟子·尽心》)

【大意】 公都子说:"滕更在您门下学习,似乎应该在以礼相待之列,可是您却不回答他的问题,为什么呢?"

孟子说:"倚仗着自己的权势来发问,倚仗着自己贤能来发问,倚仗着自己年长来发问,倚仗着自己有功劳来发问,倚仗着自己是老交情来发问,都是我所不回答的。滕更有这五种情形中的两种。"

这似乎是公都子为滕更向孟子求情的一番话,孟子却直接指出了滕更的毛病。人应该皆有份谦虚之心,而不要自以为是。在老师的门下固然应该如此,向其他人请教又何尝不应该如此呢?

美国历届总统中,最肯虚心求教于人的,莫过于老罗斯福了。他对于他所信任的人,总是放胆信托。他每遇到一件要事,常常召集与那事有关的人员开会,详细商议。有时为使自己获得更多的参考,甚至发电报至几千里外,请他所要请教的人前来商议。

而美国早期政界名人路易斯·乔治,治理政务也以精明周密而声名远播,但是他对于自己的学问还是常感怀疑。每当他做好了财政预算送交议会审核之前,几乎每天都和几位财政专家聚首商议;即使一些极细微的地方,也不肯放弃求教的机会。他的成功秘诀,可以一言以蔽之,就是"多多求教于人"。

有人说,美国钢铁公司的总经理贾里最爱听人对他发表意见,尤其是指责他的过失。他常常征求公司职员的意见,任何人对他说话时,他无不洗耳恭听。

古今中外的伟人中，善于使用"求教于人"成功秘诀的，真是多得不胜枚举，我们简直可以说，通常身为领袖的人物，大多有着这种虚心求教的习惯。

我们更可以说，一个人能获得外人助力的大小，可以决定他的伟大程度。一个聪明、有所作为的大人物，最能利用种种方法使人自动向他提供意见，并且善于审查这些意见，从中吸取有益于自己的加以利用。反之，那些庸碌无能的人，往往不懂得征询他人意见的方法，即使获取了人家的意见，也不能加以正确地选择和适当地利用。

也许你常常把自己能独断独行当作一桩可骄傲的事，而把听取他人的意见当作是可耻的事情，其实这是一个莫大的谬见。当人家拿许多意见来供你参考时，正是你可以利用来把事情做得更加完美无缺的机会。如果你错过了这种机会，蒙受最大损失的，不是别人，而是你自己。

在第一次世界大战时，鲁宾逊上校正在前线督战，属下有两个违反军纪的军人，逃到德军前线去了。鲁宾逊立刻命令他队伍中的一个上尉，带领一支兵马，前去将犯人捕回。但这个上尉是个有勇无谋的人，事先既不周密计划，也不征询别人的意见，单单仗着那股愚勇，草率地前去血战，结果吃了一场败仗，全军覆没。

在失败的消息传来后，鲁宾逊只好再命令另一位上尉，率领另一支兵马前去。这个上尉先去找一位法国军官，把自己将要实施的计划告诉了他，并征询他的意见。那位法国军官当然乐于指教，便根据自己的经验，告诉他一个最稳当的方法。他用这方法去做，果然将犯人安然捕回。

同是两个勇敢的上尉，只因前者喜欢独断独行，以致功业无成反而遭受杀身之祸；而后者由于肯向人虚心求教，不但保障了自己的生命，还圆满地完成了任务。所以我们说：求教于人不但不是一种可耻的行为，反而更显示一个人有思想、肯进取、有机智。试想，你独断独行，即使侥幸成功，又有什么值得格外自傲的呢？

也许你常常看见有些资格老到的人，能够独断独行而百无一失，便觉得万分羡慕。其实你还是只知其一不知其二，那些人能够独断独行而百无一失，正是由于他们在平日肯多多吸收学识，累积多年经验的结果。他们的作为绝非那些学浅识陋、专以自炫"聪明"而独断独行的年轻人所可比拟的。

当柯金斯担任美国福特汽车公司总经理时,有一天晚上,公司里有事要发通告信给所有的营业处,因为十分紧急,所以这天晚上公司里的职工全体动员协助,连总经理柯金斯先生也一同紧张地工作。当时柯金斯命令一个做书记的下属帮忙套信封时,那个年轻职员认为做这种事情有碍他的身份,便争辩说:"我不愿意干!我到公司里来,不是来做套信封的工作的。"

柯金斯听了这话当然怒上心头,但他仍若无其事地说:"好吧,既然做这件事对你是种侮辱,那么就请你另谋高就吧!"

于是那个青年一怒而出,跑了许多地方,换了好几种工作,最后他还是鼓起勇气重新回到福特公司来工作。他与柯金斯先生见了面,很诚恳地说:"我在外面经历了许多事情,经历得愈多,愈觉得我那天的行为错了。因此,现在我仍想回到这里工作,不知你还肯任用我吗?"

"当然可以。"柯金斯说,"因为现在你已完全改变了。"

柯金斯先生提供给那青年的意见并没有错。如果那个青年当初接受他的意见,又何必到外面去兜那样一个大圈子呢?

后来,柯金斯先生述及此事时说:"那个青年开始尊重别人的意见,不再独断独行,现在他已成了一个很有名的大富翁。"

其实,世上再没有比听取别人的意见更容易做到的事了,但一般经验不足的人,大多不愿那样去做,难怪他们会到处碰钉子呢。

如果你希望做事少碰钉子、失误少,最聪明的办法就是多多参考别人的意见。有许多意见,常常是人家付出了极大的代价换得的经验之谈,它既然肯让你不费吹灰之力地去利用,你又何乐而不为呢?

优秀的管理者要站得高、看得远

【原文】孔子登东山而小鲁,登泰山而小天下,故观于海者难为水,游于圣人之门者难为言。观水有术,必观其澜。日月有明,容光必照焉。流水之为物也,不盈科不行;君子之志于道也,不成章不达。(《孟子·尽心》)

【大意】孔子登上东山,就觉得鲁国变小了;登上泰山,就觉得整个天下都变小了。所以,观看过大海的人,便难以被其他水所吸引了;在圣人门下学习过的人,便难以被其他言论所吸引了。观看水有一定的方法,一定要观看它壮阔的波澜。太阳月亮有光辉,不放过每条小缝隙。流水有规律,不把坑坑洼洼填满不向前流;君子立志于道,不到一定的程度不能通达。

一只蜘蛛带着它庞大的家族寻找新家,它很想找一个安全的地方栖身,就带着它的几个孩子寻找,它们拼命地寻找,找了好多地方都没有找到。两天后,它的大儿子对它说找到一个非常安全的新居所。它就跟着大儿子来到新居所,发现大儿子说的安全居所是一个门的锁眼,里面又黑又窄,一般人不容易发现。它看后非常高兴,认为锁眼比任何地方都保险。回去后,它对全家人说:"这新居所正是我们理想的庇护所!"

听了它的话,二儿子说:"那边,在屋梁上,我们那个地方,极其隐蔽,任何人都不会发现的,可以织网捉苍蝇。"

"这边,我们可以张开另一张网捕虫子。"三儿子望着楼梯说。

这些建议蜘蛛都拒绝了,认为哪里都没有锁眼这里安全,就带着家人住到里面去了。

住了才半天,它们听到响动,好像有人来了。来人是这间房子的主人。钥匙叮叮当当地响了一阵后,对准了锁眼,把蜘蛛和它的家族顶得死的死,逃的逃。

蜘蛛虽然处心积虑,但是由于目光太短浅,最后钻进锁眼中被人类开门顶死了,真是可悲可叹。

企业管理中,也有许多企业领导由于目光太短浅而使企业走向灭亡。

所以,作为企业的领导一定要具有长远的目光,才能把企业壮大而不至于走向衰退局面。企业管理者只有具备长远目光,才能采取人才的建议。

韦尔奇执掌通用电气之后,敏锐地发现,企业的环境正在改变:通用电气的竞争对手日益非美国化,通用电气有许多重大机会发展海外市场。

20世纪80年代初,大多数商人眼光仅限于本国,还没有全球化经营的观念。事实上,经济发展处于领导地位的美国,大多数公司首脑对全球化市场深感困惑。多年来,他们的经营是以美国市场为中心——因而他们认为没必要去改变这种状况。

韦尔奇确实是商界奇才,他以敏锐的眼光发现改变势在必行,否则通用电气就会坐失良机。韦尔奇将全球化视作通用电气面临的巨大机遇,并毫不犹豫立即采取行动,以适应日益明朗的全球化经济。

1987年,韦尔奇的全球化革命开始了。这年6月,韦尔奇遇见法国最大的家电公司汤姆森的总裁阿兰·戈梅斯。在半个小时的会谈后,两位心有灵犀的总裁达成一项符合韦尔奇策略思想演进的交易。虽然这项交易的规模比以后购买美国无线电公司的交易小很多,但它却标志着通用电气已开始实行重大的策略改变。

通用电气同意将每年30亿营业额的消费性电子部门和汤姆森公司的医疗显影单位交换。通用电气是美国电视机和录放像机的第一大厂商,而汤姆森每年在欧洲市场的X光机及其他医疗诊断器材的销售额约为7.5亿美元。此外,汤姆森需付8亿美元给通用。

这是韦尔奇职业生涯中最成功的交易。通用电气以账面价值出售经营困难的电视机企业:尽管它拥有美国25%的市场,在世界排名第四,但是经营无利可图。韦尔奇指出:"第三流的球员没有上场的机会,在电视机方面,我们已经是强弩之末;我们有过美好的时机,但是突然之间,电视机企业需要支出4亿美元的成本。"

汤姆森公司当时也在赔钱，但是它拥有欧洲医疗显影设备市场10%的占有率，通用电气医疗设备系统的负责人认为，这是确保长期繁荣必须支付的代价，通用电气在美国医疗显影市场的领导地位正受到西门子和东芝的威胁。

全世界有一半左右的CAT扫描器、X光机和其他诊断设备在美国以外销售。通用电气的医疗设备系统（GEMS）在海外市场销售只占总营业额的10%。这个以密尔沃基为基地的事业只有一个主要的海外分支机构，即通用电气拥有75%股权的合资企业横川电器制作厂。它原先是通用电气在日本的经销商。这个合资企业——横川医疗设备系统——或称为YMS，结合GEMS的技术和日本小型化的专长，专门制造中价位的CAT扫描器。即使有YMS的合资企业，GMES的主管认为："我们还有重大的不平衡，显然我们必须走向全球化。"

在和汤姆森的交易中，韦尔奇一次解决两个问题：在结束一项从未达到韦尔奇标准的企业的同时，也巩固了GEMS，它使通用电气的现金收入增加到27亿美元。

然而，报界认为这一次交易通用电气严重违拗美国民意，韦尔奇则认为创造工作的最好方式就是打击竞争者，这是数一数二原则的重点所在。

在20世纪80年代中期，通用电气就是根据这个最基本的策略信条，放弃了本国的经营环境。早先，通用电气还以它在美国市场的地位衡量旗下企业的竞争优势。到1987年，韦尔奇宣布："对我们而言，数一数二的原则必须应用在世界市场的地位上。"企业之间在国际市场上的弱肉强食，使韦尔奇相信，本国市场上的领导地位不再是成功的保证。

韦尔奇认为，在20世纪90年代，全球化是理所当然的事。企业成功的规则只有一个：国际市场的占有率。在某一个国家之内成功，还不足以保证企业能够存活。获胜的公司——那些能够掌握命运的公司——全靠开发全球市场获胜。

把眼光瞄向全球，这就是韦尔奇高瞻远瞩之处。

第五章　尊贤使能
——孟子的用人之道

　　人才是公司的核心，把人才用在最能发挥他特长的地方，就是对人才最好的发掘和激励，必使他能够最大限度地为公司服务。

　　孟子在两千多年前就提出了人才的重要性，他认为"贵德而尊士，贤者在位，能者在职"是实行仁政的重要措施之一。他又说："国君进贤，如不得已，将使卑逾尊，疏逾戚。"孟子举贤的下限是"士"。士和庶人尽管都可以说是"民"，但他们的社会地位是不同的。前者属于统治阶级的一层，庶人是被统治阶级的一层。但是孟子毕竟主张向民众中的一部分人开放政权，这显然是对"亲亲"制度的一个改革。

人才管理是企业管理活动的重中之重

【原文】尊德乐道，不如是，不足与有为也。故汤之于伊尹，学焉而后臣之，故不劳而王；桓公之于管仲，学焉而后臣之，故不劳而霸。(《孟子·公孙丑》)

【大意】君王要做到尊重德行喜爱仁道，不这样就不能够做到大有作为。因此商汤对伊尹，先向伊尹学习，然后才以他为臣，于是不费力气就统一了天下；桓公对于管仲，也是先向他学习，然后才以他为臣，于是不费力气就称霸于诸侯。

孟子充分强调了人才的重要性。"人"是特殊资源，领导者必须要充分利用，才有利于发展。

《战国策·燕策一》记载：燕国国君燕昭王（公元前335—前279年）一心想招揽人才，而更多的人认为燕昭王仅仅是叶公好龙，不是真的求贤若渴。于是，燕昭王始终寻觅不到治国安邦的英才，整天闷闷不乐。

后来有个智者郭隗给燕昭王讲述了一个故事，大意是：有一国君愿意出千两黄金去购买千里马，然而时间过去了三年，始终没有买到，又过去了三个月，好不容易发现了一匹千里马，当国君派手下带着大量黄金去购买千里马的时候，马已经死了。可被派出去买马的人却用500两黄金买回来一匹死了的千里马。国君生气地说："我要的是活马，你怎么花这么多钱弄一匹死马来呢？"

国君的手下说："你舍得花500两黄金买死马，更何况活马呢？我们这一举动必然会引来天下人为你提供活马。"果然，没过几天，就有人送来了三匹千里马。

郭隗又说："你要招揽人才，首先要从招纳我郭隗开始，像我郭隗这种才疏学浅的人都能被国君采用，那些比我本事更强的人，必然会闻风千里迢迢赶来。"

燕昭王采纳了郭槐的建议,拜郭槐为师,为他建造了宫殿,后来没多久就引发了"士争凑燕"的局面。投奔而来的有魏国的军事家乐毅,有齐国的阴阳家邹衍,还有赵国的游说家剧辛等人。燕国一下子便人才济济了。从此以后,一个内乱外祸、满目疮痍的弱国,逐渐成为一个富裕兴旺的强国。接着,燕昭王又兴兵报仇,将齐国打得只剩下两个小城。

如何将企业治理好,一直是管理者的一个"研究课题"。有的研究有素,也就治理有方;有的研究无得,也就治理失败。要治理好企业,必须网罗人才。

1980年,一向以新科技之国自称、重利润的美国首先提出一句简单而深刻的口号:"人,是我们最重要的资产。"这句话立刻在世界上引起了极大的反响。

人,是管理中的核心要素,把人管好了,其他事情便迎刃而解。在当今知识经济社会中,人力资源成为所有资源中最重要的资源,企业的竞争,实际上在演化为人力资源的竞争。

人力资源管理已成为企业取胜的法宝,谁掌握了这个法宝,谁就向胜利前进了一步。

人员管理是企业管理活动中的重中之重。企业的管理者怎样让员工最大限度地发挥其作用,同时对员工进行有效的掌控,是人员管理的关键所在。

韩国的三星集团便是一个典型的例子。三星集团在企业管理中,始终把人的管理放在企业工作的首位,确是明智之举。

三星集团的前身是1938年创办的三星商社,这是一家做进出口贸易的小公司,从20世纪50年代起开始,企业迅速发展。

三星集团董事长曾经一语道破它成功的秘密,那就是他们始终奉行"人才第一"的原则。

1957年,三星集团成为韩国第一个通过考试来选拔人才的企业,他们每年都要进行选拔,董事长李秉韶亲自与考入三星的人才面谈,勉励他们为企业努力工作,同时发现一些更加优秀的人才。

三星集团选择人才依据的是智能、人品和健康,注重一个人的完整性，一旦录用为企业员工，就对其投入大量资本来培养和训练，以适应企业的应用和要求。

三星集团是韩国第一个设有培训中心的企业，李秉哲为中心题字"人才第一"。企业严格执行员工必须经过培训才能上岗的制度，员工每隔几个月都要进行重新培训，以便更新知识。在培训班上，董事长会亲临讲话："三星的人都是精英，要集合所有精英的力量，才能发挥最大的作用。"每年，员工都要到培训中心接受3次以上的进修，在不断的进修学习中去适应科学技术的新发展。

三星集团对销售人员也非常重视培训。他们规定参加培训的人每两人为一组，身上不带分文，只允许带上三星的产品。他们乘坐公共汽车时，因为身上没有钱，就只能卖掉身上所带的产品，凡是在训练规定的10小时内能最早卖完产品或以最高的价格卖掉产品的，就能获得最高分。否则的话，推销员不但没有钱乘车，吃饭也成问题。经过这样的培训，锻炼了他们的实际工作能力，从中也可以发现一批人才。

三星集团把一些有干劲有才智的人放到了重要岗位，对他们进行奖励和提拔。每半年对员工的工作进行一次评定。对于那些工作诚恳的人，对于企业的未来发展有正确见解和敏锐眼光的人，对于能够敏捷地掌握形势动态的人，对于那些取得显著成就的人，分别给予各种奖励和晋升工资，有些还被提拔到更高的位置上。

三星集团在人力资源的开发和运用上，高瞻远瞩，措施得力，所以三星企业网罗了一大批优秀的人才，这些人才使企业迅猛发展。三星集团在家用电器、计算机领域走到了世界的前列，这与三星的人才不无关系。

管理之道，唯在用人。人才是事业的根本。杰出的领导者应善于识别和运用人才。只有做到唯贤是举，唯才是用，才能在激烈的社会竞争中战无不胜。

"千军易得，一将难求。"现实生活中，也许我们不可能像燕昭王一样筑"黄金台"，但是，我们难道不可以借用报刊一角、网络，筑起"招贤台"，招聘贤才吗？

人才就是效率，人才就是财富。得人者得天下，失人者失天下。

善引千军万马，不如善点数将

【原文】尧以不得舜为己忧，舜以不得禹、皋陶为己忧……是故以天下与人易，为天下得人难。(《孟子·滕文公》)

【大意】尧把得不到舜这样的人作为自己的忧虑，舜把得不到禹和皋陶这样的人作为自己的忧虑……所以把天下让给人容易，为天下发现人才却很难。

孟子这里再一次指出找到一个好用的人、一个贤德的人很难。在企业管理中，善于指挥千军万马，不如善点数将，发现和指挥真正有用的人才。

比尔·盖茨能让微软在全世界都那么"硬"，确实显示了他的过硬的用人本领。

我们可以说他当机立断，用人不疑，可以说他干脆、利落的气魄与胆略，这一切都在表面。准确地说，这个家伙是个帅才，当今企业领导人的楷模。

人才越来越精，研究领域也越来越精，一个企业领导人即使三头六臂，也不可能处处都是个"明白人"，所以，领导要习惯于制定战略、指明方向、提供服务。

1981 年底，微软公司已经控制了个人电脑的操作系统，并决定进军应用软件这个领域。比尔·盖茨雄心勃勃，认定微软公司不仅能开发软件，还要成为一个具有零售营销能力的公司。他的打算不错，但人呢？微软公司在软件设计方面人才济济，不乏高手，可市场营销方面卓越性人才的匮乏却属软肋。没有这方面的人才，微软别说要进入市场，就连门都找不到。

盖茨虽然看到了光明的前途，却感到寸步难行，但他还是迈出了非凡的一步：挖人。

他四处打听，八方网罗，经过最后的探测，锁定了肥皂大王尼多格拉公司的一个大人物——营销副总裁罗兰德·汉森。

"汉森是个营销专家，对软件他完全是个门外汉。"盖茨的幕僚有点不放心。

"那又如何呢？只要给他机会，他一定会干得很出色。"其实盖茨也正是看中了汉森对市场营销的丰富知识和经验。

盖茨挖来汉森，委以营销方面的副总裁这一重任，负责微软公司广告、公关和产品服务以及产品的宣传与推销。

汉森上任做的最重要的一件事就是给微软公司这群只知软件，不懂市场的精英们上了一堂统一商标的课。在汉森的力陈之下，微软公司决定，从这以后，所有的微软产品都要以"微软"为商标。于是，微软公司的不同类型产品都打出"微软"品牌。时隔不久，这个品牌在美国、欧洲，乃至全世界，都成为家喻户晓的名牌。

汉森确实不懂软件，但他懂得市场，他能用品牌去打开销路而占领市场。这一点当然令盖茨得意，但一个一个的烦恼也接踵而来。

随着市场的日益扩大，尤其是海外市场的开发，微软公司的经营规模日益增大，公司第一任总裁吉姆斯·汤恩年近半百，渐渐跟不上微软快速疾走的步伐。

后来汤恩主动提出辞掉总裁的职务。盖茨费尽心机，又找到了坦迪电脑公司的副总裁谢利。

他直截了当地对谢利说："到微软来吧，我们不会亏待你的。"

"我能干什么？"谢利答道。

"做我们的司令——总裁。"

谢利一来，就对微软进行了大刀阔斧的调整。他把鲍默尔提升为负责市场业务的副总裁，更换了事务用品供应商，削减了20%的日常费用……

谢利掌管下的微软在许多地方开始"硬"起来，不过，谢利在微软的好戏还在后头。

1983年，为了抢在可视公司之前开发出具有图形界面功能的软件，占领应用软件市场，微软开始了"视窗"项目，并宣布在1984年底交货。

谁知，直到1984年过了大半年了，"视窗"软件仍然没有开发出来，以致新闻界把"泡泡软件"的头衔"赠给"了视窗。

强烈个性的盖茨愤怒至极。

正在这进退维谷的时候，谢利经过一番仔细调查，找到了病根：除了技术上的难度以外，开发"视窗"的组织和管理十分混乱。谢利又一次大刀阔斧地整顿：更换"视窗"的产品经理，把程序设计高手康森调入研究小组，负责图形界面的具体设计；至于盖茨，他"现在的任务"则是集中精力考虑"视窗"的总体框架和发展方向。

谢利的这一番部署切中了要害，"视窗"的开发立竿见影，各项工作有条不紊，进展神速。最终在1985年年底，微软向市场推出"视窗"Windows 1.0版，随后是"视窗"3.0版。1992年IBMOS/22.0销量仅100万套，Windows 3.0却达1000万套。

在两位助手的帮助下，从1995年8月Windows 95发布起，盖茨把微软推向计算机业的巅峰。

借助强大的市场优势和金钱实力，微软屡屡实施"吸功大法"，将许多其他公司创造的新技术新功能纳入自己的产品，尤其是Windows之中，使其成为无所不能的百宝箱。在这种形势下，弱小的软件公司的确无法与微软一起参与这场游戏。

这就是伟大的微软！

企业要用好人不易，其中学问不少，但比尔·盖茨掌握了。

汉森虽然不会发明软件，但他有将软件送到全世界的思路，有思路才会有出路。

在大家不知所措的时候，正是谢利"找到了病根"，其实就是找到了可以让"视窗"早点露面的人。还有一点，谢利敢于给盖茨派活，让他集中精力考虑视窗的总体框架和发展方向，而别的由自己揽下。

正如汉朝开国皇帝刘邦所说："运筹帷幄之中，决胜千里之外"，刘邦不如张良；输粮草，保供给，治国安民，刘邦不如萧何；亲临前线，挥兵杀敌，刘邦又不如韩信。但刘邦的长处就是能把这些人聚拢起来，让他们发挥各自的能力和长处，为自己服务。

惜才如金，走向成功

【原文】贵德而尊士。（《孟子·公孙丑》）

【大意】以仁德为贵，尊重有才能的人。

孟子在此一再强调要尊重贤才，爱惜良才，国家才能兴旺。企业的存在和发展，归根结底是靠人才的支撑。企业的利润来源于人力资源的最大的发挥。众多成功的企业在其千差万别的理由中，都有一条最基本的因素，那就是有效的人才资源的开发。

日本东京吉信公司就有这样一个重视人才的成功典范。该公司有一个刚毕业不久的大学生大桥秀次。在刚刚进入公司时，被安排到基层工作。不久，他在工作中就显示出非凡的才华，引起了总经理的注意。于是，总经理马上给大桥秀次加薪，并委以重任。为了表示对他的爱护，他甚至把大桥秀次的家人接到自己家里，把自己的住房让出一部分来。

大桥秀次本来想跳槽到其他公司，就任一个更高的职位，但总经理的这些做法深深打动了他，他因此留了下来。

后来，这家企业正是靠着大桥秀次的卓越才华，在短短几年里，开发出一系列出类拔萃的新产品，不断发展壮大，在国内外市场屡创佳绩。

法国艾尼制衣公司亦有同样的例子。艾尼制衣公司的总裁因公司业绩不佳、困难重重，企业面临倒闭的危险而愁眉不展。有一次，他进了路旁的一个小裁缝店。在店里他遭到这个裁缝的讥讽，说他这个堂堂制衣公司的总裁衣着品位竟如此之差。

吃惊之余，他仔细观察了这个裁缝的活，发现他的设计非常新颖、独到。如果把这些样式的服装拿到自己服装公司去卖，一定会大受欢迎。

经过打听，他知道这个裁缝西蒙尼是服装设计的奇才，曾在法国最大的服装公司里当过设计师。只是这个人的个性太强，不会与人相处而受到排挤，他因此离开了那家公司，自己开了个小店。

艾尼公司的总裁决定亲自去请西蒙尼设计师来到自己的服装公司。第一次去，西蒙尼没有理会他，因为他的店生意很好。第二次去，他还是没有答应。第三次，西蒙尼终于被打动了。这样，他成了艾尼制衣公司的首席设计师，拿着丰厚的薪水，住着豪华的公寓，工作时间非常自由，由他自己安排。

西蒙尼在享受着生活的乐趣之时，心境好，思维不受限制，创作灵感不断涌现。由于他的设计兼有实用性和美观性，有个性又高雅，产品投放市场以来，供不应求，订单源源不断，很快改变了企业的命运。

美国容器公司的董事长威廉·伍德希也有同样的例子。他唯才是举，惜才若金，为企业创造了惊人的奇迹。

美国容器公司一直希望在金融界寻求发展的机会。长期以来，一直寻找不到合适的人选。后来，这位董事长看中了来自中国的金融奇才蔡志勇。为了得到这个人才，他不惜动用 1.4 亿美元，收购由蔡志勇为董事长兼首席执行董事的"联合麦迪逊"财务控股公司，并立即邀请蔡志勇出任容器公司的董事。

在此之后，蔡志勇凭借容器公司的强大财力和自己在金融界的经历及超人的智能和才华，在金融界进行了大手笔运作。在四年时间里，他为容器公司增加了 10 亿美元的资产，使得容器公司逐步形成了完整的金融体系和不断发展的网络。

不拘一格提拔人才

【原文】 国君进贤，如不得已，将使卑逾尊，疏逾戚。（《孟子·梁惠王》）

【大意】 国君选择贤才，在不得已的时候，甚至会把原本地位低的人提拔到地位高的人之上，把原本关系疏远的提拔到关系亲近的人之上。

孟子认为，国君提拔人才要摒弃等级观念，任用有才能的人。虽然孟子当时是为统治阶级服务，仍有很强的阶级观念，但孟子提倡不拘一格提拔人才的观念是相当先进的。在现代企业管理中，人才是管理的重中之重，在选拔人才方面坚持的原则就是要不拘一格，实力胜过资历。

管理者要培养实力胜于资历的观念，让员工凭借实力参与到竞争中，可以说没有比这更具有驱动力了。而如果一味按资历提拔人才，久而久之，员工就会丧失工作的热情和积极性，什么发挥潜能，什么快乐工作，都只不过是空谈。

让员工快乐地工作表现在用人方面有很多种，提拔是其中比较有成效的方式之一。松下提拔人才有什么要领呢？松下用人的一个基本原则是"量才适用"，即不受年龄、学历、性别的限制，完全凭才干、品德、经验来衡量，以决定升降。

松下认为，这应该是提拔人才的基本准则。而在我们看来，这也可以成为让员工勤奋快乐工作的巨大推动力。因为员工如果凭借真才实能而得到提拔，就会给他们一种有付出就有回报的感觉，从而促使他们更加努力工作以求得到更大的回报。

但是，鉴于论资排辈的传统习惯的影响，松下认为依上述原则的提拔也不应该草率。因此，在强调量才适用的同时，也应该考虑年资考绩，即把员工的提升与在本企业服务时间的长短挂起钩来。和年轻人比较起来，年长者经验丰富，他们的年资和经验这两项，很容易受到年轻人的爱戴和拥护，所以对公司的业务也是大有益处的。

年资考绩和量才适用，各有优缺点，怎样协调二者呢？松下凭着多年的经验提出了一个比例，即在提升的时候，考虑的因素中年资占70%，才能占30%，这样的比例比较合适。

如果是相反的比例，就可能因经验不足而不利于工作的开展。

虽然年资、才能的比例之和是100%，但是，提拔一个人的时候，并不一定要有100%的把握。

因此，有时候为了公司的前途和业绩要敢于冒一些风险。松下在实际工作中就实施这样的制度，他认为，如果确信某人有60%的能力，便可以试着把他提拔到更高一级的职务。其中这60%是判断，其余40%是下赌注。应该注意的是，有些人看起来只有60分，但由于公司的信赖和支持，往往能极其出色地完成工作。

松下告诉我们，有年资的员工容易令人信服，而有才能的年轻员工被突然提到高职，可能就不是如此了。因此，提拔有才干的年轻人，不仅只是提拔，还要再加以扶持，就是说，还要在提升的同时给予切实的支持。松下的做法是，把年轻人提升为课长时，还让课内资格最老的职工代表全休课员向新任课长宣誓，并致贺词："我们誓言服从课长的命令，勤奋地工作。"这么做很快就能提高新任课长的威信。

也正因如此，管理者才能感受到生存的价值，才能有动力，才能快乐地工作，生活也才有趣味儿，在逆境中也才会有转机。

如果能感受到这些的话，就不会觉得责任是一种束缚，而是一种驱动力，也不会对繁忙的工作感到倦怠。

这些观念就如同运动能促进血液循环一样，可以使自己在忙碌的工作中忘却疲劳。对员工的奖赏也在松下的用人经验之列。他考察了历史上各种奖赏的性质与特征，他看到，有时候功劳是和才干相称的，所以提级晋升是应当的；有的则不同，可能发生功劳、才干和职位脱节的问题。

松下吸取了种种经验教训，做出了自己关于奖赏的回答。松下本人是松下电器的创始人，功劳自然是巨大的，才干自然也不凡。但是，在他年龄尚不算高的时候，便急流勇退，把管理大权交给有才干、有精力的年轻人。他的这种举动对于那些同样对松下电器有功的人员来说无疑也是一种促动。这样就可以让那些很有功劳却缺乏才干或精力的人能及早离开岗位,让那些卓有才干、精力充沛的人走上高位。这是企业发展的生命力所在。

松下说:"对于有功者在公司的任职,要非常注意不可。"

一般来说,对有功者应给以"俸禄",在公司也就是要给予高额奖金。对有功者予以高职回报的做法是错误的,高职应与高能力配合。如果不是这样,结果是显而易见的。任何一个经营者都不能囿于成见和习惯势力的压迫而委高职于才能平平的功臣。

尽管这样做比较困难,但为了公司的前途,非如此不可。

松下信服日本政治家西乡隆盛的一句格言,这也应该成为任何一个管理者的警言:

"对国家有功者应给以俸禄,但不能因为有功劳而给予高职。该给予职位者,必定是具有与职位相匹配的能力与见识者。若将职位给予有功劳而无识见者,国家必致衰败。大家都知道,日本民族是东方文化的代表之一,东西方文化的差异,在他们的身上体现得比较明显。就企业经营管理来说,日本与西方式经营管理的代表——美国,也有着显著的差异,其中之一就是用人问题上的差异。"

在美国,没有传统文化的束缚,年龄、资历等因素在他们社会生活中并不那么重要。日本则不同,无论社会生活中的哪个领域,年龄、资历都是极其受到重视的。日本有"年功序列制",服务年限,旧有的贡献,都是加薪、提职的重要条件。即使是开明的松下幸之助,对此也不能完全视而不见,他也有极多无可奈何的时候。

不过,松下还是清楚地看到了年轻人的力量,主张"实力胜于资历""让年轻人任高职"。

松下之所以提出这样的主张,有其生理的、社会的理论依据。松下认为,一个人,30岁是体力的顶峰时期,智力则在40岁时最高。

过了这个阶段,智力、体力就会下降,慢慢地走下坡路。尽管也有例外,但大体情况如此。因此,职位、责任都应与此相适应,这才是合乎规律的。

阅历、经验，当然是年长者多一些，但这并不等于"实力"。松下提出的"实力"概念是很有意味的。他认为，有实力，不仅要能知，而且更要能行，知行合一，才是实力的象征。老年人也许能知，但往往力不从心，未必能行。相比较来说，还是三四十岁的人更具实力。有实力的人，当然应该委以重任。

不过，一个大公司由于有各种各样的职位，其中有一些还是颇适合老年人的。但面对困难时的攻坚、冲刺，就非年轻人不可了。松下认为，国家遇到困难，公司遇到困境时，要靠年轻人的力量才能突破难关。其原因就在于年轻人具备实力。

同样，创新也是离不开年轻人的，这是与人在各年龄段的生活观念相联系的。人的眼光也有年龄的区别：青年人向前看，中年人四周看，老年人回头看。因此，老年人易于保守，给他们创新的任务显然是不合适的，这项使命应该放在年轻人的肩上。

但是，根深蒂固的东方文化传统，并不轻易容许年轻人脱颖而出。松下深知此点，因此，他有一个缓冲的办法，那就是松下在决定一件事的时候，往往要吸取年轻人的意见，亲自向他们问询。如果在平时年轻人直接把自己的意见说出来，即使正确并富有建设性，也可能会因为人微言轻而不被采纳；但如果公司领导征求他们的意见，用经营者自己的口说出来，分量就大不一样，这就是巧妙的领导艺术了。

松下很看重和欣赏这种技巧，他认为年长的企业领导应该吸取年轻人的智慧，巧妙地推进工作。

松下对数千年形成的东方民族"重年资"传统的弊端看得很清楚。在一次会议上，他谆谆告诫手下的部属们："现在的年轻干部，过10年20年就会老了，那时候不管你的地位是社长还是会长，论实力都比不上40来岁有才能的人，假如由他们来代替你们的职位，就更能促使公司的发展。但日本的情势、人心向背，各种因素错综复杂，这一设想未必能顺利进行。但是，千万要记住，如果可以代替的话，对公司的发展是有益的！"

正确评价人才

【原文】 逢蒙学射于羿，尽羿之道，思天下惟羿为愈己，于是杀羿。孟子曰："是亦羿有罪焉。"(《孟子·离娄》)

【大意】 逢蒙跟羿学射箭，学得了射箭技巧后，他便想，天下只有羿的箭术比自己强了，于是便杀死了羿。孟子说："这事也有羿自己的罪过。"

孟子没有把后面的话说完，但意思已经很明显，羿不善于选择和教育学生，对于逢蒙的人品失察，结果招致杀身之祸，所以羿对于自己的被害也负有一定的责任。从逢蒙杀羿这件事情上，我们也可得出教训，在管理活动中，要正确选择人才，正确对人才进行评价，只有德才兼备者才能为我所用。

在人力资源管理中，对人才进行各方面的考评，形成一套考评标准，是非常重要的。它关系到量才录用，要尽量做到减少企业人力资源成本，充分调动员工的积极性。

人才评价中要注意一些原则：

1. 客观公正

评价应建立在客观事实基础上，尽量做到有据可查，有证可考，不要根据亲疏关系来作主观臆断。

2. 透明原则

评价应透明，而且透明度尽量高些，这不仅需要一些公开的制度来保证，而且尽量让员工知道参评的一些事项，并把考评过程公开。

3. 评价反馈

评价的目的是为了获取被评价者的工作业务及思想状态情况，最终帮助员工完善自己，提高自己，因而评价结果要反馈给被评价者，让他对自己目前存在的优缺点有一个认识，从而明确努力方向。

评价过程中，对不同类型及不同层次的被评价者，应有不同的标准。具体来说，对公司里不同类型员工的评价主要包括：对生产劳动者的评价，对科技劳动者的评价，对管理劳动者的评价。不同层次的评价主要包括：对高层人士的评价，对中层人士的评价，对基层人士的评价。

评价由于目标的不同，应有不同的内容，一般来说，应包括：

（1）业绩。对员工在一段时间做出的实际成绩进行评价。

（2）能力。对员工的各方面素质能力，如专业知识、智力素质进行评价。

（3）思想。对员工的思想状态，例如与企业价值的同化程度、价值取向、责任感进行评价。

（4）晋升。对员工的各方面进行评价、比较，看其是否是在同类员工中做得出色的，从而确定是否有晋升的资格。

（5）薪水。对员工在下一年度应得的实际薪水进行综合评价，这主要以本年度发挥的作用、做出的成绩大小为依据。

考评方式各种各样，千差万别，不同的公司有不同的设置。但不管怎么样，评价体系在人力资源管理中是很重要的一环，对企业的发展至关重要。

我们用例子来剖析。

由于日本经济持续不景气，许多企业经营业绩恶化。为了提高企业活力，近年来日本各企业纷纷采取一些人力资源改革措施。下面是这些改革中的评价部分体系。

1. 实行新的干部评价标准，薪差拉大

丸红株式会社在总经理马海严的带领下，着手实行新的评价制。

新的人事评价系统首先把过去七级评价标准改为五级，从而将评价结果的差距拉大。丸红以前采用七级评价标准，即由好到坏依次为 A1、A2、B1、B2、B3、C1、C2。按这一评价标准有一半以上的管理人员的评价结果处在中间，因而很难体现工作差距。

最好的体现是 A1、A2 占 5%，最差的 C1、C2 占 3%，B1 占 15%，B3 占 7%，而体现一般标准的 B2 却高达 70%。在新的人事评价系统中，将七级减少到五级，依次是 C1、C2、C3、C4、C5。按照新的标准分级，评价结果的差距进一步体现出来了，C1占17%，C2占33%，C3占33%，C4占14%，C5占3%。在新的分级标准中，虽然C3自然可以看成是一般标准，但集中度明显减少。

新的人事评价系统扩大了员工的收入差距。新标准对评价结果不佳的员工，采取减薪的办法，特别在来年评薪时，其收入会有明显下降。

新的人事评价系统改变过去把人事评价仅理解为考核工作的狭隘看法，丸红将人事评价看成是包括"评价""展示""对话"和"现状革新"在内的整个系统过程。扩大收入差距仅仅是丸红综合人事改革的一方面，如果仅仅停留在评价工作上，那些常年获得不理想评价结果的员工将失去激励因子。

因此，丸红在新的人事评价系统上制定了一套帮助员工改进工作的活动程序。按照评价、展示、对话和现状革新的工作程序，每年5月评价者与被评价者面谈，将上年度的评价结果告诉给被评价者，相互协商制定新年度的工作目标和革新的课题。

2. 采用量化的人事考评标准，升降有据

为了推动企业经营业绩的提高，日本企业在人事评价中采用具体的量化的考评标准。

销售额是衡量店长和员工工作成绩的基本尺度。采用销售额这样精确的数字化评价标准，可以增加员工的工作压力。作为考评的方法，人人平等，而且通俗易懂，工作成绩一目了然。在考评上不可受个人的喜恶感情和派系的影响，从而体现公平、公正、公开的考评原则。

日本经销服装的大型流通企业青山商事将每一位员工的销售额由人事部实行一元化管理，每人每月完成了多少销售额一清二楚。一位员工要想升为店长必须突破6000万日元的销售标准，达到这一标准后，由所属商店的店长和该地区集团负责人进行推荐，参加店长候补研修班。如果一位员工突破了销售额标准，而店长和负责人没有推荐，店长则必须陈述理由。

青山商事对没完成销售额标准的店长采取降职处理，从店长降为普通的工作人员，实际上已有很多店长遭到了降职处理。

如果一位店长成绩突出，随着成绩的积累会被提升为规模更大的商店负责人，进一步会成为统领20家店铺的地区集团负责人。而每升一级，待遇也跟着提升。

合理的评价制度及在此基础上的奖酬制度培育了忠诚精神，保证了管理层相对稳定，公司很少从外界聘人，外聘高级职员更无先例。在公司的经理人员和其他专业人员中，跳槽率平均还不到4%。

在评价人才中，有两点应该引起高度重视：

（1）评价要分开层次，有重有轻，不要搞折中主义。考评是为了激励人的积极性和能动性，因而要分开档次，如果评奖面太宽，就达不到效果。同时，在评价中由于"中庸主义"，凡事都要"平和"不得罪人，做老好人，因而可能会出现两头没有，中间一大堆的局面。

据报纸上登载，某单位科室有六位同志，其中有一位正科长、二位常务副科长、三位业务副科长、一位办事员。应该说这无非是"中庸"考评而出现的结果，如果企业总这样做，考评就无任何价值。

（2）不流于形式。评价就要做到真正的评价。如今，很多企业在搞评价时都是流于形式，书面上一套，行动上又是一套。评价过程中不认真负责，随便弄一些资料就完事，评价结果均是好话一套，套话一大通，评价结束后又不能对差者进行惩罚、对好者给以嘉奖。因此，要使评价有效，就要实事求是，执行要雷厉风行，不徇私情，才能令员工折服。

在战国时代，杨朱和弟子在宋国边境的一个小客栈里休息，发现店主的两个老婆长相与身份地位相差极大，忍不住向店主人问是什么原因。主人回答说："长得漂亮的自以为漂亮所以举止傲慢，可是我却不认为她漂亮，所以我让她干粗活；另一个认为自己不美丽，凡事都很谦虚，我却不认为她丑，所以就让她管钱财。"

现代企业有多少领导用人能像这位旅店的老板一样公允分明呢？有很多领导，一看见艳丽出众的女孩子，不管她才能如何，都要尽收门下，给其最轻松的工作和最优厚的待遇。而能干、谦逊但长相平凡的员工，却让其干粗活，工资也低。以貌取人的领导，最终会伤透下属的心，长期下去，务实之人定然会悄然离开，而"花瓶"也不可能为企业带来效益，到时候，不但"江山"没了，美人也视企业领导如敝屣而弃之。

作为一个企业的领导人要力争摆脱这种以貌取人的传统方式，对人才的甄别，应从本质上去认识，这样才不会错失千里马，或把朽木当块宝。

恃才傲物，不守规矩的"特殊"员工，会影响企业的整体战斗力。

让合适的人在合适的位置上

【原文】 尊贤使能，俊杰在位，则天下之士皆悦，而愿立于其朝矣。（《孟子·公孙丑》）

【大意】 尊重贤才，使用能人，杰出的人物都有职位，那么，天下的士人都乐于在朝任中担任一官半职了。

孟子认为，治理国家，就是要尊重贤才，使有才能的人都有合适的职位，这样国家才会兴旺繁荣。在现代企业人力资源管理当中，最重要的一点就是要量才适用，把合适的人用在合适的位置上。

要使整个团队的力量增加，最好的方法就是让合适的人在合适的位置上，这样就不会出现一块木板有缺陷，使一整桶水都漏干的现象。哪怕真的有一块木板短了，另一块木板能补充上来，那也不会影响整桶水的容量。这就需要完善人才资源的开发，就是"让合适的人在合适的位置上"。要想做到这一点，必须做好人力资源的开发和规划。这样，既可以保证人力资源管理活动与公司的战略方向和目标保持一致，促使人力资源管理的各个环节、各个阶段相互协调、相互衔接，又可以为公司增加无形资产。

每个员工都有其自身的知识背景和性格特点。工作的性质往往会影响到个人能力的发挥。某种人员安排，可能会使他胜任原本高于其自身能力的工作，也可能使其仅发挥原有能力的一半。因此，人员的配置有效率，运用恰当，则事半功倍；运用不当，不仅埋没人才，而且影响整个公司运转的效率。另外，即使是一个才智出众的人，也不可能胜任所有的工作，应把他安排到他最擅长的工作岗位上。

对人力资源进行管理，又主要分为两个阶段，那就是在求职者来公司之前和来公司之后。想搞好公司人力资源管理，必须在两个不同的阶段都做好工作。

来公司之前的工作，主要是招聘工作。要做好这个工作，主管部门应做好计划，对应聘人员做到心中有数，寻找出最适合你的真正的人才。

美国西南航空公司的经验就值得借鉴。

西南航空公司有着几十年的历史，公司连续获得美国交通部颁发的最佳顾客服务奖、最佳准点航班奖、最佳行李搬运奖。

1994 年，西南航空公司的总经理被美国著名杂志《幸福》评为美国最佳总经理。当年有将近 12.5 万人向西南航空公司申请所空缺的 3000 个职位。

这位总经理非常重视招聘工作，把它当作一件大事来抓，他说："我们要雇用素质最好的人，教他们所需要的任何技能。"

有一次，公司要在一个叫阿马利罗的小镇上招聘一名客机代理商。人事部门的经理在面试完 34 个人之后，仍没有找到合适的人选，他们非常着急，想将就招一个人了事。但总经理却说，为找到合适的人选，找再多的人也不要紧。在他看来，人是公司一切发展的源头，没有必要在招聘问题上节约钱、时间、人力。

招聘工作要考察专业、细节，包括待人接物的态度，是否具有严谨的态度、良好的习惯等。

比如说有一个公司，要求职员特别懂得谦逊和尊重他人，因此如果求职者要求接待员停下自己手中的事，先接待自己，他们就会决定不雇用这位求职者。

有的企业强调要"雇用有激情、善应变、充满活力的人"。英国的一个销售服务公司的总裁卡瑞·韦泽斯，他就认为自己成功的关键在于"和许多的狂热分子打交道"，需要时就雇用他们，如果他们确实优秀，就会提升他们到相应的位置上。

有的公司希望雇用有经验的人，这些人可以立即投入工作，不需要培训。有的公司希望雇用没有经验的年轻人，充分保留和发挥他们的想象力。百事可乐公司之所以能保持年利润 250 亿美元，就在于他们常雇用 20 多岁的年轻人。只有投以重视，注重细节，注重自己要求的特质，公司才能从寻找中发现最合适的求职者。

一般来说，管理者并不可能一步到位地把人才放到最合适的地方上，这需要公司的管理者继续进行考察之后重新调整。

百事可乐公司的总裁卡洛威曾经说过，公司管理者的任务就是"操纵人的方向盘"。卡洛威制定了各类人员的能力标准，每年他要不断地在公司中巡视，与部下交流，主持大约600次业绩考核。

如果经过考核发现某个人不符合他的职位，卡洛威会提醒他进行改进，经过一段时间，再进行考核，如果已达到要求，第二年就会按惯例提出更高要求。

卡洛威的这种考核将公司的管理人员分为四等：最优秀的（将得到提升），合格的（可以晋升，但目前暂不安排）；基本合格的（仍在现岗位工作或去接受专门培训）；不合格的（将被淘汰）。

卡洛威的人才资源的管理是成功的。虽然可口可乐的销售比百事可乐多，利润是百事可乐的两倍，但百事可乐却在饮料业之外经营餐馆业和快餐业，这些利润又是可口可乐没有的，以至于百事可乐的毛收入每5年翻一番。这些成就的取得，卡洛威认为是在于"人"的妙用。

在一次宴会上，唐太宗对王珪说："你善于鉴别人才，尤其善于评论。你不妨从房玄龄等人开始，都一一做些评论，评一下他们的优缺点，同时和他们互相比较一下，你在哪些方面比他们优秀。"

王珪回答说："孜孜不倦地办公，一心为国操劳，凡所知道的事没有不尽心尽力去做，在这方面我比不上房玄龄。常常留心于向皇上直言建议，认为皇上能力德行比不上尧舜很丢面子，这方面我比不上魏徵。文武全才，既可以在外带兵打仗做将军，又可以进入朝廷搞管理担任宰相，在这方面我比不上李靖。向皇上报告国家公务，详细明了，宣布皇上的命令或者转达下属官员的汇报，能坚持做到公平公正，在这方面我不如温彦博。处理繁重的事务，解决难题，办事井井有条，这方面我也比不上戴胄。至于批评贪官污吏，表扬清正廉署，疾恶如仇，好善喜乐，这方面比起其他几位能人来说，我也有一技之长。"唐太宗非常赞同他的话，而大臣们也认为王珪完全道出了他们的心声，都说这些评论是正确的。

从王珪的评论可以看出唐太宗的团队中每个人各有所长，但更重要的是，唐太宗能将这些人依其专长运用到最适当的职位，使其能够发挥自己所长，进而让整个国家繁荣强盛。

未来企业的发展是不可能只依靠一种固定组织的形态而运作的，必须视企业经营管理的需要而有不同的团队。所以，每一个领导者必须学会如何组织团队，如何掌握及管理团队。企业组织领导应以每个员工的专长为思考点，安排适当的位置，并依照员工的优缺点，做机动性调整，让团队发挥最大的效能。

经理人员的任务在于知人善任，为企业提供一个平衡、密合的工作组织。

第五章 尊贤使能——孟子的用人之道

巧用"能人",切忌"武大郎"开店

【原文】今天下地丑德齐,莫能相尚,无他,好臣其所教,而不好臣其所受教。(《孟子·公孙丑》)

【大意】现在天下各国的情况都差不多,君主的德行也都不相上下,互相之间谁也不能高出一等,没有别的原因,就是因为君王们只喜欢用听他们话的人为臣,而不喜欢用能够教导他们的人为臣。

孟子在这里指出君王使用什么样的人对国家发展的重要性。用听话的人只能顺手一些,可以维持现状。只有用比自己强的人,能够开导自己的人,才能使国家繁荣。这是管理的一大要点。

作为管理者,如果发现员工比自己能力还强,自尊心就会受到伤害,心里会非常不舒服。但是不用这样的员工只会使自己的企业止步不前,而在企业的竞争中又是不进则退的。所以,聪明的管理者要有海纳百川的胸怀,让比自己强的人在自己手下快乐地工作。

一位专门从事人力资源研究的学者说过这样的话:"一个公司,尤其是一家开放式运作的公司,用一个不良之人,就会伤害一批好人。"此话颇有哲理。在人才的具体聘用过程中,一些企业领导人的观念依然陈旧。有的企业管理者用人从自身利益出发,宁愿用顺从听话的平庸之辈,也不用稍带棱角而能力很强的人,使得一些人才因无用武之地而远走高飞;有的企业管理者放着身边现成的人才不用,而让其闲置起来;还有一些企业管理者以人划线,宁愿用素质较低的"自己人",也不用素质高的"外部人"。这些做法在不同程度上伤害了员工的感情,导致人才大量流失。

新经济时代的到来,给知识分子在商界带来了"翻身做主"的机会,但在许多传统行业里,知识分子到底能否搏杀商场依然令领导者忧心忡忡。令人遗憾的是,有些人把落后的市场规则当做一种规律来信奉,并据此排斥一种新的商业原则。这种做法使人才聘用常常走入误区，给人才的就业和发展设置了诸多障碍，同时也失去了一些优秀人才。这也是许多企业人才流失的重要原因。

在用人的问题上，人尽其才是一种理想境界，它虽不是一蹴而就的事情，却是我们致力追求的目标。这就要求企业管理者在人才使用过程中摒弃杂念，真正做到靠素质和能力用人。广告大师奥格威说过一句著名的话："用人的最大失误就是没有任用比自己高明的人。"为了诠释这一观点，奥格威在每个董事的椅子上放了一个洋娃娃，并请诸位董事打开看。大家依次打开洋娃娃后，发现里边还有一个洋娃娃，再打开里面又有一个更小的洋娃娃，当打开到最小的洋娃娃时，上面有一张奥格威写的字条：如果你永远聘用不如你的人，我们就会成为侏儒公司。反之，如果你永远聘用比你高明的人，我们就会成为顶天立地的巨人公司。

春秋战国时，有位著名的军事大师名叫鬼谷子。此人排兵布阵，调兵遣将，如有神助。他有两个得意的学生庞涓和孙膑。庞涓在魏国谋了个好差事，当了大将军。后来小师弟孙膑投奔师兄，师兄发现师弟的能耐比自己还大，产生了妒忌心，怕师弟抢走他的饭碗，不但不重用，反而设计害他，并且剔去其膝盖骨。后来孙膑逃到齐国，协助齐国打败魏国，杀了庞涓。庞涓因气量狭隘，不仅没能保住官，还丢了性命，且落下个千古笑柄。

"敢不敢用比自己强的人？"这恐怕是管理者对自己最大的考验，同样也是管理人员最容易犯的错误。

"他都比我强了，那在其他员工眼里，他是老板还是我是老板？"某私营企业老板直言不讳，一针见血，这种武大郎开店——不允许伙计胜过自己的心态一目了然：

（1）别人比自己强就意味着自己不称职，不称职的老板会在员工心中丧失威信，丧失了威信当然做不了老板。

（2）员工中有人比自己强，那么肯定会对老板的位置虎视眈眈，早晚想取而代之，又何苦养虎伤身呢？

（3）有本事的人都多少有点野心，迟早要另立门户，我干吗给他营造发展的机会，到时多个强敌呢？

在这种心态支配下,这些"武大郎"老板总是希望别人拿放大镜来看他,而他自己却用显微镜来看别人。当比自己强的员工工作取得各部门的赞许和支持时,老板会觉得他们是在树立他们自己的威信,在动摇老板的最高权力。于是乎,老板会有意无意地疏远他们,压制他们,从而严重地挫伤了这些员工的积极性,从而也使他们丧失了工作的乐趣,更谈不上会取得什么成就。

这种武大郎型的心态说到底是一种弱者的心态,外表的强硬正透露出内心的虚弱,反映出自信心的极大缺乏。真正的强者愿意接纳桀骜不驯的部下,因为他有信心,他能控制局面。因为这样的管理者关心的并不是别人对自己是否顺从,他有能力、有信心赢得别人真正的尊敬。更因为他看重的是人的才能,也更关注企业发展的大计。

某个企业的老板雇用了一批庸才,然后老是奇怪为什么这些人一点儿干劲都没有,更谈不上有什么创新。因为他录用人员的标准是:能干但不能精明,以免抢走公司的客户另立门户。后来他发现越来越不对劲儿:怎么雇了这么些庸才?

不雇用一流的人才却想让他们做出一流的成就,那么他的公司就会降至二流、三流,甚至不入流的行列。

美国钢铁大王卡内基的墓志铭一直被商界人士传为佳话,因为上面这样写道:

"这里长眠着一位先知,他勇于用比自己强的人才!"

凡欲成大事的管理者、企业家,他们都能够把比自己能力强的人才招揽到自己旗下,并且诚心相待。作为小企业的管理者,切莫把自己的企业办成"武大郎"开的烧饼店。

对小企业的管理者来说,能力比自己强的人才既难用又必须用。说难用,恐怕是管理者见手下员工比自己能干,心理上不平衡,生怕这些人有朝一日取代自己;还有,这些人在性格上一般有一股傲气和犟劲,使用起来不太顺手。如何处理这一矛盾呢?

1. 心存"忧心",转变观念

企业创办不容易,守住基业、发展壮大更不容易。因此,小企业生存发展的危机感最主要的是对企业内人才的危机感。如果小企业始终不使用更高明的人，这个企业用不了多长时间就会被同行挤垮。人才与智力资源是企业内最宝贵的物质财富，是小企业实现差别化竞争战略的前提条件。因而，小企业老板只有把重视人才提高到企业发展的战略高度，他才会真心诚意地去选用比他们自己强的技术与管理人才。

2. 诚心待之

"教人者，人恒教之。"对于比自己能力强的人才，越压制他，他就越不服管；越尊重他，就越能使他对你信服。尊重表现在以下几个方面：

（1）在语言的沟通交流上以礼相待。注意在称谓上要使对方有亲切感和被尊重感，叫×工或老×比直呼其名好。

（2）对于他们的工作（是他们发挥长处的方面），大胆放手，出了成绩归功于他们，出了问题自己主动为之承担责任。

（3）对于他们所长而正好为己所短的知识，不耻下问，主动请教，甘当小学生。

（4）背后多讲他们的好话，对其能力进行夸奖和赞赏，并表现出这也是企业的光荣和骄傲的自豪感。

3. 适时适地地指出其不足，并协助他们改正或补救

所谓适时，就是在他们急躁时使其冷静下来；在他们悲观及情绪低落时为他们鼓劲打气。所谓适地，就是根据对象的个性心理特征，对承受力强且自我约束力低的人当众指出其不足；对于承受力弱或自尊心强的人用"蜻蜓点水"的方式予以暗示或私下单独交换认识，分析其不足的原因。在指出不足的同时，要用实际行动来帮助他们改正或补救其不足，使他们认识到老板不是在整他们，而是在帮助他们完善自己。

4. 推荐并提出忠告

当这些能人希望干别的工作或提出离开企业时，首先要开"绿灯"，并向他们提出忠告，看新的工作是否适合他们，根据他们本人的情况及即将面临的环境，应当注意哪些问题。同时表明，若到新岗位后感到不适，欢迎他们回来。另外，应积极推荐他们去干更能发挥其长处、更能做出贡献的事，因为这样做不但能使被推荐者对老板产生敬意，而且还能使其他未被推荐者也对老板产生敬意，结果必然通过多干工作、干好工作来回报。

一天，庄子和他的学生在山上看见山中有一棵古树，因为无用而免遭于砍伐，于是庄子感叹说："这棵树恰好因为它不成材而能享有天年。"

晚上，庄子和他的学生又到他的一位朋友家中做客。主人殷勤好客，便吩咐家里的仆人说："家里有两只雁，一只会叫，一只不会叫，将那一只不会叫的雁杀了来招待我们的客人。"

庄子的学生听了很疑惑，向庄子问道："老师，山里的古木因为无用而保存了下来，家里养的雁却因不会叫而丧失性命，我们该采取什么样的态度来对待这繁杂无序的社会呢？"

庄子回答说："还是选择有用和无用之间吧，虽然这之间的分寸太难掌握了，而且也不符合人生的规律，但已经可以避免许多争端而足以应付人世了。"

世间并没有一成不变的准则。面对不同的事物，我们需要不同的评判标准。对于人才的管理亦如此。一个对其他企业相当有用的人对自己来说不一定有用，而把一个看似无用的人摆对地方也许就能为你创造出你意想不到的收益。

聪明的领导人应该学会发现人才的优点，使得人尽其才，尽量避免人才浪费。

审慎选择适当人选是非常重要的，而这必须靠平日不断的观察，留意每个人的发展动态。在检视的过程中，不仅要发掘能干的部属，并且还要剔除办事不力的员工。

首先是选好人才,其次是用好人才

【原文】徐子曰:"仲尼亟称于水,曰:'水哉,水哉!'何取于水也?"

孟子曰:"源泉混混,不舍昼夜,盈科而后进,放乎四海。有本者如是,是之取尔。"(《孟子·离娄》)

【大意】徐子说:"孔子曾多次称赞水说:'水啊!水啊!'到底水有什么可取之处呢?"

孟子说:"水从源泉里流滚滚涌出,日夜不停地流着,把低洼之处一一填满,然后继续前行,一直流向大海。有本源就永不枯竭,奔流不息。孔子所取的就它的这种特性。"

即使是平常的水我们也能发现其奔流不息勇往直前的精神。作为一个人也同样。每个人都有长处短处。管理者要善于引导,利用他们的长处,改变他们的短处。

兽王狮子要出征,为此召集它的臣子们商讨作战方针,并且布置任务。象做了军需官,负责运输;熊是冲锋陷阵的猛将;狐狸和猴子因为它们的机智和灵活,在出谋划策和提供情报上都有很重要的任务。

"驴子傻笨,兔子胆子小,没什么用处,把它们打发回去吧。"有动物说。

"不,"兽王说,"我不能缺少它们。驴子可以给我们担任号手;兔子可以替我们传递消息。"

果真在这次战斗中,每个动物都充分发挥了自己的长处,打了一个漂亮的胜仗。

狮子是一个很好的领导者,它能充分地发挥每个人的长处,使才尽所能,最终取得战斗的胜利。

所以,一个成功的企业选好人才、用好人才很重要。下面介绍成功企业选择人才的标准：

(1) 破除门第；

(2) 敢于用人；

(3) 放手用怪才；

(4) 不惜重金；

(5) 温情换人心；

(6) 激励人活力，精简求务实；

(7) 扫盲提高素质；

(8) 创新重改善。

企业在选拔人才时，要善于发掘人才的长处，以便做到人尽其才、才尽其用。有效管理者选择人员和提升人员时所考虑的是他能干什么，他们的用人策略不在于如何减少人的短处，而是如何发挥人的长处。

趋利避害，用人所长，这是真正的用人之道。高明的管理者在管理员工时都善于运用爱心纠正他们的行为，按照员工行为的准则来约束他们。有了绝对不可违反的准则，企业就会在良好的秩序下实现管理，管理者也就可以正常行使职权了。制定不随意改变的管理制度是高明的管理者进行管理的根本途径。

人的特殊才能主要是指他把所有资源都用于一项活动、一个专门领域、一项能达到的成就上的能力。所谓"完人"或者"成熟的个性"隐含着人的特殊才能。一位优秀的专业工程师可能会因为不善于与人相处而受挫折，但把他放在组织里，我们就可以使他发挥专业之长，并把他的不善于与人相处之短排除在他的工作之外。一个精通财务的人独自管理一家小企业，可能由于不懂生产和销售而受到很大的阻力；而在一家大企业里，他将会在财务工作方面发挥其特长。

因此说，"完人"或"成熟的个性"的概念只解读了人的卓越性。因为人只能在某一专门领域成就伟业，最多也只能在几个领域内达到卓越，而在其他领域可能就是一无所知。一位演员重要的是能吸引观众，赢得观众的喜欢，至于她的性格和脾气、生活习惯和生活方式那都无关紧要。

要用人之长，不要弃人之短，恰好是企业管理者用人的眼光和魄力之所在。如果脱离这种人才自身素质的特点而随意任用，往往是对其才能与专长的破坏，结果将适得其反，事倍功半。只看到员工的缺点，只注重其不能干什么，而不是注重其能干什么；以缺点来选用人，而不以长处来选用人，这本身就是管理者的缺陷。

有效的管理者知道，合理地配置好人才的类型，可以弥补彼此的不足，促进事业的发展。至于跟管理者合得来合不来、外表长相如何等就不用考虑了，关键是要发现别人某一方面的杰出之处，让他用这方面的突出特点做出贡献和成绩。

发现人的长处是为了更好地利用它，使之产生成绩。一个管理者如果不先问："他能做什么？"那么就可以肯定，这位管理者的部下不会有太大的成就。这等于他事先已经原谅了他部下的无能。真正苛求的管理者——事实上懂得用人的管理者都是苛求的管理者——总是先发掘一个人最善于做什么，再来要求他做什么。

人的长处和短处在一定的情况下是可以相互转化的，有效的组织可以创造条件使其发挥长处而避开其短处。

因此，企业在人才使用上不仅要用其所长，而且要短中见长。人力管理中有句俗语："你要雇用一个人的'手'，就是雇用他'整个的人'，因为他的人和手总是在一起的。"同样，一个人不可能只有长处，长处短处都是和他在一起的。只想克服他人的缺点，组织的目标只会受挫。

现代人力资源管理的有效方法就是把人的弱点和短处排除在他的工作和成就之外，尽可能使人的长处和优点得到最大化的发挥和施展，用人如器，各取所长。

一个曾被劳教过的工人被一个大企业的董事会任命为分厂的厂长！

这事在公司内掀起了轩然大波。原来，公司经理在调查这个分厂时发现，这个分厂的工人平均每人每天组装电镀表 10～16 只，而在这个曾被劳教过的工人任组长的小组平均组装 40～50 只。公司经理顶住压力，任用了这个曾有劣迹的人。他走马上任后，整个分厂的平均组装水平很快达到每人每天 40 只。

有的人不服气："劳改犯也能当厂长，别人都可以当厂长了。"

公司经理理直气壮地反驳："你能把组装水平从 10 只提高到 40 只吗？不要用一成不变的眼光看人！"

沉默寡言、勤劳朴实一向被人们认为是良好的美德,而善于言谈、喜欢自己选择工作并不好好干那些自己所不愿干的事情、爱打扮、讲漂亮等常被人们视为劣行。某企业就有这么一位年轻人,一直被厂里的人瞧不起。厂领导首先看到,他能言善辩,讲究美观,说不定是一个跑"外交"的好人才。于是,果断起用这位年轻人当了业务员。果然,他凭着自身良好的口才和风度,出色地完成了厂里的采购和推销任务。他一向被人所不齿的缺点居然成了优点,而人们对他的陈旧看法也随之改变。当然,也忘不了称赞企业领导人的用人之道,此举真有点石成金之功。

人有长处,也有短处,才能与缺点对于一个人来说,常是一个动态的、历史的概念。缺点不会凝固在一个人的身上,才能则会在实战中逐步提高。企业家在选用人才时,要着眼人的长处,看其特长和优点是否能适应所担当工作的要求,而不是挑剔。

除以上两例之外,一向以独创技术驰名世界的索尼公司也常用怪才。

前几年,索尼公司在计算机市场上落后于人。

索尼公司领导知道,要想后来居上,必须及早拿出新产品。

按常规,让科研部门研制新产品至少需要两年时间,这显然不利于市场竞争。

于是,索尼公司领导出人意料地决定,在企业内进行公开招标。结果3位被视为"怪才"的职工中标。

尽管不少人反映,他们自尊心太强,点子太多,清高而不合群,但索尼公司领导却放手让他们"组阁",课题、经费、时间、设备等自主决定。结果只用了半年,印有"索尼"商标的 NEMS 微型计算机便出现在商店里,其性能高于同类产品,价格却便宜一半,索尼公司占据了大片市场。

一年以后,索尼公司又推出高速度大型计算机,其研制速度使其他计算机厂家大为惊讶。

用人之道,最重要的是要善于发现、发掘、发挥属下的一技之长。用人不当,事倍功半;用人得当,事半功倍。

《淮南子·道应训》记载,楚将子发爱结交有一技之长的人,并把他们招揽到麾下。有个人其貌不扬,号称"神偷"的人,也被子发待为上宾。有一次,齐国进犯楚国,子发率军迎敌。交战三次,楚军三次败北。

子发旗下不乏智谋之士、勇悍之将，但在强大的齐军面前，简直无计可施了。

这时神偷请战。他在夜幕的掩护下，将齐军主帅的帷帐偷了回来。第二天，子发派使者将帷帐送还给齐军主帅，并对他说："我们出去打柴的士兵捡到您的帷帐，特地赶来奉还。"当天晚上，神偷又去将齐军主帅的枕头偷来，再由子发派人送还。第三天晚上，神偷连齐军主帅头上的发簪子都偷来了，子发照样派人送还。齐军上下听说此事，甚为恐惧，主帅惊骇地对幕僚们说："如果再不撤退，恐怕子发要派人来取我的人头了。"于是，齐军不战而退。

一个团队总是需要各式各样的人才。人不可能每一方面都出色，但也不可能每一方面都差劲，再逊色的人总有一方面比他人强。一个成功的领导人不在于他能做多少事情，而在于他能很清楚地了解每个下属的优缺点，在适当的时候派"逊色"的员工去做他们适合的事情，这样往往会取得出人意料的效果。

同样，作为一个领导者，要有容人之量——也许说容人之智更恰当，工作就是工作，千万不能夹杂自己的个人喜好。也许你今天看不起的某个人，他日正是你事业转机的得力之臣。

用兵无固定方式，如水无固定流向，能依敌情变化而取胜的，就是用兵如神了。

在企业管理中，企业要的是人、产品和利润，而人是至关重要的，因此企业领导始终要关注着企业人才的动向，不能由于一时的利益而损失人才的利益。

任人不能唯亲

【原文】舜相尧二十有八载,非人之所能为也,天也。尧崩,三年之丧毕,舜避尧之子于南河之南,天下诸侯朝觐者,不之尧之子而之舜;讼狱者,不之尧之子而之舜;讴歌者,不讴歌尧之子而讴歌舜。故曰天也。(《孟子·万章》)

【大意】舜辅佐尧28年,这不是尧一个人的意志能够做到的,这是天意。尧去世后,舜为他服丧三年,然后避居于南河的南部,为的是要让尧的儿子继承下去。可是,天下诸侯朝见天子的,都不到尧的儿子那里去,却到舜那里去;打官司的,都不到尧的儿子那里去打官司,却到舜那里去;歌颂的人,都不到尧的儿子那里去歌颂,却到舜那里去。所以说,这是天意。

孟子以为这一切都是天命使然。因为舜贤德,所以"天"不把天下传给尧的儿子,而是要把天下传给舜。从孟子的思想中我们看到孟子对于人才的选择,并不是那种任人唯亲的观点,而是唯才是举,只有贤德的人才能管理天下。在管理当中,唯才是举为最重要的手段。

鸡跟世仇敌黄鼠狼发生了战争,家犬和山上的野鸡为当指挥进行了争辩,并告到鸡王面前。

家犬说:"黄鼠狼最怕的是我,在战争时,让我为首领好灭掉黄鼠狼的威风。"

野鸡道:"不行,我来自于森林,很少与黄鼠狼打交道,他见我长长的翎毛肯定会吓得投降,在战争中,我应为指挥。"

鸡看见野鸡跟自己是同类,就让野鸡当上了指挥。

战争打响了,最终野鸡带领的鸡群全军覆没,成了黄鼠狼口中的美餐。

鸡任人唯亲,以野鸡为指挥,最终使鸡群全军覆没,遭到了用人不当的报应。

在企业的经营管理中,人才至关重要。选拔人才是任人唯亲,还是任人唯贤，这是企业成败的关键。在世界科技日益进步的情况下，企业要发展，就必须以当代最新科技成果来装备自己，而要达到此目的，必须要有掌握、运用这些装备，并不断把这些装备创新的人才。企业成功的妙诀在于领导者恰当地选用人才，而且对人才做到又培又养，从各方面去关心他们，使他们能团结在自己的周围，为企业服务。

新中国成立前猪鬃大王古耕虞经营企业时，特别注意搜罗人才，培养人才，他认为，一个企业的兴衰，很大程度上取决于经营管理人才。因此，古耕虞在这方面花的精力不少。他培养人才的经验是：既要培，又要养。培，就是帮助他们树立对企业的信心，掌握商品知识和其他经济方面的有关知识；养，就是企业的各种待遇和他们的前途是稳妥可靠的，培和养这两方面是相辅相成的。

古耕虞招收职员的要求是：中学生，试用期为2~3年，然后升为正式职员；大学生和留学生进来就是正式职员。职员分5级，多数人每年升1级，约有百分之十几升2级，百分之几升3级。在前途教育中，使他们明白，只要好好干，两三年内就可以养家糊口，成为公司的股东，五六年后就可生活得比较优裕。

古耕虞父亲办企业时，取名"古青记"，大有"传诸万世"之意。古耕虞接手后，大胆地开放股权与外姓，他宣布企业是社会上的事业，不是姓古的能独占。他认为，对于谁能担任董事长总经理，要选贤任能，不是只有姓古的才能当。所以，古耕虞时期，整个公司的领导层中，姓古的不过几个人。大多数经理、助理都是从外面聘请来的，有些还是古耕虞"三顾茅庐"从其他地方请来的。后来古耕虞搜罗国内人才不足，还请了10个美国人、5个德国人充当技术顾问。

1946年，古耕虞在美国设代表处，公司大多数人都向他建议任命他胞弟古大闳为宜，因为他胞弟是美国明尼苏达大学的经济硕士。但古耕虞却认为不可，认为他尚无实际经验，不足为任，而另派别人充任代表，古大闳仅作普通职员。古耕虞认为人如不以才能为依据，仅凭关系，别人是不会服气的，这怎么发展企业呢？

由于古耕虞坚持任人唯贤，他手下招揽了一大批人才，他的事业一派兴旺气象，他所办的公司也成为当时国内少有的大企业。

原中国对外贸易经济合作部副部长龙永图在中国入世谈判时曾选过一位秘书。当龙永图选该人当秘书时，引起哗然，因为这个人根本不适合当秘书。在众人眼中，秘书都是勤勤恳恳、少言少语的，讲话很少，做事谨慎，对领导体贴入微。但是龙永图选的秘书处事完全不一样。他是一个大大咧咧的人，从来不会照顾人。每次随龙永图出国，都是龙永图走到他房间里说，请你起来，到点了。对于日程安排，他有时甚至不如龙永图清楚，原本9点的活动，他却说9:30，经过核查，十有九次他是错的。但为什么龙永图会选他当秘书呢？因为龙永图是在其谈判最困难的时候选他当秘书的。当时由于谈判的压力大，龙永图的脾气也很大，有时候和外国人拍桌子，回来以后一句话也不说。每次龙永图回到房间后，其他人都不愿自讨没趣到他房间里来。唯有那位秘书，每次不敲门就大大咧咧走进来，坐到龙永图的房间就跷起腿，说他今天听到什么了，还说龙永图某句话讲得不一定对，而且他从来不叫龙永图为龙部长，都是"老龙"，或者是"永图"。他还经常出一些馊主意，被龙永图骂得一塌糊涂，但他最大的优点就是经骂。无论怎么骂，他5分钟以后又回来了：哎呀，永图，你刚才那个说法不太对。

这位秘书是个学者型的人物，他对很多事情不敏感，人家对他的批评他也不敏感，但是他是世贸专家，他对世贸问题简直像着迷一样，所以在龙永图脾气非常暴躁的情况下，在龙永图当时难以听到不同声音的情况下，有那位经骂的秘书在，就显得分外重要了。

世贸谈判成功以后，龙永图的脾气好多了，稀里糊涂的秘书已不再适合龙永图的"胃口"，于是龙永图很快把他送走了。

这里，读者可不要误解龙永图是个过河拆桥之人。因为一个人在某个特定的历史背景、某个特定的历史时期，他做某件事情适合，但是换一个时间，他可能就不适合了。

诚然，龙永图是位卓越的领导，因为他非常清楚什么时候什么人最适合什么工作，什么时候该用什么人，什么时候不该用什么人，这一点，是常人所无法望其项背的。

管理的任务简单地说，就是找到合适的人，摆在合适的地方做一件事，然后鼓励他们用自己的创意完成手上的工作。

用人要以品德为先

【原文】仁者无不爱也，急亲贤之为务。(《孟子·尽心》)

【大意】仁者，没有什么不该爱，但是急于爱德才兼备的贤人。

在孟子眼中的"贤人"就应该是个德才兼备的贤人。在企业管理中，也同样要注意，用人要以品德为先。

有两个士兵一起赶路，在半路上，他们遇到一个强盗。那个胆小者马上躲到一边，另一个胆大的则勇敢地迎上去，与之搏斗，杀死了强盗。这时，那胆子小的士兵跑过来，抽出剑，并将外衣丢开，大声说："我来对付他，我要让他知道，他所抢劫的是什么人。"

这时，那名胆大的士兵说："我以为你刚才能来帮助我，说些鼓励的话也好。现在，强盗已被我杀死，你拔出剑来有什么用？你说的那些话更没意思。你只能欺骗那些不知道你的人。我亲眼见到了你逃跑的速度，十分清楚你勇气的可靠性。"

这寓言讽刺有些人，当别人遇到艰难，甚至危险时，他袖手旁观，而别人一旦取得成功，他就跳出来，假仁假义地说要帮助别人。

许多公司在用人时都把"德"放在第一位，这也许代表了一种倾向。"德""才"是一对矛盾，历来难以取舍，不少老板为此大伤脑筋。其实，早在汉代，司马光就精辟地总结出了德才原则：有德有才重用，有德缺才限制，有才无德不用。

时间虽然在流逝，但今天的人们仍然遵循着这位先哲的用人之道。

北京用友软件股份有限公司把"德"排在用人的首位颇具有代表性。

创立于1988年的北京用友软件股份有限公司，是目前中国最大的财务及企业管理软件开发供应商之一，也是中国最大的独立软件厂商之一。用友公司开发的应用软件包括：财务软件、企业管理软件/ERP软件、电子商务软件/CRM 软件三大类。2008 年年底公司共有员工 3 万多人。1988 年率先推出商品化财务软件,1990 年财务软件率先通过财政部评审。1996 年,他们首家推出管理型财务软件,标志着中国财务软件从核算型走向管理型。1997 年最先推出 32 位 Windows95/NT 版财务软件,带领中国财务软件从 DOS 向 Windows 迁移。1998 年 4 月,发布用友新一代财务企业管理软件体系,同年推出 B/S(浏览/服务器)版财务软件。1999 年推出 iERP 企业资源计划系统,同年 8 月推出"网络财务"解决方案。2001 年在上海证券交易所上市。2005 年成为亚太本土最大的管理软件厂商。2007 年亚洲最大管理软件基地用友软件园开园。2008 年全球首款完全基于 SOA 架构的新一代企业管理软件 U9 发布……

可以肯定地说,用友的成功与用友的用人是分不开的。据用友人力资源负责人介绍,用友公司用人的原则是:

(1)品德放在首位。

(2)对事情的态度。因为只有积极的人,才有把事情做好的可能,也不是说完全能做好,但是这种可能性更大。

(3)与人相处、沟通的团队精神。按照用友的看法,软件发展到现在,个人英雄主义时代已经过去了,更多的是需要一个团队精神。

同样,恒基伟业最看重的也是良好的职业操守。恒基伟业的人才理念简单概括起来就是——尊重人才、培养人才、提升人才。

他们认为符合企业未来发展的人才应该具备以下素质:

(1)健康的人格。简单地说,就是要有原则,要有是非善恶的明确标准,有强烈的责任心和良好的职业操守。

(2)较强的创造性。他必须有创新意识,看问题有独特的视角,有创意冲动,有求异思维和敢于怀疑的精神。

(3)主动精神。有较高的主观能动性,有自我完善和自我发展意识,少依赖性。

(4)广博的知识。现在企业讲究人才要有复合型知识结构,这样可以保证人才有迁移性思维。

在这些素质中,健康的人格、良好的职业操守显得尤为重要,而良好的职业操守是实现目标的前提。

大胜在德。这也是慧聪公司的用人智慧。

在慧聪公司,宁愿用德高而能力一般者,也决不用有能无德者。因为在他们看来:小胜靠智,大胜在德。

创建于1992年的慧聪是一家商情服务公司。慧聪从14.8万元起家,到目前为止已在全国30多个城市建立分公司,员工达3000多名,建立了70多个行业纵向多层次的信息咨询与商务服务系统。慧聪的服务由商情报价拓展到了广告代理、市场研究、市场策划、广告监测、展示公关以及软件研发等一整套的商务信息服务链。目前慧聪已经不再是一个简单的商情公司,已经将自己的业务同互联网进行了完美的结合。

应当说,慧聪的"大胜"就在于有一大批有着共同追求理想的有"德"之才。

不以成败定终身

【原文】 所恶执一者,为其贼道也,举一而废百也。(《孟子·尽心》)

【大意】 厌恶执着于一点的人,因为它是有害的,所以,会由于只是坚持了一点反而废弃了其余很多方面。

孟子在此向我们阐述了一个简单而又普通的道理,不能"举一而废百",不要以成败论英雄。作为管理者要有宽容的气质,不要对人才要求苛刻,不要以一次的成败就对人进行判决。

一般来说,业绩出色的员工往往容易受到管理人员的偏爱,而对于那些有失败、过失记录的雇员来说,他们会在管理人员心中多少留有一些偏见。

管理人员的这种心态对企业人际关系而言是非常有害的,最终可能会导致两极分化,促使雇员之间对立的内部情绪的产生,而且作为管理人员,你也许会成为企业中"众说纷纭"的人物。

雇员业绩的取得是企业的一件喜事,也是值得你为之骄傲的,但这种骄傲一定要基于企业这个大家庭的基础之上,而不能滋生出一种强烈的个人偏好和憎恶的情绪。

雇员一次成绩的取得绝不能成为他赚取私人感情的资本,你对其个人的偏爱虽然是在很大程度上给了他信心与继续挑战工作的勇气,或许随之而来的还有更多的获得工作业绩的机会,但是企业是属于这里每个成员的,所以每个人都应该享受同等的权利与待遇。你对某个雇员的偏爱会让其他雇员为你们的这种亲密关系不知所措,一个个问号会在脑海中被肯定了又否定,否定了又肯定,在一段时间的折腾之后,他们与你和所喜爱的那位雇员的距离会越来越远。

由于待遇的不平等,机会享受的不公正(至少他们会认为是这样),

企业的人际关系变得紧张了，雇员从你的偏爱中也学会了选取个人所好来加强个人的势力。结果最糟糕的事情发生了，企业仿佛变成了四分五裂的散沙，无数的小阵营使企业的这股绳结出了解不开的"死疙瘩"！

你对业绩不太出众或犯过错误的雇员的成见与你对业绩好的雇员的偏爱一样，对企业的人际关系的和谐，对企业的发展，都同样有害。

人非圣贤，孰能无过？错误固然是不可原谅的，但你万万不该给这位可怜的员工下了"他只会犯错误"或"他根本无法办好此事"的结论。

犯了错误的雇员通常都有自知之明，他们在对自己行为检讨的同时也是懊恼不已，你对他们的归类不仅使得他们的信心又遭受了一次打击，而且，他们还会产生破罐破摔的消极情绪，并对企业与你个人产生敌对抵触情绪，这对企业的安定团结显然是一种巨大的潜在危险。

消除你心中已有的成见吧，别让那几次失败的经历总萦绕在你的脑海中，使你总是怀疑别人改过自新、从失败中走出来的能力。坐下来，与他们恳谈，帮助他们找到错误的原因，恢复他们的自信。你要在语言中充分表示出对他们仍然信赖，只要他们走出自我消极的误区，一样能为企业做出贡献，况且失败的经历孕育着成功的希望。

作为一个管理人员，你应该懂得，雇员个人的成功与失败是企业荣辱的组成部分。你的任务是不断地充实集体的力量，而不是人为地制造分裂！

第五章 尊贤使能——孟子的用人之道

污水要清除,烂苹果一定要果断扔掉

【原文】贼仁者谓之"贼",贼义者谓之"残"。残贼之人谓之"一夫"。闻诛一夫纣,未闻弑君也。(《孟子·梁惠王》)

【大意】破坏仁爱的人叫作"贼",破坏道义的人叫作"残"。这样的人,我们就叫他"独夫"。我只听说周武王诛杀了独夫殷纣,没有听说过他是以臣弑君的。

孟子对于战争的态度非常鲜明,认为残虐的暴君只是在毒害百姓,让百姓处于水深火热之中,对于这样的君王,有仁德的人必定会将其诛灭。在管理中也是一样,对一些毫无作用的下属要毫不犹豫地将其解雇,以免引来大祸。

"酒与污水定律"是指,如果把一匙酒倒进一桶污水,得到的是一桶污水;如果把一匙污水倒进一桶酒,得到的还是一桶污水。

在任何组织里,几乎都存在几个难弄的人物,他们存在的目的似乎就是为了把事情搞糟。最糟糕的是,他们像果箱里的烂苹果,如果不及时处理,会迅速传染,把果箱里其他苹果也腐蚀掉。

"烂苹果"的可怕之处在于它那惊人的破坏力。一个正直能干的人进入一个混乱的部门可能会被吞没,而一个无能无才者能很快将一个高效的部门变成一盘散沙。组织系统往往是脆弱的,是建立在相互理解、妥协和容忍的基础上的,很容易被侵害、被毒化。

破坏者能量大的另一个重要原因在于破坏总比建设容易。一个能工巧匠花费时日精心制作的陶瓷器,一头驴子一秒钟就能毁坏掉。如果一个组织里有这样一头驴子,即使拥有再多的能工巧匠,也不会有多少像样的工作成果。如果公司里有这样一头驴子,应该马上把它清除掉;即使不清除掉,也应该把它拴起来。

在一个企业，对那些实在难以管教的下属，作为企业领导，就必须当机立断，该解雇就解雇！

尤其对其中一部分敢于背叛自己的下属，更要毫不留情，狠下杀手，不要因为酒里面有一点污水，弄得整桶酒都不能喝了。

某知名作家去报社办报，结果没几天自己便主动辞职。这并不是说他没有能力写稿子，而是他的确不懂怎样把报纸办得令读者叫好，他自己也感觉比写小说还累。于是，作家继续拿起他的笔写小说。

老板在用人上同样会遇上像上述作家这样的人才，他们的确是那类很优秀很出众的人才，只是由于他们对某些事务或某类工作不熟悉，操作起来不仅显得吃力，也显得被动。有的人适合搞科研，有的人适合做管理，有的人喜欢习文，有的人酷爱练武。一个优秀的领导应该清楚地了解其下属的所长，让他们各就各位，各司其职。

如同那位作家，报纸没办好，既浪费了自己的时间，也为报社带来了不必要的经济负担。在这种情况下，老板最理智的办法就是让这个人回到他该去的地方，做他应该做得好的事情。即使把这个得意之才留下来，也只能是赔了夫人又折兵，不值得。

作为一个管理者，你必须十分明白全体员工的工作目标，了解团体的需要，并明白个人的工作情形，在适当的时候，作出明确果断的决定，不可受任何人情因素的蒙蔽，如此方能成功。

解雇员工一般总是使企业领导心情沉重，唯一使企业领导不感到难受的时候是当他解雇一个彻底背叛公司的人。

1. 扔掉"烂苹果"

曾经有一个厚颜无耻的背叛者，私下准备离开公司，并打算带走所有他经手过的东西：客户、卷宗、机密文件等。当公司得知此事后，立即安排他出一天差，趁他不在的时候，彻底清理了他的办公室并更换了所有的锁。他一回来，就将他解雇了。

这里并没有任何玩弄阴谋诡计之嫌，这样的情况无论在微型公司或大规模的公司都时有发生。遇到这样的事，你只有以毒攻毒。

2. 解雇地点的选择

你应该选择在什么场合解雇某个人，取决于你自己的想法。他的办公室，你的办公室，另外一个什么地方都可以。因为解雇一个职工的背景是千变万化的，所以这里也没有什么规矩可循。

有些领导在决定解雇职工的地点与方式时所依据的是他们希望将何种信息传递给其他职工。有位领导曾当着全体职工的面解雇员工，目的是杀鸡给猴看。他将公司所有的100名职工召集到会议室，心里盘算好，在会议的过程中他一定可以挑出那只烂苹果，并当场炒他的鱿鱼。这是精心策划的一场戏，只是其职工不知道而已。

3. 解雇需要技巧

作为老板，对不称职的职工予以解雇完全是分内之事，但在具体处置时，即使是那些以"硬汉"著称的公司经理也难下决心，认为解雇员工是件很棘手的事，总担心会引起连锁反应：怎样向客户解释呢？如何以此调动职工的工作积极性和责任感？如何做好善后工作？等等。

解雇不称职的人，最好的办法是：

（1）机会选择适当。如果你要炒他的鱿鱼，应选择对公司最为有利的时机。在商务来往中，你的职员必然手中尚有要完未完的生意，掌握有一定数量的客户，在未找到代替他的人之前，一切未准备就绪时，就暂时不要解雇他。有时你会等上几天甚至更长的时间，以便更大限度地减少因解雇他而给公司带来的震动和对公司带来的伤害。

你应及时通知客户，将会有另一位员工代替被解雇者的工作，并表示公司愿意与客户继续合作的愿望。在公司内部可派另一员工到其负责的部门工作，并委以重任，或让另一部门的领导同他的客户认识，并逐渐接手其业务。

（2）由他先提出来。对付想跳槽的员工，最好的办法是由他提出辞呈。让他体面地离开公司，总比你直接下逐客令要好。如在解雇他时，给他发放一定数额的离职费，并且给他在其他的公司找一个适合他做的工作。对你的所作所为，他会一辈子永记心中，不会到处对你解雇他而说三道四，败坏你的名声。

其实安排某人主动提出辞职，并不是件复杂难做的事，但也不能太随便，应注意当时说话的场合和方式。最容易让人接受的方式是找他谈话，说："鉴于我们公司业务的特殊性，我认为你在公司这样长期做下去，显然对你对公司都不太合适,公司已决定,你应离开公司另找工作。但是什么时候离开?怎样离开?还没有正式决定下来,请你先考虑一下,然后我们再交换意见。"

这样简单而直截了当的谈话,将会取得你预想的结果。

(3) 为他找到合适的位置。有些职工虽然肯干诚实,但是碍于自身文化水平较低、适应能力弱等原因,不太适应公司业务发展需要。如公关部的某公关先生对于结识发展新客户、开拓新市场有一定能力,但在其他方面却毫无办法,并且常常会把事情弄得很糟。这里如何安排他为好,是解雇?或是降级使用?必须认真研究。常用的处理方法是,把他调到另一个适合他的工作岗位上去,或许他会干得更好。关键是找到合适的部门。

(4) 果断处置不手软。对任何公司和老板来说,开除或解雇员工,总是一件令人不快的事,因为这或多或少地反映了公司存在着某些缺陷或不足之处。但是如果解雇的是一个多待一天就会对公司危害无穷的"捣乱分子",则没有一点值得留恋的。

这种做法并没有一点算计员工之嫌而不讲情面,对于这种人只能当机立断,否则他阴谋得逞,公司将后患无穷。

只有这样,你才能彻底排除纵容下属、姑息养奸的可能。

就像舞台上总会有一个两个奸角。员工里面也并不全是忠诚之辈、老实之人,肯定也会有一两个类似于奸角的人。精明的领导当然很容易辨认出来,但偏偏有不少领导患上"近视症",或者本身就不正,有徇情谋私之意,结果让几只"烂苹果"把整箱苹果都腐蚀掉了。

第六章　得民心者得天下
——打造无敌团队，营造良好气氛

　　孟子在论述天、地、人三者关系时，把"人和"排在首位，"天时不如地利，地利不如人和"。"人和"即是"有道"，有道也就有了胜利之本："得道者多助，失道者寡助"，民心是决定战争胜负的最重要因素。

　　孟子所说的得民心者得天下是仁政管理的重要手段，这一道理同样适用于现代企业管理。管理一个企业与管理一个国家道理相同，只有企业内部员工充分有效地团结在一起，有共同的追求，有共同的目标，每个人都在发挥着自己最大的才能与智慧，企业才能在硝烟弥漫的商战中立于不败之地。

管理是团队的游戏

【原文】天时不如地利，地利不如人和。(《孟子·公孙丑》)

【大意】有利的时机和气候不如有利的地势，有利的地势不如人的齐心协力。

天、地、人三者的关系问题，古往今来都是人们所关注的话题。如果硬要比个高低的话，在三者中，人和是最重要的，并且起决定作用。论述了三者的关系后，孟子随后得出"得道多助，失道寡助"的结论。

这两句话都已经成为了我们企业管理的名言。从企业角度出发，一个企业就是一个团队，只要整个团队齐心协力就会产生无穷的力量，正所谓"人心齐，泰山移"。所以企业管理者必须注重团队的建设。

管理是团队的游戏，这是新时期的管理者们在金字塔倒塌后，站在一片废墟上的最乐观的回答。他们同时也发现，在企业组织中各个团队的建立，使游戏变得更有趣，也更富有创造性。雇员们在得到参与管理的切实满足以后，爆发出了强大的工作热情与干劲，个人业绩有了极大的提高，整个企业组织在各个小团体的集体参与下形成了繁荣于内、"结果"在外的良好现象。

团队建设在日本的企业经营中占有很大的比重，甚至成为外界学习与了解日本文化的突破口。的确，日本企业中的这种管理模式与这个民族特有的民族性有着千丝万缕的联系，但这并不意味着团队的结构只能在日本行得通。

第二次世界大战后日本经济迅速发展，使这个战败国又屹立于世界经济列强之林，同时也使整个世界为之一震。日本企业在世界市场争夺中的屡屡得手，使人们更想通过其辉煌业绩来窥视一下他们企业成功的内部奥秘，终于团队建设的话题又一次被引入了"尘土仍在飞扬"的企业管理界。

人们在组织中看到了如细胞一样的东西，它们本身为组织生命机体的稳定与活力提供着能量，同时又在积极主动地吞食着侵入组织内的有害病毒，维护着组织的健康。

为什么这种团队的存在会使组织有如此旺盛的生命力呢？组织中这些小团队或群体不具有明确阐述的目标与职位结构，它的真正目标实际上已经被员工内在化了，具有了高度的自然性，这可能是出于人们之间某些共同的需要，也可能是由于一种共同的利益。这样的组织形式中所包含的精髓，也许会在医院里的手术小组中得到更切实的体现。在团队中，成员之间的个人关系被当作了目的本身，人们在心理上彼此知晓，心照不宣，都理解他们自己是一个群体，代表着一项事业。

在人们结成的这种小团队中，交流的方式被大大扩展了，甚至他们还创造出了自己独有的沟通信号，人们可以用讲与听、写与读进行直接的交流，但也可以是用目光、姿势、摇头、点头、皱皱眉、拍拍背等这样的形式来相互会意。这正如篮球比赛中职业选手出神入化的配合，大有心有灵犀一点通的味道，这显然使得团队成员之间形成了无懈可击的默契，人际关系已超然于工作关系之外，结成更深的情感组合。

每个人都具有最有成效地发挥自己的聪明才智和在工作中实现心理上的满足的愿望，这也许正是自我实现的需要。但科学技术发展到今天，那种单凭个人智慧与知识进行发明创造的领域比起爱迪生所在的19世纪来说要少得多了。人们在组织中个人价值的实现、参与感的满足通过一个个相对独立的团队、群体而得以实现。在这里人们在展示才华的同时，又充实了自己的知识，奇思妙想的智慧火花正是伴着团队中无拘无束、轻松自如、协调一致的气氛而不断闪耀着，而正是这些精妙的构思才改变了组织的面貌。

团队从某种意义上来说是组织机构的最大精简。组织是一个庞大的机体，传统的金字塔结构在倒塌之时，也留下了一大堆的麻烦，塔的底座仍然是企业最臃肿的包袱。小团队、群体的组建使规模庞大的组织群体分割成了灵活自如的小块，小块之间有发达的组织，通信神经相连，使它们互相牵制但又保持相对的独立。而且值得注意的是，团队的建立使这个群体在时间的推移过程中也有了自己的特有心理现象，正如个人的感觉、意志、动机等心理特征一样，团队的群体心理如舆论、士气、风尚、自豪等也会作用于其中的每一个人，使他们结成了荣辱与共的普遍心理。对组织来说，一个团队就如同一个有着很高工作效率、讲求工作业绩的组织管理人，为组织的发展与创新献计献策，而且从宏观上来看，这样的组织形式也会使人产生简练、明快的组织印象。

　　管理的真实目的在于提高企业的业绩，促进企业的成长与发展，团队无疑为企业组织机体提供了真正的具有活力的细胞。金字塔的组织机构过去在组织发展中产生过积极的意义，但随着企业机体的新陈代谢，它已经成为了组织坏死的细胞，最终是要被更具生命力的新细胞所取代的。

生于忧患，死于安乐

【原文】生于忧患而死于安乐也。(《孟子·告子》)

【大意】忧患使人生存，安逸享乐却使人败亡。

居安思危已成为现代管理学的一句名言。若你在事业达到辉煌顶点的时候，便躺在功劳簿上睡大觉，当你醒来之时，就会发觉你已跌落于深渊。世界发展很快，若一停下前进的脚步，就会被别人超过，落后于时代。只有居安思危，前进再前进，你才能保持旺盛的精力。

一天早晨，老鼠打算出门找点吃的。它非常小心地先向四周观察了一番，发现离它两步远的地方有一只鼬鼠。

"好险啊！"老鼠叫起来，"我得让它先过去，免得我变成它的午餐。"

突然，不知从哪儿跳出一只气势汹汹的灰猫，它像闪电一样扑到鼬鼠背上，紧紧咬住了鼬鼠。

老鼠看到这一切，松了一口气，不禁对自己说："现在我可以放心大胆地散步喽！"

老鼠高兴地甩着尾巴，大摇大摆向前走去。但是，仅仅就高兴了这一下，它就落到了这只灰猫的爪子中，也失去了生命。

老鼠由于没有危机感，最后祸及自身，成了猫口中的食物。

若是一个企业没有危机意识，就会安于现状，当然更不会进步。

企业光荣的历史不能一直缅怀，因为历史是过去，而我们面对的却是现在和未来，如果一直沉湎在过去当中，吃老本，那么企业很快就会丧失竞争力。

所谓"生于忧患，死于安乐"就是这个意思。

中国有句古话，叫"富不过三代"。台湾大富豪王永庆认为，创业者脚踏实地，吃苦耐劳，克服一切困难，最后成功了。成功后，自然而然地松懈下来，养尊处优，无危机感和风险意识，久而久之，一种自满情绪弥漫在公司内部，过去奋斗、挣扎时的那种紧迫感逐渐消退，许多人会认为自己应该有享受成功的权利，从而使企业失去了初创时的活力。由于抵挡不住竞争中的横逆，离败亡也就不远了。

这是对"富不过三代"的一种注解。

观察一下古今中外企业成功的事例，不难发现，他们哪一个不是白手起家，从无开始的？但是，当他们把辉煌的事业交给后代的时候，往往会出现今不如昔，甚至会日落西山。究其原因，是他们的继任者"崽卖爷田不心疼"，而导致家业的衰落。

有些企业，在创业初期，因规模不大，往往采取"家长制"的管理方法，企业老板一竿子插到底。这样的管理风格，随着企业的发展很容易得到强化。企业老板把过去的成功等同于现在，把昨天的智慧等同于今天，把昔日的威望强行于眼下。企业决策缺乏制约，再大的风险、再多的投资也是一个人说了算，没有形成有效的管理机制和集体决策机制，企业越发展，就越容易埋下危机和衰落的种子。企业老板个人素质的提高应跟上企业发展的需要。随着企业的发展、竞争的加剧，如何节约成本、提高效率、运作资本、加强管理等，是企业老板的基本功。现代企业的管理者必须是一个成熟的"舵手"，他应该既能组织好内部的"划船队"，又能组织好社会上的"拉拉队"。成功的企业老板往往在"摸着石头过河"的阅历中形成了自己的经验和思路，这些东西要打破是很困难的。然而，市场是不断变化的，企业如果不懂得尊重市场变化规律，掌握消费动向，不能用新的眼光、新的方法去处理所面临的新问题，则难免会令企业陷入被动挨打的境地。

由于企业的成败与企业老板的身家性命连在一起，对外人不放心的戒备心理，使得许多老板从创业开始就在企业内部搞家族式管理。比如，在S集团，总裁的儿子是董事长；在F集团，总裁的妈妈是二把手……家族式管理，使企业内部缺乏公平竞争机制，很可能是外行领导内行；家族式管理很可能滋生腐败和官僚。曾轰动一时的某品牌商品在市场走红后，老板有意放权，撒手给部下干，结果两年换了四任总经理，每次都得他来收拾烂摊子。后来才发现，所欠下的5000多万元债务，许多是内部勾结造成的，如有人拿了一笔回扣就走。企业老板成功以后，既不可贪大，也不可贪多求全。有理智才能战胜自我，而不至于"一失足成千古恨"。或许这就是居安思危的关键所在。在西方经济理论界，有一条跟"黄金分割"很类似的规律，一家成功的企业，其80%的资金应集中于某一行业，在对该行业的开发中，至少有80%的资金应集中于某一类主导产品，这条定律是完全可以提供给企业领导们比照一下的。

有些企业，他们的员工都很优秀，可是过于安于现状，或者因为机构的体制，使得他们不大愿意努力地工作。

阳极生阴，阴极出阳。企业在它抵达事业辉煌的顶点时，往往就潜藏着失败的危机。

挫折、失败并不可怕，可怕的是我们的企业领导们不知道成功的背后隐藏着巨大的危机。企业最终要强大，要保持旺盛、持久的竞争力和生命力，必须居安思危。

20世纪80年代后，计算机市场因其带来的利润非常可观，有许多公司纷纷加入这一行业，想与IBM公司一比高下。可是，IBM公司的实力太强，单打独斗，没有一家公司是IBM的对手。于是，这些公司就有点类似于中国战国时期燕赵魏等众国对付强秦一样，联合起来，从四面八方向IBM公司发起围攻。

为了取得战争的胜利，竞争对手们简直不惜代价大做广告，目标都是为了打败IBM。整个计算机行业1982年的广告费用不到10亿美元，到了1984年，在这场围攻IBM公司的大战中，计算机行业在广告上的开支就已突破了30亿美元，大大超过了轿车和香烟的广告开支。

虽然竞争者的攻势很可怕，但是IBM公司并未立即还击，而是采取了自我加压、超越自我的战略。因为这时的IBM公司已今非昔比，实力雄厚。只要能自我完善，使竞争者找不到突破口而徒劳无功，那么就胜券在握了，不必跟竞争者"一般见识"。

IBM的自我超越策略是"要比IBM更价廉物美"。公司不断淘汰过时产品，推出新型优质的产品。市场上，IBM公司的新产品不断涌现。首先推出的是XT型个人计算机。它装有一个硬盘驱动装置，能够存入5000页的图文资料。接着，装有全新微处理器的AT型个人计算机取代了XT型个人计算机。《华尔街日报》对此评论道:"AT 型个人计算机为它的竞争对手和自己的产品带来了一股压力。AT 型计算机功能显著,价格便宜,它的市场销售潜力巨大。这迫使 IBM 的对手们不得不重新思考自己的产品和战略。"甚至业内有人预言,一年之内,AT 型个人计算机的销售量将超过第一代个人计算机和 XT 型个人计算机销量的总和。

IBM 推出的 AT 型个人计算机使竞争对手们无可奈何。在计算机行业首届贸易展销会上,IBM 的竞争者们没有一个能拿出能与 AT 型个人计算机相抗衡的新产品。《纽约时报》评论说:"在展览会上,IBM 的产品没有受到任何挑战。"连一向自负的苹果电脑公司总裁约翰·斯卡尼也不得不承认,在个人计算机领域内,IBM 已经设置了一堵高大的墙,使别人难以逾越。

IBM 新产品的出现使整个计算机行业都感到了危机。于是没过多久,那些曾经刊登过攻击 IBM 公司广告的新闻媒介纷纷转向报道竞争者的损失情况。

例如,原先气势汹汹的雷森公司看见大势不妙,连忙抛弃了数据分析公司,结果税后亏损额仍高达 9500 万美元。皮特尼·波斯公司亏损 2230 万美元,并放弃了文字处理机的生产;老鹰计算机公司、幸福系统公司、哥伦比亚数据公司等都出现了大量亏损;而计算机设备公司、奥新伯尼计算机公司则损失惨重,最后不得不倒闭关门。

不断搅动锅里的水

【原文】 今国家闲暇,及是时,般乐怠敖,是自求祸也。(《孟子·公孙丑》)

【大意】 如今国家没有内忧外患,却趁着这个时候享乐腐化,这是自己寻求祸害。

孟子指出贪图享乐,是自己给自己找祸害。在企业内部管理当中,不能让员工们停下来享乐腐化,而要让他们动起来,要有竞争意识。

让我们先看看一个关于鲶鱼效应的故事,或许能让我们受到启发。

挪威人的渔船返回港湾,鱼贩子们都挤上来买鱼。可是渔民们捕来的沙丁鱼已经死了,只能低价处理。只有汉斯捕来的沙丁鱼还是活蹦乱跳的。商人们纷纷涌向汉斯:"我出高价,卖给我吧!"

"卖给我吧!"

商人问他:"你是用什么办法使沙丁鱼活下来的呢?"

"你们去看看我的鱼槽吧!"

原来,汉斯的鱼槽里有一条活泼的鲶鱼到处乱窜,使沙丁鱼们紧张起来,加速游动,因而它们才存活下来。

其实激励人的道理也是一样。一个公司如果人员长期稳定,就会缺乏新鲜感和活力,从而使公司员工产生惰性。

因此,管理人员就应该请来一条"鲶鱼",让他担任部门的新班长。让公司上下的"沙丁鱼"们立刻产生紧迫感和危机感:"你看新班长工作速度多快呀!""我们也加紧干吧,不然要被炒鱿鱼了。"这就产生了"鲶鱼效应"。

这样,整个公司的工作效率不断提高,利润自然是翻着筋斗上升。下面的例子就是很好的证明。

1991年12月，约玛·奥利拉被诺基亚董事会任命为新的总裁。这个决定令奥利拉大吃一惊："我毫无准备，而且我也并不觊觎这个职位。但我还是知道自己该做些什么。"

诺基亚的员工对这个新总裁可没什么指望。奥利拉也显得有点缺乏信心。

但奥利拉信心的增长和诺基亚业绩的提高成正比。

1992年最后一个季度的数据已显示出效益的增长。到1993年，诺基亚已经摆脱危机的阴影走向光明。随着收益曲线的上升，奥利拉的信任度也以同样的速度增长。他有了自信，更辛勤地穿梭于世界各地诺基亚的企业。

奥利拉最让人看不懂的就是开始"变卖"家产。这让诺基亚"老人儿"心疼。

人们不理解奥利拉的宏伟计划。他告诉人们：把其他部门卖掉，就是为了保证移动网络和移动电话业务的持续发展。

芬兰人一致认为，奥利拉坚定而快速地转向电信业的发展规划以及出售诺基亚其他部门的行为具有天才的创意。

因为有了奥利拉，这就变得更加可能。毕竟奥利拉是作为诺基亚移动电话部门的主管且身经百战后成为公司总裁的，他血管中流动的都是电信的血。

1992年，诺基亚的实力（利润）如下（百万瑞典克朗）：移动电话：655；电信：640；电视机制造：-1176；电缆、机械：171；其他：139。

就是再傻的人也看得出，电视机制造部门应该淘汰了，而电缆和"其他"业务也应该给电信部门让位。事实也是如此。到最终任务完成时，奥利拉总是把战功记在员工身上，把自己说成是"总推销员"。多么谦虚的一个人啊！

奥利拉最看重的就是他的组织。

奥利拉严格要求，公司的产品应该完好无损地出厂，所有的配件应该轻松获取，在工序中都不应该出现瓶颈。员工们必须百分之百地将注意力集中在诺基亚发展战略上。

奥利拉最大的实力就在于对他人的理解，他总是能为合适的人找到合适的工作。

奥利拉管理哲学的基础是"不断搅动锅里的水",消除必要的赘肉,没有人在同一个岗位工作太长的时间。各个阶层的员工不断地变换岗位,接受新的挑战。在走向工作岗位前,所有诺基亚的新员工都会得到一个手册,上面写着这样一句话:"你为诺基亚做得越多,诺基亚也能为你做得越多。"

奥利拉的成功管理在于不断搅动锅里的水,让它转动。

第六章 得民心者得天下——打造无敌团队,营造良好气氛

凝聚人心,从小事做起

【原文】 桀、纣之失天下也,失其民也;失其民者,失其心也。(《孟子·离娄》)

【大意】 桀和纣之所以失去天下,是因为失去了老百姓的支持,之所以失去老百姓的支持,是因为失去了民心。

孟子认为得民心者得天下,这一观点是非常正确的。在企业管理中,得到员工们的支持,留住英才,对提高整个企业战斗力是非常重要的。

领导关心员工,是为了让员工安心工作,忠于企业,为发展企业做贡献,企业做大了,效益好了,对员工的优待也会更大。

员工的忠诚和积极性是企业生存和发展的关键,它是凝聚于整个企业组织的黏合剂,使企业得以赢得员工的信任。所以企业的领导一定要拿出"笼络之方",关心每一位职员,关心的动作无须太大,从一件小事开始就行:

(1)对工作上的关心,满足职工的个人需要。

(2)对职员家人的关心,虽然付出的不多,但收获很大。

(3)对职员健康关心慰问,能使职员深受感动。

(4)对工资的要求得以满足。

(5)常与雇员多谈心,沟通拉近彼此距离。

有位伟人说过,身体是革命的本钱。因此,关心员工要从关心他的身体健康开始。这话听起来好像与企业无关,但细细推敲,就会发现它起着很大的作用。在世界手机行业占据"大哥大"地位的摩托罗拉公司的总裁保罗·高尔文,他之所以获得成功,一个重要原因就是从关心员工的身体健康下手,从而获得员工的心。

在摩托罗拉公司,不管员工本人或是员工的家人生病了,总裁高尔文说得最多的一句话是："你真的找到最好的医生了？如果有问题，我可以向你推荐这里看这种病的医生。"

告诉大家一个感人的数字，员工阿诺斯的手术费是 200 美元，这对高尔文来说是一个小数目，可是这 200 美元代表的价值是对人的关怀和尊重，因为它买下了一个人的心灵。

一位大公司总裁能这么真挚地表达他对员工的关怀和爱护，其情意令任何一位员工都会感激涕零。员工为报答总裁对自己的深情厚谊，会加倍地工作来表明他们对企业的忠心。

常言说：有付出就有回报。高尔文对员工的付出和努力，感动了很多人，在行业中颇有口碑。许多人出高薪请不来的专家被请来了，许多员工在摩托罗拉一干就是好多年。由于一流的专家和有经验的员工的全心竭力，摩托罗拉公司在短短的几年中，就在手机行业占据了龙头老大的地位。

而且，医院的账单可直接交给他，不需要向生病的员工解释什么。

像这样的故事在摩托罗拉公司发生实在是太正常了。

一个企业的发展和崛起，靠的是管理者聪明的经营才智和员工的齐心协力的扶持。如果说管理者是冲锋的元帅，那么员工就是强大的后盾。只有上下同心，才能创建成功的企业。关心员工吧，他们并不需要多高的报酬，需要的是领导者温馨的慰问抚慰；关心员工吧，从关心他们的身体健康开始！

公司内部的协同精神

【原文】 家必自毁,而后人毁之;国必自伐,而后人伐之。(《孟子·离娄》)

【大意】 一个家庭总是先有自取毁坏的因素,别人才毁坏它;一个国家总是先有自取讨伐的原因,别人才讨伐它。

孟子指出了一个家庭或一个国家的灭亡都是从自身开始的。这样的事例我们在历史上可以找到很多。企业管理也是一样,在员工之间应树立团结、协作的精神。

一只绵羊走进酒店,擦了擦眼睛,对老板说:

"给我一碗酒喝喝吧。"

老板把酒拿来,绵羊把头伸进碗里,喝光酒,说:

"再来一碗!"

"为什么喝这么多酒?"老板问绵羊。

"心里痛苦。"

"什么事?"

"去年秋天,一只狼偷偷钻进羊舍,拖走了老绵羊——我的父亲,世界上再也没有我爸爸了!只有它的铃还留着。"

"既然如此,你唱歌吧,唱唱歌,也许心里会轻松点。"老板劝道。

绵羊喝了一整天酒,从酒店出来时,已是醉醺醺的了,它用沙哑的嗓子哼着歌。

"你唱什么?"山羊问它。

"我喝了酒,所以就唱了。"

"看你醉成这个样子,不好啊!"

"我能不喝酒吗?"绵羊争辩说,"我心里痛苦。去年秋天,狼拖走了我的亲爹。"

"你现在往哪儿去?"

"到森林里去。"

"到了那里做什么?"

"同狼打仗,我要战胜它,剥了它的皮,卖给猎人,让他们给我做面鼓,鼓会发出声音,我就可以跳舞唱歌了。"

这时,绵羊眼睛里闪着快乐的神色。

"我也去。"山羊说,"我的角很尖。"

"不必!我自己能对付它。"

醉醺醺的绵羊走出村庄,慢慢地向森林走去。它遇到一条狗,狗了解到绵羊去的地方后,就说:

"我同你一起去。去年夏天,狼吃了我两个弟弟,我要用牙齿对付它,你去引它打架,我跳到它背上咬它。"

"你不要管我的事。"绵羊说,"我现在愤怒至极,可以一下子把它打倒在地。"

绵羊独自一个去同狼打架了,可是狼把它也吃了。

过了不久,山羊跑进森林来为朋友报仇,但狼把山羊也吃了。

狗也来到森林,要问问狼,为什么吃掉它的两个兄弟。但狗也没回去。

狼直到今天还在森林里,它心里想:要是全体绵羊、细腿的山羊、牙齿锐利的狗一齐来向我进攻,我早就完了!森林里也一定没有我的位置了。可它们一个个来,就对付不了我了。

绵羊忽略了协同精神,最后走向失败的命运。同样,山羊和狗也忽略了协同精神的重要性。

现代企业管理是协同精神的游戏。组织中的领导面对传统的等级界限,明显的金字塔式的组织结构时,应该更乐于这样回答。经理必须是一个主动与人合作的角色。有效地协同团队事实上是组织结构的最大精简。

协同精神是"围绕着信任"而展开的,在信任的建立和维系上,其基本的规则是:

(1)信而有情。

第六章 得民心者得天下——打造无敌团队,营造良好气氛

（2）信而有限。

（3）信而有学。

（4）必要的沟通，以消除误解。

（5）创造健康、合作的氛围。

（6）使用各种技巧、处事态度和情感上的灵活性。

1992年前后，美国各大航空公司总共亏损了20亿美元，连续三年的赤字总计达到了80亿美元。三大航空公司——环球航空公司、大陆航空公司和美国西部航空公司——都在第11条破产条款下运作，其他航空公司也在排队"急着"进入它们的行列。而1993年度的统计数字尤其给人留下深刻印象，这是因为像德尔塔航空公司、美国航空公司和联合航空公司在此期间都出现巨额亏损。

看起来航空业发生了灾难性的亏损。然而事实并非这样，西南航空公司却一枝独秀，其在1992年销售额增长率高达25%，并且仍然保持盈利。而在西南航空公司22年的经营中，除最初两年外，年年盈利。当其他航空公司挣扎在破产线上，解雇司乘人员和机械师，关闭某些航线时，西南航空公司却在大张旗鼓地推进它的增长计划，购买更多的飞机，开辟新航线，招聘新人员。

它的成功法则是什么呢？

西南航空公司最突出的是它的高效率，它因此赢得了11次美国运输部颁发的"三重皇冠"奖——最佳正点率、最佳飞行安全记录和最少投诉次数。在美国，没有哪家航空公司赢得过这种荣誉。

在此荣誉的背后，西南航空公司不会忘了一个非常人物——赫伯·凯勒尔。

这个才华横溢的首席执行官采取了低价、紧缩性的管理方式，才找到了一个具有战略意义的机遇之窗。

赫伯·凯勒尔是一个什么样的人呢？

凯勒尔出生在新泽西州，他父亲是一家公司的经理，先后毕业于Wesleyan大学及纽约大学法学院。1961年，他来到圣安东尼奥，在那里，他的岳父帮他成立了一个律师事务所。1968年，他和一些投资者出资56万美元创立了西南航空公司，其中，凯勒尔出资2万美元。

在最初的几年中，凯勒尔是这个新成立公司的总法律顾问和董事。尽管他没有管理经验，但他的升迁比飞机飞得还快：1978年被选为董事长，1981年成为首席执行官——他成为这家航空公司中最显眼的人物。

凯勒尔开始在公司的大多数商业电视广告中露面。

它的竞争对手美国西部航空公司看不惯了，指责西南航空公司的一些广告，认为它们的乘客会因为乘坐简陋的飞机而感到窘迫。

于是，凯勒尔头顶一个皮包又出现在电视广告中，他承诺向所有为乘坐西南航空公司班机而感到窘迫的人提供这个包，指出它可以用来装"所有因为乘坐我们的飞机而省下来的钱"。

凯勒尔给人感觉是个古怪的人。他喜欢讲故事，他自己经常是故事中的笑料，而且许多是实际生活中发生的笑话。

他承认自己有时有一点注意力不集中。

在他杂乱的办公室内，他放了一些陶制的野生火鸡作为他最喜爱的一种威士忌酒的标志。

他的毛病也挺多，一天通常吸五包烟。

有一个关于他的好笑的例子：他将自己的一架737飞机画成杀人鲸的样子，来庆贺圣安东尼奥海底世界的开幕。

还有，在一次航行中，他让机上服务人员扮成驯鹿和妖精的模样，同时让飞行员一边通过扩音器唱圣诞颂歌，一边轻轻晃动着飞机向前飞去。

"凯勒尔是一个真正的疯子！"Braniff航空公司的市场部经理托马斯·J.沃尔兹这样说道，"但是谁又能对他的成功说些什么呢？"

凯勒尔试图使西南航空公司成为一个愉快的工作场所。他常和员工们无拘无束地闲谈，他们称呼他"赫伯大叔"。他常参加设在达拉斯公司总部的周末晚会，鼓励乘务人员扮演滑稽小丑，做像击鼓传令这样的小游戏。乘务员在复活节的晚会上穿着小兔服装，在感恩节穿着火鸡服装，在圣诞节戴着驯鹿角，凯勒尔自己还经常穿着小丑套装或小精灵戏装扮演各种角色。

最有意思的是，那些长袜上有最大洞的乘客都会得到他的奖励。

可想而知，他的这项奖励会在万里蓝天上产生怎样的效果呀！

肯定是轰动！凯勒尔的方法挺有效的，员工们工作得很辛苦但却毫无

怨言，他们为受到尊重而自豪，并且喜欢他们的工作。西南航空公司员工的流动率为7%，这在这个行业中是最低的。

其实，这些古怪的做法都有一个精明的目的：创造一种协同的精神来提高生产率。

"的确，你在飞机上像被放牧一样对待，并且确实你只享受到花生和饮料，"俄克拉荷马州塔尔萨的一家石油研究企业的副总裁理查德·斯皮尔斯说，"西南航空公司尽一切努力使你准时到达所要去的地方，这是最重要的。"

"赫伯的幽默很有感染力。"凯·华莱士——空勤人员协会的一个地方分会主席说道，"每个人对他的工作都很满意，并且意识到他要付出更多的努力。"

团队精神无敌

【原文】 王如施仁政于民,省刑罚,薄税敛,深耕易耨,壮者以暇日修其孝悌忠信,入以事其父兄,出以事其长上,可使制梃以挞秦、楚之坚甲利兵矣。(《孟子·梁惠王》)

【大意】 大王如果对老百姓施行仁政,减免赋税,深耕细作,及时除草,让身强力壮的人抽出时间修养孝顺、尊敬、忠诚、守信的品德,在家侍奉父母兄长,出门尊敬长辈上级,就算造木棒也可以打击那些拥有坚实盔甲、锐利兵器的秦、楚军队了。

孟子强调,治理国家就要施行仁施,发展生产,增强老百姓劳动积极性,只要老百姓有信心,团结在一起,那将是无敌的,即使秦、楚大军也不能把他们如何。在企业管理中,最重要的是将员工们团结在一起,培养共同的战斗目标,那么对丁企业发展将是非常有利的。

再有力的手指,也比不上拳头。

马克思说:"人首先是社会的。"

时代发展到今天,可以说人的社会属性较以往任何时候都显得更为明显和重要。而团队精神正是人的社会属性在当今企业和其他各社会团体内的重要体现,它事实上所反映的就是一个人与别人合作的精神和能力。永远和团队抱成团儿的"蚂蚁人"正是这种团队精神的最佳演绎者。

一位农夫上山开荒,不断砍倒茂密的杂草和荆棘。当他砍到一丛荆棘时,他发现荆条上有一个箩筐大的蚂蚁窝。荆条倒,蚁窝破,无数蚂蚁蜂拥窜出……

见此情景,农夫立刻将砍下的杂草和荆棘围成一圈,点燃了火。风吹火旺,蚂蚁四散逃命,但无论逃到哪个方向,它们都被火墙挡住,它们所占据的空间在火焰的吞噬下也越缩越小,灭顶之灾即将到来!

可是，就在此时，奇迹发生了——火墙中突然冒出一个黑球，先是拳头大，接着不断有蚂蚁粘上去，渐渐地变得篮球般大，最后，地上的蚂蚁已全部抱成一团，向烈火滚去。外层的蚂蚁被火烧得噼啪作响，但缩小后的蚁球毕竟越过火墙滚下山去了，逃脱了全体灰飞烟灭的灾难。

农夫捧起蚂蚁焦黑的尸体，久久不愿放下，他被深深地感动了。

一种小小的昆虫，为了整体的生存，竟有那么视死如归、勇于牺牲的英雄气概，竟有那么强烈坚定的团队精神，怎能不令人动容？自然界的发展规律是物竞天择，强者生存，但作为弱小群体的蚂蚁，却靠着这种牢不可破的"团队精神"顽强地生存了下来，怎能不令人敬佩？

每一个"蚂蚁人"都具有这样强烈的团队精神，作为团队成员，他们会紧密地团结在团队的旗帜下，为了团队的生存、发展和荣誉，奋力拼搏，努力进取！

现代企业要想使自身处于最佳发展状态，这种团队精神就是必不可少的。如今，已有越来越多的企业在招聘人才时把团队精神作为一项重要的考察指标。

IBM 说："团队精神反映一个人的素质。一个人的能力很强，但团队精神不行，IBM 公司也不会要这样的人。"

SGI 说："SGI 公司生产世界上最先进的计算机，但世界上有一种仪器比计算机更精密，也更具有创造力，那就是人的身体。团队精神就好比人身体的每个部位，一起合作去完成一个动作。对公司来讲，团队精神就是每个人各就各位，通力合作。我们公司的每一个奖励活动或者业绩评估，都是把个人能力和团队精神作为两个最主要的评估标准。如果一个人的能力非常好，而他却不具备团队精神，那么我们宁可选择后者。"

雅虎说："踏足 IT 业的朋友，除了具有电脑知识外，更重要的还是要具有团队精神。"

雅虎还将这一方针坚决地贯彻在了公司的面试之中。他们采用了被称之为"panel interview"（小组面谈）的开放式面试程序，即采用座谈的方式：考官首先在数以千计的简历中初步筛选出符合条件的人，在面试时，每位应聘者像开座谈会一样和主考官围坐在一起，考官先发给每位应聘者一份考题，题目包含自我介绍、对雅虎公司的了解、如果被选中将如何面对以后的工作等，并给应聘者一定时间做准备，要求应聘者用英文在规定时间内回答考题中所包含的内容，在每位应聘者上台演讲时，其他应聘者将给他进行打分，最后主考官将每位的打分情况进行整理并排出先后次序以决定最后结果。

可以说，这样的考试方法对于应聘者而言，掌握"生杀大权"的不仅是主考官，还包括他们的竞争对手。也就是说，你需要赢得所有应聘者的好感，因为其中也有你未来的同事。这种面试的目的，旨在发现应聘者是否合群，是否善于和他人沟通，是否具备团队精神。

无独有偶，法国斯伦贝谢公司在招聘员工时也采用了大同小异的做法。

他们在招聘时，对应聘者进行了一次非常有意思的面试：将10名应聘者分成两个小组，假设他们要乘船去南极，要求这两个小组在限定的时间内提出各自的造船方案并且做成船的模型。面试官根据应聘者对于造船方案的商讨、陈述和每个人在与本小组其他成员合作制作模型过程中的表现进行打分，以确定合适的人选。

通过这种方式，公司不仅考察了应聘者的创新意识、语言表达能力和动手操作能力，更重要的是，可以充分了解应聘者是否具备团队精神。

事实上，许多国际知名企业都十分注重采取各种科学的方法考察应聘者是否具备团队精神，这一点在高科技企业中显得尤为突出。

现在，团队精神已日益成为一个重要的企业文化因素，对员工而言，它要求员工要善于与人沟通，尊重别人，懂得以恰当的方式同他人合作，学会领导别人与被别人领导。

一个团队是一个有机的整体。在现实的企业竞争环境内，你根本就不可能只凭个人的力量大幅度提升企业的竞争力，而团队力量的发挥已成为赢得竞争胜利的必要条件，你竞争的优势只在于你比别人更能发挥团队的力量。

正如利皮特博士所说的："人的价值，除了具有独立完成工作的能力外，更重要的是富有和他人共同完成工作的能力。"

但是，现代人大部分都以自我为中心，在集体中不能很好地与大家合作，在团队精神方面十分欠缺。而绝大部分企业又都特别注重团队精神，因此，不能适应团队生活的人也就必定不会受到企业的青睐。

乔森因为在程序设计方面十分有天分，所以他被高薪招聘到微软公司。进入公司半年多，乔森在工作中表现非常突出，技术能力得到了大家的认可，每次均能够按计划、保证质量地完成项目任务。在别人手中的难点问题，只要到了乔森那里，十有八九会迎刃而解。为此，公司对乔森非常满意，有意提升他为项目主管。

然而，公司在考察中却发现，乔森除了完成自己的项目任务外，从不关心其他事情；他对自己的技术也很保密，很少为别人答疑；对分配的任务有时也是挑三拣四，若临时额外追加工作，便表露出非常不乐意的态度。另外，他从来都是以各种借口拒不参加公司举办的各种集体活动。

显然，像乔森这样不具备团队精神的员工，自然不能成为合适的主管。公司因此放弃了对乔森的提拔，而乔森却仍是一头雾水。

关于团队精神，IBM 的定义如下：团队就是一小群有互补技能、为了一个共同的目标而相互支持的人。对于一个团队来说，最基本的是要有一个清楚的目标：志同道合。

而乔森却只对自己的工作感兴趣，对共同的目标不感兴趣，对支持他人更是不屑一顾。这样的人怎么能成为一名称职的项目主管呢？他甚至连一名称职的员工都称不上，因为当整个团队都在步调一致地行动时，如果他只自私地埋头于自己的工作，那么他必然会成为整个团队前进的阻碍！

一位资深人力资源专家说，团队精神有两层含义：一是与别人沟通、交流的能力；二是与人合作的能力。因此，个人的工作能力和团队精神对企业而言是同等重要的，如果说个人工作能力是推动企业发展的纵向动力，那么团队精神就是横向动力。

一个具有团队精神的优秀管理者，可以更好地达成企业的质量目标；

一个具有团队精神的优秀管理者，可以更好地实现企业的经营方针；

一个具有团队精神的优秀管理者，可以把企业带到一个永续经营的至高境界。

来吧！从现在开始努力打造你以及你的团队，让自己成为一个具有团队精神的优秀管理者，带领你的企业迈向更高、更远的未来！

组建互动的学习型团队

【原文】 中也养不中,才也养不才。(《孟子·离娄》)

【大意】 中庸的人教养过分或不及的人;有才能的人教育没有才能的人。

孟子指出,一个良好的社会,应该是互相帮助、相互学习的社会。中庸的人教养过分或不及的,有才干的人教育没有才干的人。在团队管理中,管理者要注意学习的重要性,在一个组织里面,各个成员要相互学习,才能提高整个团队的战斗力。

在知识更新速度加快的今天,企业已不可能承受停止学习所带来的灾难性后果。发掘每个人的学习潜能是企业成功的必经之路。

在剧烈竞争的状态中,比对手学得更快意味着持续的竞争优势。通用电气公司的前总裁杰克·韦尔奇说:"一个企业学习的能力,以及把学问迅速转化为行动的能力,就是最终的竞争优势。"

学习型组织对所处环境极其敏感,造就了公司创新与适应的能力,在全球化时代特别需要这种能力。

海尔CEO张瑞敏早在1998年就把"建设互动的学习型团队"作为海尔的重要工作方针,以此为基础,致力于把整个公司转变成学习型团队。

在张瑞敏看来,互动是形势的需要,也是市场竞争的需要。每个企业员工的"心智"都是一个独立的"能量体",而其潜意识则是一种磁体。当一个人去行动时,磁力就产生了,并将财富吸引过来;如果一个人的心智与更多的"磁力"相同的人结合在一起,就可以形成一个强大的"磁场",而这个"磁场"的创造力量将会是无与伦比的。这就是"互动"的意义所在。

如果早10年,张瑞敏不会提出这样的要求,当时的人员素质远远达不到现在的水平,管理基本上还处于无序状态。那时,唯一的选择是用严格的制度去管理，员工也只能被动地接受。如今海尔员工已基本上从被动接受管理走向自主管理，严格的管理制度已不能使员工有更大的提高。同时，市场竞争也需要互动。计划经济条件下，企业好坏与个人没有直接的利害关系。而在市场经济条件下，个人利益好坏直接系于企业安危。

海尔的目标是进入世界500强，创中国的世界名牌。只有全体员工都认同这个目标，才能产生有活力的员工和有合力的组织，从而实现大家的目标。缺少了互动，是无法实现既定目标的。什么是互动的学习团队呢？有人这样说：即使你是"天才"，凭借自己的想象力，也许可以获得一定的财富。但如果你懂得让自己的想象力与其他人的想象力相结合，就必然会产生大得多的成就。

海尔的实践表明，互动的关键在于管理者。没思路的管理者不能互动；没控制力的管理者不敢互动。团体学习效果不好的原因，是因为大部分的管理者害怕在团体中互相追根究底地质疑求真所带来的威胁。所以，管理者必须破除"真理在我手中"的思想，因为学习型组织的根本特点是整个组织的所有层次都在进行思考，而不是只有高层领导在思考。互动的主体是员工。每一个班组、每一个车间、每一个企业如果都能建成小的互动的学习型团队，那么海尔就会成为一个大的互动的学习型团队。只有每个员工都"动"起来，每一个班组、车间才能变大，整个企业的竞争力才能变大，才能创造出"由小到大的美"。互动的目的就是让海尔的每一个"细胞"都动起来，在不断学习中，使所有员工的潜能发挥到最大限度。

为了让自身成为一个充满活力的互动整体，海尔尽最大努力聘用最优秀的员工，投入资金培养他们的专长，让员工持续不断地增强身心素质，提高和拓宽自身能力。很多优秀企业都有自己的大学。比如，英特尔公司就办有大学，开设足够多的课程，供员工随时报名进修。通用电气闻名于世的克罗顿学院和与之相仿的摩托罗拉大学都是企业大学的典范，它们代表了企业的一种投资，目的是创造一个有学习能力的组织，一个对求知欲旺盛的员工进行培养的组织。它们标志着这些公司为其员工的继续发展创造了机会。

1999年12月26日，海尔大学校部落成，按专业分类设有基础管理、技术研究、市场营销、海外推进、企业文化五个学院，可同时容纳500人培训，海尔力图把它办成培育国际化人才的摇篮。

选择好合作伙伴

【原文】孟子谓戴不胜曰:"子欲子之王之善与?我明告子。有楚大夫于此,欲其子之齐语也,则使齐人傅诸?使楚人傅诸?"

曰:"使齐人傅之。"

曰:"一齐人傅之,众楚人咻之,虽日挞而求其齐也,不可得矣;引而置之庄岳之间数年,虽日挞而求其楚,亦不可得矣。子谓薛居州,善士也,使之居于王所。在于王所者,长幼卑尊皆薛居州也,王谁与为不善?在王所者,长幼卑尊皆非薛居州也,王谁与为善?一薛居州,独如宋王何?"(《孟子·滕文公》)

【大意】孟子对戴不胜说:"你希望你的君王向善吗?我明白告诉你吧。比如说有一位楚国的大夫,希望他的儿子学会说齐国话,是找齐国的人来教他好呢?还是找楚国的人来教他好?"

戴不胜说:"找齐国人来教他好。"

"如果一个齐国人来教他,却有许多楚国人在他周围用楚国话来干扰他,即使你每天鞭打他,要求他说齐国话,那也是不可能的。反之,如果把他带到齐国去,住在齐国的某个街市比方说名叫庄岳的地方,在那里生活几年,那么,即使你每天鞭打他,要求他说楚国话,那也是不可能的了。你说薛居州是个好人,要他住在王宫中。如果在王宫中的人,无论年龄大小还是地位高低都是像薛居州那样的好人,那君王和谁去做坏事呢?相反,如果在王宫中的人,无论年龄大小还是地位高低都不是像薛居州那样的好人,那君王又和谁去做好事呢?单单一个薛居州能把宋王怎么样呢?"

孟子的本意还是在政治方面,用"近朱者赤,近墨者黑"的道理说明周围环境对人的影响的重要性,从而说明当政治国的国君应该注意对自己身边所用的亲信的考察和选择。从孟子的话当中，我们可以得到启示：对于合作伙伴的选择非常重要。

与人合作总是出于双赢的目的，如果因为合作而损伤自己，那就不值得了。所以选择合作伙伴时一定要谨慎。

松下公司在其成长过程中，有过许多合作者，松下在与这些企业的合作过程中实现了双赢。

松下公司初期的合作有时存在慌不择人的情况，后来则要慎重得多，甚至慎重到近乎矜持了。

松下公司和飞利浦的合作就是典型例子。

在第二次世界大战之后，松下电器一度十分红火。为了谋求更大的发展，松下决定引进国外先进技术。他两度到欧美考察，寻求合作伙伴。

就当时的情况而言，美国的技术比其他国家要先进一些，技术转让费也不算高，但在经过一番审慎考虑之后，松下先生还是选择荷兰的飞利浦作为合作伙伴。

松下之所以不选择美国公司，是因为有前车之鉴。在当时，有些日本公司与国外公司尤其是与美国公司合作，可是因为双方认识和了解不够，最后均以失败告终。因此，松下在选择合作伙伴时，十分看重对方的经营风格和公司的品格。

当然，这并不是说美国公司有什么毛病，而是因为存在一种观念上的差距。在当时，美国很多公司采用这么一种做法，在合作过程中，如果是对方企业出了问题，他们概不负责。他们认为，只要他们自己严格履行了合约，就算是完成了合作，对于对方的经营，他们无义务伸出援手。

飞利浦公司却不同。虽然该公司也不断谋求与国外的合作，但他们绝不会草率地签个合约就了事。对于松下的合作意向，他们表现得相当审慎，在承诺合作之前，他们对松下电器的现状作了充分的调查了解，然后再作决定。他们的解释是：合作应该使双方受益，应该确保成功，不能贸然行事。当时，飞利浦已经和世界上48个国家的公司有着成功的合作。

飞利浦的这种谨慎品格和作风使松下先生大为感动，进而坚定了合作的信心。后来的事实证明，这次选择对双方都是非常成功的。

松下牵手飞利浦，堪称合作之典范。

相比之下，现在很多企业在合作上面就显得太幼稚了。为了搞到资金、技术或市场，很多企业饥不择食，只要是愿意合作的人，来者不拒。

更有一些企业采取欺骗手段，设置圈套，为达目的不择手段。我们常常看到一些交流会上，有些企业拿着"虚构"的项目计划书或者可行性报告，吹得天花乱坠，其目的就一个——拿到资金。

第六章 得民心者得天下——打造无敌团队，营造良好气氛

把没有用的合作伙伴筛掉

【原文】 御者且羞与射者比,比而得禽兽,虽若丘陵,弗为也。(《孟子·滕文公》)

【大意】 驾车的人尚且羞于与不好的射手合作,即便合作可以打到堆积如山的猎物也不干。

孟子指出了合作伙伴的重要性,对于一些不好的伙伴或者说是没有用的伙伴,我们是要坚决筛掉的。

在动物举行的舞会上,一只猴子做精彩的表演,跳得很棒,百兽们十分赞赏,干脆推举猴子为王。一只狐狸十分嫉妒,要设计害它。一天,它看见猎人设下的带诱饵的捕兽器,把猴子领到那里说:"我找到了上好的鲜肉,想献给大王,您拿去吧。"猴子一拿肉,立刻触动机关,被困在捕兽器里。猴子气得大骂狐狸黑了心肠,用陷阱来害自己。狐狸却说:"像你这么没有见识,也配做百兽之王吗?真是笑话。"

猴子和狐狸各自给了我们管理上的一个启示,不容忽视。

"称王"不是一个简单的事,必须德才兼备、出类拔萃才有资格,像猴子那样只会跳舞,怎么能行?庸才迟早要筛掉。

看人家好,就嫉妒得要命,这是一种很失败的性格。对嫉妒心特强的人,要小心防备,因为这种人常会因此藏有害人之心,离他们远一些为好,最好的方法就是远离他。

所以选择合作伙伴一定要谨慎,以下三种人不能与之一起合作创业:

眼高手低、耐心不足型:眼高手低、耐心不足的人以为当老板容易,做生意容易;一旦需要投入艰苦的工作,需要长时间的努力时,便显露出眼高手低、耐心不足的毛病,难以获得善终。

自以为是、刚愎自用型:自以为是、刚愎自用的人认为自己比别人聪明，分析力比别人强，听不进不同的意见，总以为自己的观点与看法是最好的。对别人的意见或建议轻易地给予否决，自己又提不出更好的方法来。思维方法是以偏概全，以点概面，偏激、固执，不易与人合作。这样的人当然不能与之合伙创业。

好话说尽、食言自肥型：工商界的组成分子是极其复杂的，争利的手段也是千变万化的。一些人仗着自己有一点小聪明，自以为对商场的人情世故懂得比别人多，因而"走火入魔"，认为商场就是人骗人的地方，总想在与别人合作中多捞一点，多占别人一点便宜。对于这类人，不能与之合伙。他们完全站在自己的利益上打算盘，这就是所谓食言自肥。

说起麦当劳，还应该提一下麦克与迪克两兄弟，是他们首先开创了这一事业，但是真正发扬光大的却是克罗克。

在遇到克罗克之前，这兄弟俩十分糊涂，他们根本不知道"麦当劳"三个字的价值，缺乏远见卓识，这正是他们失败的原因所在。

1954年的一天，克罗克与麦氏兄弟正式达成了代理连锁的协议，克罗克正式获得了为麦当劳餐厅发展连锁店的权利。

1955年3月22日，麦当劳公司正式挂牌了。克罗克充分运用他的经验开始创造独特的连锁哲学。

步入20世纪60年代，麦当劳公司发展前景良好，但公司如何快速发展，已成为一个日益迫切的命题。

此时，一个不可避免的问题越来越清晰地出现在公司面前，这就是随着公司连锁店的发展，麦克兄弟对公司发展的阻碍作用也愈来愈明显。这一方面表现在麦克兄弟的思想保守和眼光短浅上，使得克罗克的连锁哲学很难得到充分贯彻；另外一方面，麦克兄弟根据合约拿走连锁店50%的营业收入，也使得麦当劳的发展严重缺少资金而无法迅速壮大。此时麦当劳公司内部的一致声音是：麦克兄弟不离开，公司就无法再发展。

事实也是如此，麦克兄弟的做法是与公司的经营方针背道而驰的。有一次，麦克兄弟竟然在没有通知克罗克的情况下，把克罗克投资营建的一家连锁店以5000美元的价格卖给了弗雷德冰淇淋公司。这桩买卖害得克罗克后来不得不以2.5万美元的价格从该公司买回来。

公司的管理十分混乱。麦克兄弟在他们自己经营的连锁店里改变了

"麦当劳"的样子。有的经营者随意更改食谱，有的任意改变汉堡包的质量。麦克兄弟还时不时地到各地的连锁店逛一逛，指手画脚地乱来一通，几乎乱了公司的阵脚。

面对这些情况，麦克兄弟既不道歉，也无任何内疚的表示，因为他们自始至终以为是他们的名字使克罗克获得了成功。

克罗克想，公司要发展，就必须摆脱麦克兄弟的束缚，否则的话，公司就会步入歧途，他的美好前景就会毁于一旦。

他首先通过其他人间接打探，问麦克兄弟是否可以出让麦当劳连锁的契约权。麦克兄弟起初并没任何表示，既不肯定也不否定，显然是他们想抬高价格，狠宰克罗克一把。

他们开出了一个高价，简直是难以想象的高价，克罗克气得脸色都变了：270万美元的天价，无异于逼人自杀。

270万美元，而且必须是现金，对于1961年的麦当劳公司而言，实在是一个天文数字。在1960年已开业的220多家麦当劳连锁店的营业额为3780万美元，麦克兄弟从中获取的权利费用为18万美元，而公司这一年的利润仅为7万多美元，并且还背负着沉重的债务负担，公司的债务是本身资产的22倍。

经过克罗克及其同事们的艰苦努力，公司最终从多方面筹得了这笔270万美元的贷款。

尽管看上去这是很大的代价，但从今天看来，这一决策所付出的高额代价是非常值得的。因为若当时不从麦克兄弟手里接管全部权利，按现在整个公司一年近300亿美元的销售额计算，每年就要向麦克兄弟支付1500万美元的权利费用。更何况若没有这一决策，90年代的麦当劳是否能成为麦当劳王国，恐怕就要另当别论了。由此可看出克罗克其人不同于其他人的高明之处。

总而言之，麦当劳在付出了惨重代价之后，终于获得了自由独立，这样，克罗克可以放开手脚大干一番事业了，270万美元终于换来了麦当劳的腾飞。

没有用的庸才，就要让他离开。

团队精神不是集体主义

【原文】夫物之不齐,物之情也。或相倍蓰,或相什百,或相千万。子比而同之,是乱天下也。(《孟子·滕文公》)

【大意】各种东西的质量和价格是不一样,这是自然的。有的相差一倍、五倍,有的相差十倍、百倍,有的甚至相差千倍、万倍。你想让他们完全一样,那是搞乱天下罢了。

孟子在这里指出任何东西都有各自的属性,是不相同的,正所谓"世界上没有两片一模一样的叶子"。在现实社会中也是如此,每个人各不相同,社会分工也不相同,在一个团队里,要认识人的差异性,因为团队精神不是集体主义。

1961年,25岁的韦尔奇带着漂亮的新婚妻子来到马萨诸塞的匹兹菲尔德,以化学工程师的身份在GE的一家研究所里工作了一年,年薪是10500美元,年终还涨了1000美元,他觉得挺不错。可当他发现一个办公室里4个人的薪水居然完全一样时,就去找老板说理了。结果,没有任何结果。沮丧之际,他萌发了去意。就在这时,上一级主管鲁本·加托夫来到研究所检查工作。他与韦尔奇并不陌生,他们曾经在几次业务会议上碰过面,韦尔奇每一次都能提出一些超出他预期的看法。韦尔奇就是想"脱颖而出",而鲁本·加托夫显然也已经注意到了这一点。当他知道韦尔奇将要离去时,晚饭后的4个小时里竟一直在极力地做着挽留工作,并发誓要杜绝公司的官僚作风对韦尔奇的影响。夜里1点钟了,他又在高速公路旁的电话亭里打投币电话,继续游说……韦尔奇和妻子已经进入梦乡,可鲁本还在工作。

以下是韦尔奇的自述:

在黎明后的几个小时,在欢送我的聚会举行之前,我决定了留下来。

从此，我再也没有离开GE。加托夫的认可——他认为我与众不同而且特殊——给我留下了深刻印象。

打那以后，区别对待便成为了我进行管理的一个基本组成部分。有些人认为区别对待的做法会严重影响到团队精神，但在我看来这是不可能的。你可以通过区别对待每一个人而建立一支强有力的团队。瞧瞧棒球队……每个人都必须认为比赛里有自己的一份，不过这并不意味着队里的每一个人都应该得到同等对待。

我深刻地体会到，比赛就是如何有效地配置最好的运动员。谁能够最合理地配置运动员，谁就会成功。这一点对于商业来说没有任何不同。

成功的团队来自于区别对待，即保留最好的，剔除最弱的，而且总是力争提高标准。

团队精神并不等于"集体主义"！

区别对待，这是成功团队的关键要素。

韦尔奇的领悟又给了我们什么启示？看来团队精神不等于"集体主义"。

我们的社会一贯强调"集体主义"，可它究竟是什么呢？人们认为："集体主义"是与"个人主义"相对的基本道德原则，是集体利益与个人利益发生矛盾时的正确的价值取向。它要求一切"以人民群众的利益"为根本出发点，强调集体利益的道德权威性，坚持集体利益高于个人利益，个人利益服从集体利益。尽管它也提倡集体利益与个人利益的结合与协调，要求二者辩证统一地发展，倡导"人人为我，我为人人"……

但是，在现代企业中，要把"集体主义"与团队精神区分开，杜绝唯命是听，唯命是从。否则人的个性创造、个性发挥，就会被扭曲和抹杀掉了。

我们该培养什么样的团队精神呢？或许应该先搞清楚：什么是团队？

什么是团队？看起来这不像一个难以回答的问题。在今天，团队似乎随处可见，而人们也早已泛滥地使用这个词汇了。可如果我们深究：什么样的团队才能够使工作做得最出色？什么样的团队管理才能够真正提高团队的效率？那就不是一件容易的事情了，这就必须寻本溯源，回到对"团队"的再理解上来。

《团队的智慧》的两位国际知名作者道格拉斯与史密斯一再强调要精确地区分团队和一般性的集团：团队不是指任何在一起工作的集团。团队工作代表了一系列鼓励倾听、积极回应他人观点、对他人提供支持并尊重他人兴趣和成就的价值观念。

我们再来看看韦尔奇提到的典型团队——运动团队，不难发现：其一，团队最基本的成分——团队成员，是经过选拔组合的，是特意配备好的；其二，团队的每一个成员都干着与别的成员不同的事情；其三，团队管理是要区别对待每一个成员，通过精心设计和相应的培训使每一个成员的个性特长能够不断地得到发展并发挥出来。这才是名副其实的团队。

这样，团队与一般性集团鲜明的差别就显现出来了——创造团队业绩。团队业绩来自于哪里？从根本上说，首先来自于团队成员个人的成果，其次来自于集体成果，一句话，团队所依赖的是个体成员的共同贡献而得到的实实在在的集体成果。这里恰恰不要求团队成员都牺牲自我去完成同一件事情，而要求团队成员都发挥自我去做好这一件事情。

也就是说，我们重视团队高效率的培养和团队精神的形成，其基础是尊重个人的兴趣和成就。设置不同的岗位，选拔不同的人才，给予不同的待遇、培养和肯定，让每一个成员都拥有特长，都表现特长，而且这样的氛围越浓厚越好。

当然，我们不能忘记团队的根本功能或作用，即在于提高组织整体的业务表现。强化个人的工作标准也好，帮助每一个成员更好地实现成就也好，目的就是为了使团队的工作业绩超过成员个人的业绩，让团队业绩由各部分组成而又大于各部分之和。

于是，团队的所有工作成效最终会在一个点上得到检验，这就是协作精神。

如果没有鲁本对自己工作岗位的深切了解和认识，没有他执着的工作协作精神，韦尔奇还会是后来GE里的那个韦尔奇吗？

我们可以再看一个生动的例子：一次，联想运动队和惠普运动队做攀岩比赛。惠普队强调的是齐心协力，注意安全，共同完成任务。联想队在一旁，没有做太多的士气鼓动，而是一直在合计着什么。比赛开始了，惠普队在全过程中几处碰到险情，尽管大家齐心协力，排除险情，完成了任务,但因时间拉长最后输给了联想队。那么联想队在比赛前合计着什么呢?原来他们把队员个人的优势和劣势进行了精心的组合:第一个是动作机灵的小个子队员,第二个是一位高个子队员,女士和身体庞大的队员放在中间,殿后的当然是具有独立攀岩实力的队员。于是,他们几乎没遇任何险情就迅速地完成了任务。

由此可见团队的一大特色:团队成员一定是在才能上互补的。共同完成目标任务的保证就在于发挥每个人的特长,并注重流程,使之产生协同效应。

至此,我们要问,团队精神的最高境界是什么?是全体成员的向心力、凝聚力。这是从松散的个人集合走向团队最重要的标志。

在这里,有着一个共同的目标并鼓励所有成员为之而奋斗固然是重要的,但是,向心力、凝聚力一定来自于团队成员自觉的内心动力,来自于共识的价值观。我们很难想象在没有展示自我机会的集团里能形成真正的向心力;同样我们也很难想象,在没有明了的协作意愿和协作方式下能形成真正的凝聚力。那么,确保没有信任危机就成为问题的关键所在,而损害最大的莫过于团队成员对组织信任的丧失。

那么究竟什么是团队精神?我们是否可以说就是在企业里有这样一种氛围:能够不断地释放团队成员潜在的才能和技巧;能够让员工深感被尊重和被重视;鼓励坦诚交流,避免恶性竞争;用岗位找到最佳的协作方式;为了一个统一的目标,大家自觉地认同必须担负的责任和愿意为此而共同奉献。

第七章　没有规矩不成方圆
——孟子思想中的制度管理

孟子说：没有规矩无以成方圆。任何好的办法，在失去了制度的保证下，也将变成烂办法。规矩、制度、法律就犹如一种游戏规则，人人都要按照游戏规则来玩，否则一切利益都将无从保证。同样，一个企业如果没有好的规章制度，则无法形成好的工作局面。一些人把公司的规章制度视作是官僚作风的标志，这是不可取的，没有规章制度的公司，就好像没有法律的社会一样混乱。

"热炉"法则

【原文】 上无礼，下无学，贼民兴，丧无日矣。（《孟子·离娄》）

【大意】 如果在上位的人没有礼义，在下位的人没有学问，违法乱纪的人越来越多，国家的灭亡也就快了。

孟子实际上是将礼作为一种制度、一种规范。按照现在的说法就是法律。企业管理也一样，制度是硬性的规定，它是一种手段，但不是目的。

每个单位都有规章制度，单位中的任何人触犯规章制度都要受到惩处。"热炉"法则形象地阐述了惩处原则：

（1）热炉火红，不用手去摸也知道炉子是热的，是会灼伤人的——警告性原则。领导者要经常对下属进行规章制度教育，以警告或劝诫大家不要触犯规章制度，否则会受到惩处。

（2）每当你碰到热炉，肯定会被火灼伤——一致性原则。"说"和"做"是一致的，说到就要做到。也就是说，只要触犯单位的规章制度，就一定会受到惩处。

（3）当你碰到热炉时，立即就会被灼伤——实时性原则。惩处必须在错误行为发生后立即进行，决不能拖泥带水，决不能有时间差，以便达到使犯错人及时改正错误行为的目的。

（4）不管是谁碰到热炉，都会被灼伤——公平性原则。不论是管理者还是下属，只要触犯单位的规章制度，就要受到惩处。在单位规章制度面前人人平等。

从热炉定律可知，对于一家企业，如果规矩定得好，工作的情绪就会高昂；反之，在不讲究规矩或者规矩定得不好的公司上班，工作情绪自然而然地也就趋于散漫，后者常令员工不满。人类是一种合群的动物，有喜好规矩的习性，也唯有在规矩公正严明的场所方能专心工作，提高工作效率。

"规范"在非正式组织中也瞧得出来。规矩是为维持团体秩序、加强团结自然而然产生的,所以每个团体的成员都能主动去遵守。在非正式团体中,彼此尤为亲密,一致行动时就形成集团化,不知不觉中成了集团的规范。这种规范无形中也制约了各团体的成员,彼此皆能自动遵守这个规范。

一般说来,集团愈大,向心力愈弱,愈不易统一,故必先在行动上取得一致。这并非要员工严格遵守某条文,而是以行动来约束或规范,这是自然组成的,绝非强迫组成。就因为如此,为了要将自然形成的规矩变成条文表列的规矩,就必须由"每位成员都要遵守"的观念,变成强制执行的观念,有此观念,才能工作得更卖力。

在一家公司,进取的员工是富有价值、积极的资产。然而,他们有时也会过于热情或超越了理智的限度。不受约束的热情会导致不适当的行为,会给进取的员工和公司造成麻烦。

领导的作用之一就是规定限制,让员工知道他们到底能走多远。建立合理的规范,员工就会在其规定的范围内行事。

这种限制不应过于严格,可以宽松一些,但一定要有,这样就会让员工感觉到某种形式的约束,在其所做的事情上也不是丝毫没有限制的。

最好的方式似乎是放宽限制,可以有许多灵活性,给员工尽可能多的空间以伸展拳脚。

有两种层次的"限制"似乎最有效。首先是员工在哪些领域可以不受约束地履行职责;其次是当超越规定的范围,要求员工在继续进行之前需得到管理层的许可。

员工确实很想知道对他们的限制。这更坚定了其对自己所享有的自由的信心,同时也了解到组织的制约是存在的。

如果你是一个经理、一个主管或是一个领班,你就一定有这样一种体会:单位里制定的不少条条框框,在很多时候根本不管用。你刚给你的下属发了一本关于守纪律的小册子,如果第二天要再收上来,可能连一半都收不回来,因为你的职员也许已随手把它放在了一个他自己都说不清的地方,有些单位为此也使用了一些强制性措施。比如他们用随机抽查的办法强制员工背记纪律手册,一条一条地背。如果不幸被抽查到有某条或某几条答不上来,就实行扣分或罚款,有的单位还开展员工纪律方面的知识竞赛,通过奖励的办法来调动员工们对纪律的重视。

这就是运用热炉定律的确定性原则,在没有触摸热炉之前就要告诉员工,热炉是烫手的。从实际着手、从小处着手就是解决这个问题很好的一个办法。

比如从员工的生活抓起,在他们用餐时,你就可以组织一个检查班子,看他们是否讲究卫生,打饭前碗冲洗了没有,是不是有人先把筷子放在餐桌上,接着就拿起来往嘴里填东西。如果有的话,就随即把他们的做法给纠正过来。再如,看他们吃饭的坐姿正不正确,看他们拿筷子的方法正不正确。吃完饭后,看他们每个人的盘子里还剩多少菜。一旦发现小错误就立即去说服他们、纠正他们,让他们从小事上养成服从纪律的习惯。要求员工的宿舍里随时保持整洁,制定的标准要具体,如因违反条例批评他们时,他们也会无话可说,比如宿舍管理可制定如下条例:

鞋子必须在床下摆放整齐;牙刷必须头朝上放在牙缸内,牙缸要放在一处,摆放整齐;在墙壁上不准乱贴乱画;被子要叠放整齐。

单是制定这一系列条例后仍是不够的,还需定期进行检查,最好评出优良差,或者用打分的形式,以保证条例得以贯彻。

为了确保秩序,企业的领导当然希望企业员工能自行遵守规矩,但事实上并不太可能,因为一开始并不一定能制定出让大家心服口服的规矩,故必须多听听员工的想法,多征求他们的意见,待员工充分同意后再来制定规矩。

如果规矩无法被遵守,在废弃之前须将此规矩做全盘的检查,看看有无勉强、不合理、不必要的规矩掺杂其中。规矩可能因时而异,若有不合时代要求的规矩,就应大刀阔斧修改或删除。

昔日有一家公立机构破例招募女职员,当时公司有条规定,男女职员不得直接面对面谈话,如果非说不可的话,必须有第三者在场。像这种规定若仍留存,简直是荒唐又可笑,而且毫无用处。又有家机构规定,即使炎炎夏日里,晋见上司时仍须系领带、西装笔挺,否则恕不接见。诸如此类的条文如今已不合时宜了,但仍在规章制度中,导致员工漠视它,实在要不得。

每个组织都需要规章制度来指导其运营，这些规章制度的制定和执行是管理者的责任。自然，公司也希望员工遵守这些规章制度。

如果你制定了没有必要的愚蠢的制度，而这些制度又与组织文化或其他制度相抵触，或制度本身就不合理，员工就会对所有制度产生否定态度。对愚蠢制度的鄙视情绪就很容易转移到新的规章制度上。

最简单的解决方法是：确保所有的规章、条例、政策、程序和操作方法都是合理的，并且是正确的。这些规章制度应当有助于组织取得成果，有助于员工完成工作。

组织发展得越大，就越容易制定更多的规章制度。即使一切正常运行，随着员工数目和工作场所的增加，也会使规章制度成比例地增加。在许多情况下，规章制度是必需的，在制定政策时，要集中考虑这些情况，以免出现官僚主义作风。

最有效的工具是企业章程

【原文】 上无道揆也，下无法守也，朝不信道，工不信度，君子犯义，小人犯刑，国之所存者幸也。(《孟子·离娄》)

【大意】 在上的人没有道德规范，在下的人不守法规制度，朝廷不信道义，工匠不信尺度，官吏触犯义理，百姓触犯刑律。如此下去，国家还能生存真是太侥幸了。

孟子再一次指出法律法规对于治国的重要性。虽然我们了解孟子的思想核心是仁，以仁政管理，但孟子同时也指出了法律的重要性。

有个人养了一头驴和一只哈巴狗。驴子关在驴圈里，虽然不愁温饱，却每天都要到磨坊里拉磨，到树林里去拉木材，工作挺繁重；而哈巴狗会演许多小把戏，很得主人欢心，每次都能得到好吃的当奖励。驴子在工作之余，难免有怨言，总抱怨命运对自己不公平。这一天机会终于来了，驴子扭断缰绳，跑进主人的房间，学哈巴狗那样围着主人跳舞，又蹬又踢，撞翻了桌子，碗碟摔得粉碎。驴子还觉得不够，它居然趴到主人身上去舔他的脸，把主人吓坏了，直喊救命。大家听到喊叫急忙赶到，驴子正等着奖赏，没想到反挨了一顿痛打，被重新关进驴圈。

动物也是有分工的，驴不可能像哈巴狗一样跟在主人的后面跳舞。一旦把章程打破，把哈巴狗的工作让它来做，那么一切就会乱了秩序。

"企业工作缺乏效率，那么最终责任人是企业领导而不是企业。"这是玛丽·莫西尔的一句名言。多数企业都有职责说明、制定目标的体制及个人业绩评估系统。

企业章程的评估，值得引起企业领导的特别注意。评估能够量化企业完成的目标及主要绩效，可借以向企业员工传达项目进展情况，并为发现问题和解决问题提供依据。

业绩评估使企业能检测自己的进展。例如，降低成本的企业一般都设立成本目标；业务流程重组企业设立了周期或时间目标。这些目标听起来好像是压在企业身上的一副重担，企业的存在就是为了应付这种挑战。

企业领导也必须从那里得到信息和报告。下面是企业领导如何把企业工作列入其日程表的一些方法：

员工会商定出企业工作进展汇报的时间。

评估企业报告并给出反馈。

参与重大信息的发布。

要求定期组织参加企业会议。

顺便旁听其他会议。

如果企业领导明确要求企业使用现有业绩汇报方式，可能会无意之中限制了有效交流并因此影响了他们的效率。

企业员工完成工作时，不管业绩好坏，都需要企业领导帮助解决业绩问题。他们需要反馈，需要有机会和统领全局的企业领导一起检查自己的工作与现实的差距。

要规矩，同时也要避免官僚主义

【原文】 夫貉，五谷不生，惟黍生之；无城郭、宫室、宗庙、祭祀之礼，无诸侯币帛饔飧，无百官有司，故二十取一而足也。今居中国，去人伦，无君子，如之何其可也？陶以寡，且不可以为国，况无君子乎？欲轻之于尧、舜之道者，大貉小貉也；欲重之于尧、舜之道者，大桀小桀也。（《孟子·告子》）

【大意】 貉国，五谷不能生长，只能长黍子；没有城郭、宫室、宗庙、祭祀的礼节，没有诸侯之间的往来送礼和宴饮，也没有各种衙门和官吏，所以二十抽一便够了。如今在中原国家，取消社会伦理，不要各种管理，那怎么能行？做陶器的人太少了，尚且不能够把一个国家搞好，何况没有官吏？想要比尧、舜十分抽一的税率更轻的，是大貉小貉；想要比尧、舜十分抽一的税率更重的，是大桀小桀。

这是白圭问孟子税率抽多少才合适的时候，孟子给的回答。孟子从实际情况出发，认为只要无过无不及就可以了，做到适合就行了。

孟子和孔子一样，奉行的是无过无不及的做法，这对于管理者来说是非常重要的一点。虽然规矩定了，但如果一切都死搬教条，那么就陷入了"本本主义"的框架了。所以在管理中，规矩要，但也要避免陷入官僚主义作风之中。

在现在的企业管理中，官僚主义意味着浪费、延缓决策、制定不必要的审批流程，以及其他所有扼杀公司竞争精神的东西。使公司摆脱官僚主义是每个人的责任。管理者应督促所有员工与它作斗争。为了简化、去除复杂性和教条化，以使企业更为积极、灵活地行动，做所能做的一切，将会大大抑制官僚主义作风：

（1）去除不必要的工作：大多数企业有着太多的规则、审批和形式，与同事一起工作，确定这些旧的行为方式中哪些可以去除或改进。

（2）与同事合作，简化决策程序：假如一个公司要花一周时间来作决定，那么决策程序就需要简化了。

（3）把你的工作方式更为非正式的：用手写的便条代替备忘录，让会议成为对话式的，鼓励在公司上上下下进行对话。

韦尔奇相信，一个巨大、浮夸的官僚体制已在通用电气内部滋生，而且正扼杀着创意和热情。有些人认为，分权式、官僚式的体制有其好处，至少它能维持秩序，提高控制。

"胡说八道！"这位通用电气的最高执行官会这样大吼。官僚体制只会造成严重的迟钝。

在他一接手通用后就开始铲除官僚体制，击垮一个又一个他认为会妨碍快速作业、简单沟通的管理层级。这些多余的官僚层级只会浪费时间，让管理者不断地原地打转而已。"这个世界正在快速前进，控制已经变成一种限制，会拖慢你的步伐。"韦尔奇说，"你必须在自由与某些控制间取得平衡，但你必须拥有更多过去想不到的自由。"

官僚体制对韦尔奇而言，一直都是个大敌，在他成为通用电气的董事长兼最高执行官之前就是如此。1960年，他获聘推展通用化学发展营运部的新事业，他和他的上司就受够了公司内部，特别是康涅狄格州费尔菲尔德总部的官僚钳制。"我们在心态上就像遭遇了一支特种攻击部队，甚至是霹雳小组，"曾经当了韦尔奇12年长官的鲁宾·古多夫回忆，"你的敌人不只是外面的竞争对手，也包括了通用电气的官僚体制。我们谈了很多那类的官腔官调。我们遭遇到了敌人，但敌人竟是我们自己。"

在韦尔奇展开他的革命之前，通用电气主管的基本任务是监督部属的表现。但这样的命令控制管理模式不可能让管理者快速找出问题。在通用电气的高层主管只是彼此互下条子。他们不让最高执行官直接与基层主管和一般工人谈话。

消灭官僚主义就是要管理者拿出一枚手雷炸掉它。

学会花钱,避免浪费

【原文】 食之以时,用之以礼,财不可胜用也。(《孟子·尽心》)

【大意】 要注意按照时令安排饮食,本着礼的规定去消费,那么积累的财富就足够使用的了。

孟子旗帜鲜明地指出一定要注意节省开销,当然,该用的也不能小气。这在管理中体现出理财的重要性,学会花钱,但不能浪费。

企业的管理者必须明白,企业的资产是逐步积累的,对于这些财富必须学会珍惜。因为一点点财产的浪费,不仅损失了财富本身,更重要的是给企业的整体凝聚力和战斗力带来致命的打击。

珍惜财富的最好方法是杜绝浪费。对资金的浪费会带来各种不良的影响:它会损害企业的财富,造成企业中的健康资产的流失;它会破坏企业的制度;它会打击团队的凝聚力,让团队变成一盘散沙;它会使计划因散漫而不能正确执行;它会使敬业爱岗的精神面临挑战。

为了减少浪费,降低成本,企业不仅在制度上,而且要在机器设备方面尽可能地作出基本的改变。有时,公司也要重新设计一下。如当高价购入的机器设备闲置时,可以采用全新的工作进度表或某些新的存货管理办法,预防性的维护系统也相应作出改变。

为了避免浪费,我们可以采取以下措施:企业的管理者可以把不应该做的事情彻底地减掉;可以制定出相应的奖惩分明的制度规范,并且严格地加以执行;可以设立相应的监督机构;可以重新设计某些设备的操作,确保浪费被降到最低;可以采用更节约更经济的技术;可以精确测定原料需求量,避免采购环节的浪费;可以改进原材料锻造、剪裁技术,提高边角料的利用率;可以削减高额的交通费与招待费;不要让机器设备长期闲置不用;不要让办公室的电灯和空调在无人时长期工作;等等。

企业的管理者要尽量节约，减少不必要的浪费，要让员工感觉到公司中的一切都是在花他们自己的钱。这样的话，全体员工都会自觉地避免浪费。我们要知道，成千上万的日常中微不足道的小节省，汇集起来会对控制成本、减少开销具有较大的意义。

国外的一项行之有效的措施是推行职工持股计划。职工持股可以说是避免浪费的最好办法，因为员工持有企业的股份的话，每个人就会成为企业的小老板、小股东，他们就会像珍惜自己的财富一样珍惜公司的财富，浪费现象就会被降到最低水平。

在避免员工大手大脚、挥霍无度的同时，我们也要防止另一个极端：缩手缩脚，不敢花钱，特别是一些必要的开销也去要节省。

通常来看，在一定时期内，公司拥有的资本量是一个既定的量。你如果将这部分钱用在这一用途上，便不可以将它再用在另一种用途上。因此，你必须确保用于该用途的收益一定要大于所放弃用途的收益。否则，就是不划算的。

从这个意义上说，我们必须学会花钱，要认真地筛选投资项目，确保投资用于获利最高的项目；要尽量压缩消费开支；同时，学会用净现值等方法测算项目收益，比较项目投资价值。在大额支出之前，我们必须确定的是这笔钱的确有支出的必要。

除了用于投资项目的花销之外，公司还有其他消费。这种消费通常不会有直接的收益。因此，我们必须尽量压缩不必要的开支，以便节约更多的资本用于收益可观的项目。在企业的消费支出中，我们应该注意的是：这种消费是否真正有必要，能否延长这种消费，是否存在更省钱的办法，能否借助于其他方式如分期付款、消费信贷等方式来进行消费。

企业的管理者切记：不要怕花钱，但要考虑这些钱是否值得花。必须将有限的资金用在最佳的项目上，确保不浪费一分钱。

合理统筹安排,放手让员工去做

【原文】劳心者治人,劳力者治于人;治于人者食人,治人者食于人。(《孟子·滕文公》)

【大意】脑力劳动者统治人,体力劳动者被人统治;被统治者养活别人,统治者靠别人养活。

孟子将人分成统治者与被统治者,认为各有各的职责。虽然在现代企业管理中,没有统治者与被统治者的区分,但孟子各司其职的观点对我们仍有很大启示。作为管理者不需要事必躬亲,应该适当放权,合理统筹安排,放手让员工们去做,才能收到最好的效益。

日新月异的科技发展形势,使企业的管理者不可能做到面面俱到地处理企业各个阶层的具体工作。因此,很简单的做法是管理者负责整体化运营和决策,而不是关心那些具体的细枝末节。管理者只需要把自己的决定告诉下属,至于具体怎么做,应放心地由下属去思考,让各个负责人各负其责,发挥各自的才能。

一般的管理者不放心把权力委托给下属,这是出于"别人谁也不会像我自己做得那么好"的思想。虽然他们也意识到个人的能力是有限的,不过多数情况下,他们还是只考虑怎样安排自己的生活,以便有更多的时间和精力用到企业上去,而不会想到请其他人来完成部分工作。他们做事总是喜欢权力一把抓,大小事情统统自己动手,员工只能当他的助手,造成自己整天忙得像无头苍蝇。思科公司的总裁约翰·钱伯斯就不是这类领导人,他总是乐于授权给下属。钱伯斯说:"也许我比历史上任何一家企业的总裁都更乐于放权,这使我能够自由地旅行,寻找可能的机会。"

孔子的学生子贱有一次奉命担任某地方的官吏。当他到任以后,却时常弹琴自娱,不管政事,可是他所管辖的地方却治理得井井有条,民兴业旺。这使那位卸任的官吏百思不得其解，因为他每天即使起早摸黑，从早忙到晚，也没有把地方治好。于是他请教子贱："为什么你能治理得这么好？"子贱回答说："你只靠自己的力量，所以十分辛苦；而我却是借助别人的力量来完成任务。"

一些企业的领导喜欢把一切事揽在身上，事必躬亲，管这管那，从来不放心把一件事交给手下人去做。这样使得他整天忙忙碌碌不说，还会被公司的大小事务搞得焦头烂额。

其实，一个聪明的领导人，应该是"子贱二世"，正确地利用部属的力量，发挥团队协作精神。这不仅能使团队很快成熟起来，同时，也能减轻管理者的负担。

在公司的管理方面，要相信少就是多的道理：你抓得少些，反而收获多多。

管理者要管头管脚（指人和资源），但不能从头管到脚。

最有能力的总裁并不等同于大权在握、搞集权统治。钱伯斯认为：一群人总是能够打败一个人的。如果拥有一群超级明星，那么就有机会建立一个王朝。

钱伯斯认为，最优秀的领导者并不需要大包大揽，事必躬亲，其关键作用在于如何把人员合理地进行统筹安排。他说："很久以前我就学会了如何放手管理。你不能让自我成为障碍，成为一个高增长公司的唯一办法就是聘用在各自的专业领域里比你更好、更聪明的人，使他们熟悉他们要做的事情，要随时接近他们，以便让他们不断听到你为他们设定的方向，然后，你就可以走开了。"如果是中央集权制，即上面作了决定，下面只是执行，大家就不会有动力。而钱伯斯的做法是：不告诉下面的人应该怎么去做，而是告诉他们一个目标，让他们来看怎么实现这个目标。在钱伯斯的"分权"理论指引下，整个思科的管理方式都有了极大的变化：他们摒弃了"指令性管理法"，采用"目标管理法"。任何人都不能够对员工的具体工作指手画脚，上司只能够大体制定一个方向，具体操作就由员工自由发挥了。这样一来，在目标的确定上由上下级共同讨论商议，在目标的实现上，员工会有很大的灵活范围来采用具体方法。每个人没有必要一定要听从其他人的指令才能够完成任务，员工用自己的方式也许会将工作完成得更好、更快。

在思科，高级管理层确定战略和目标，建立公司所需要的文化，然后放权到基层，令公司更多的基层人员拥有决策权。这样做就使得公司的许多事情是由市场来决定的，而不是公司决定市场，而且随着互联网的飞速发展，思科也发生了新变化：许多以前只能由高级管理层掌握的数据现在到了个人手中，比如基层人员和客户。放权给他们，决策的质量会得到更快的提高。

钱伯斯认为，一个人的能力是有限的，只靠一个人的智慧指挥一切，即使一时能够取得惊人的进展，但是终究会有行不通的一天。因此，思科公司今天的成功不是仅仅靠首席执行官的领导，不是仅仅依靠高层管理人员的努力，而是依靠全体思科员工的集体努力才获得的。

秩序和纪律是企业的生命

【原文】 徒善不足以为政,徒法不能以自行。《诗》云:"不愆不忘,率由旧章。"(《孟子·离娄》)

【大意】 只有好心,不足以搞政治;只有法度,不能够自己实行起来。《诗经》说:"没有过失,没有疏漏,一切都遵循原来的规章。"

孟子指出,有好心、有好办法还不行,只有得到制度的保障,好心、好办法才能行之有效。

日本伊藤洋货行认为企业的发展要有严明的纪律,该公司的岸信一雄尽管是个经营奇才,但他居功自傲,不守纪律,屡教不改,领导者最终还是下决心将其解雇,杀一儆百,维护企业的秩序和纪律。

伊藤洋货行的董事长伊藤雅俊突然解雇了战功赫赫的岸信一雄,在日本商界引起了不小的震动,就连舆论界也以轻蔑尖刻的口气批评伊藤。

人们都为岸信一雄打抱不平,指责伊藤过河拆桥,将三顾茅庐请来的一雄给解雇,是因为全部榨光了他的东西,他已没有利用价值。

面对舆论的猛烈攻击,伊藤雅俊却理直气壮地反驳道:"秩序和纪律是企业的生命,不守纪律的人一定要处以重罚,即使会因此削弱战斗力,我也在所不惜。"

事情的经过是这样的:

岸信一雄是由东食公司跳槽到伊藤洋货行的。伊藤洋货行是以衣料买卖起家,食品部门比较弱,因此从东食公司挖来一雄。东食是三井企业的食品公司,对食品业的经营有比较丰富的经验,于是有能力、有干劲的一雄来到伊藤洋货行,宛如是为伊藤洋货行注入了一针催化剂。

事实上,一雄的表现也相当好,贡献很大,10年间将业绩提高数十倍,使得伊藤洋货行的食品部门呈现一片蓬勃的景象。

从一开始，伊藤和一雄在工作态度和对经营销售方面的观念即呈现极大的不同，随着岁月的增加裂痕也越来越深。一雄是属于新潮型，非常重视对外开拓，善于交际，对部下也放任自流，这和伊藤的管理方式迥然不同。

伊藤是走传统保守的路线，一切以顾客为先，不太与批发商、零售商们交际、应酬，对员工的要求十分严格，要他们充分发挥他们的能力，以严密的组织作为经营的基础。伊藤当然无法接受一雄豪迈粗犷的做法，伊藤因此要求一雄改善工作态度，按照伊藤洋货行的经营方式去做。

但是一雄根本不加以理会，依然按照自己的方法去做，而且业绩依然达到水准以上，甚至有飞跃性的进展。这样，充满自信的一雄就更不肯修正自己的做法了。他说："一切都这么好，说明路线没错，为什么要改？"

为此，双方意见的分歧愈来愈严重，终于到了不可收拾的地步，伊藤只好下定决心将一雄解雇。

这件事情不单是人情的问题，也不尽如舆论所说的，而是关系着整个企业的存亡问题。对于最重视纪律、秩序的伊藤而言，食品部门的业绩固然持续上升，但是他却无法容许"治外权"，如此持续下去，是会毁掉过去辛苦建立的企业体制和经营基础的。

从这一角度来看待这一事情，伊藤的做法是正确的，严明的纪律的确是不容忽视的。

不要过度追求扩张

【原文】 其进锐者，其退速。(《孟子·尽心》)

【大意】 前进猛的人，后退也会快。

孟子指出管理中一个禁忌，不要过度追求扩张，否则只会更快地倒退。

有一句非常经典的名言："不要把所有鸡蛋放在一个篮子里。"

这句话常常用来告诫投资者要分散风险，实施多元化战略，因为把所有的鸡蛋放在一个篮子里，如果这个篮子被打倒了，你就一无所有了。

但是，把鸡蛋分别放在不同的篮子里，就一定安全吗？

战线太长，而你的精力毕竟有限，你想把每只篮子都看好并不是一件容易的事情。如果顾此失彼，一号篮子打倒了、二号篮子打倒了、三号篮子也打倒了……最后，你还是一无所有。

鉴于此，著名作家马克·吐温说：

"把鸡蛋放在一个篮子里，然后看好这个篮子。"

这句话来自于作家自己的深刻教训。

他是写作高手，这一点毫无疑问，但他曾经认为自己还是商业高手。

在看到自己的书很好卖时，马克·吐温动了发财的念头：与其让书商赚那么多，不如自己写、自己出版、自己卖，一条龙经营，肥水不流外人田。

说干就干，马克·吐温摇身一变成了书商。

但很快，他就负债累累，不仅书商没做好，连写作这一"主业"都差点荒废。眼看鸡蛋要"报销"完了，马克·吐温赶紧急刹车，放弃经商，回头写作。

接下来的几年，马克·吐温佳作不断，但都是为他人写的，因为经商负债不少,他得用稿费还债。

我们在为作家及时刹车庆幸的同时,也为很多企业家刹车太晚而叹息。大宇就是刹车太晚的一例。

韩国流传着一个"金宇中神话",那就是金宇中让大宇走向成功的故事。金宇中仅用30年时间,将大宇发展成韩国第二大产业集团,拥有高达650亿美元的资产,集团经营范围涉及贸易、造船、汽车、通信、建筑、机械制造和金融等。然而,这颗耀眼的明星在1999年7月却变得越来越黯淡,其根源就在于过度多元化和盲目扩张。

1967年,年仅31岁的金宇中以500万韩元(按当时汇率计算相当于1万美元)的资本成立了一个只有5名职员和30平方米办公室的小公司——大宇实业。

他最先从布料做起,仅一年的时间,在他的领导下,公司就因为出口成绩突出受到了政府的表彰。20世纪70年代,通过兼并其他公司,他将经营范围扩展到了机械、造船和汽车等多个领域。20世纪80年代,他将"大宇实业"命名为"大宇株式会社",建立了集团总裁制度,这个时候,大宇集团初具规模。

20世纪90年代,金宇中不满足于国内的事业发展,把目光转向了国外。

1993年,他最先提出了"世界经营"的口号。从此,为了他的"世界经营",他奔波于世界各地,中国、越南、波兰、乌兹别克斯坦、罗马尼亚都留下了他的足迹。这期间,金宇中大展手脚,四面出击,在东欧和第三世界大肆收购濒临停产的汽车厂。据报道,在其扩张高峰时,他曾创下每三天接管一家企业的纪录。大宇一时间红遍了全球。

经过30多年的苦心经营,到了1998年底,大宇在世界各地已经拥有了41个子公司,成了一个拥有396个海外法人和15万员工的大集团,在韩国企业中的排名上升到了第二位,金宇中也一度被举荐为韩国全国经济人联合会的会长。

收购企业需要大量资金,资金哪里来?借。1995年,大宇的债务已高达190亿美元,1998年,攀升至500亿美元,超过其净资产的5倍。在1999年7月,大宇集团陷入资金严重不足的困难当中。金宇中虽然全力挽救，但是，他已经无回天之力了。经过几个月的挣扎，金宇中于当年 11 月辞去了总裁职务，债权银行主导了大宇的结构改造，大宇集团从此四分五裂。

产业银行、汉城银行和第一银行是大宇公司的主要债权银行，它们在 2000 年 10 月 6 日向大宇汽车公司发出了偿还 3900 万美元贷款的最后通牒。10 月 11 日，大宇公司的 100 多位高级管理人员集体辞职，他们觉得自己已经不具备处理这件事情的能力，当中还包括了公司的两位总裁。

2000 年 10 月 31 日，公司在绝望中拟出了"自救计划书"，其中包括裁员 3500 人。之后，公司又与工会进行了工人工资方面问题的讨论，但是经过两天两夜的讨价还价之后，还是没有对自救方案达成一致的意见。

同年 11 月 8 日，各个债权银行召开会议，宣布大宇汽车公司破产。"金宇中神话"一时间化为泡影。

神话起源于多元化战略。

神话也破灭于多元化战略。

究竟该不该多元化呢？

英国伦敦商学院教授唐纳德·索尔在他的著作中称，经理人在考虑是否多元化时，可以对自己提出下面 6 个问题，如果这 6 个问题都是肯定的回答，那么就可以多元化，否则不能多元化。现在，我们将这些内容编译整理如下：

1. 我们在哪些方面比竞争对手做得更好？

当面对多元化经营的决策时，经理们要考虑的并不是他们的公司是干什么的，而是在什么方面干得比竞争对手更好。通俗地说，多元化经营的决策不是建立在诸如"我们经营娱乐业务"之类的宽泛或模糊的业务界定的基础上的，而是建立在对战略性资产的实事求是的分析基础之上的，它要求企业能作出类似于"我们卓越的销售能力可以极大地改进被收购公司的经营状况"的判断。

英国的博丁顿集团是成功的例子。1989 年，该公司当时的总裁丹尼斯·凯西迪对公司的竞争形势作了评估。那时，博丁顿公司是一家纵向一体化的啤酒生产销售商，拥有工厂、批发公司和遍布全国的小酒店。当时，啤酒行业的兼并风潮正在改变整个行业的格局，小型啤酒工厂生存受到威胁，但他们擅长小酒店经营，凯西迪决定在与小酒店相关的方向上实施多元化。于是，他们在保留小酒店的情况下，卖掉了啤酒工厂，收购了一批度假旅馆、饭店、疗养院和健身俱乐部。结果，他们扬长避短取得了多元化成功。

2. 进行多元化我们需要哪些战略性资产？

有些经营者以为，只要具备了必需的战略性资产中的一部分就可以开始多元化经营了。事实上却不然。

20世纪70年代后期，许多石油公司由于相信自己可以充分发挥在勘探、提炼和大型项目管理方面的经验，纷纷进入采矿行业，包括英国石油公司和埃克森公司等一批大石油公司。结果10年后都惨败而归，因为除了石油公司的已有能力之外，采矿业还需要低成本的提炼能力和采矿权，而这些正是石油公司的欠缺之处。

3. 我们能赶上或超过竞争对手吗？

如果缺乏在某个行业取得成功所需的一个或几个关键因素怎么办呢？可以通过自己培育、向外引进、改变行业游戏规则三种方式来实现。如果这三种方式能让我们赶上或超过竞争对手，才可以多元化。

日本佳能就是通过改变游戏规则来实现的。

20世纪60年代初期，佳能由当时的核心业务——照相机行业扩张到复印机行业。当时，佳能引以为豪的是照相机技术上的优势和销售体系。但是，进入复印机行业它也面对着美国施乐公司的巨大竞争。施乐通过自己的直销力量，以大企业为目标顾客，在当时市场上占据了主导地位。此外，施乐采取了出租而不是出售的销售方式。在对这个行业进行了仔细研究之后，佳能决定改变竞争方式：以中小企业和家庭消费者为目标顾客。公司通过它的代理商体系而不是建立自己的直销队伍来销售产品。与施乐等竞争者更为不同的是，佳能不强调产品的速度，而突出价格和质量因素。结果，在IBM和柯达力图打入复印机市场的种种努力都以失败告终的同时，佳能却在进入市场的20年里始终保持行业主导者的地位。

4. 多元化经营会不会拆散作为一个整体的战略性资产？

很多公司的老板错误地认为，他们可以把自己现有的技术和能力分拆开来。事实上，这些技术和能力只有在特定的竞争环境中，通过互相作用、互相强化才能真正成为优势，具有不可分拆性。

20世纪80年代，生产斯沃琪的SMH公司的主要业务是通过珠宝店和专业销售商向高消费阶层提供价格昂贵的高档手表。它的战略性资产主要是具有专利权的超薄技术、精密机械制造技术、生产过程自动化知识及瑞士手表的良好声誉。但这些能力对参与大众化手表市场竞争还远远不够。为克服自己的不足，该公司在意大利米兰建立了斯沃琪设计实验室，从世界各地招纳了大批优秀的艺术家、设计师和建筑师，由此而提高了设计能力。为获得更好的销售渠道，它又与其他一些公司建立了一家合资企业。最后，把这些新的战略性资产融入了现存的精密机械制造技术之中，从而在大众化手表市场取得巨大成功。

5. 我们是新行业内的竞争者还是胜利者？

有的公司即使在进入新行业初期在市场上确立了优势，但时间一长还是可能丧失这些优势。为了确立可持续的竞争优势，多元化经营的公司必须创造一些独一无二的、使竞争对手无法模仿的核心竞争力。

可口可乐的品牌就是其核心竞争力，其他饮料商无论如何努力，也复制不了可口可乐品牌，自然也就很难抢占可口可乐的市场份额。

6. 我们能在多元化经营中学到什么？

在考虑是否实行多元化经营时，应该提出一个最终问题：在进入新行业的过程中能学到些什么？它会不会成为我们继续向其他行业进军的战略基础？通过向复印机行业的多元化转型，佳能就学会了如何建立一个以商业用户为目标的营销组织和如何设计、制造性能可靠的静电复印机。当佳能进入激光打印机市场时，它学到的东西发挥了作用，从而使公司的业务开展得既快又轻松。

树立真正的成本意识

【原文】 贤君必恭俭礼下，取于民有制。(《孟子·滕文公》)

【大意】 英明的君王一定严肃而节俭，对下级有礼，向百姓征税有一定的制度。

孟子的观点其实包含了一个理财的观念。经济是一个国家的基础，正所谓经济基础决定上层建筑。作为一个管理者要学会理财，树立真正的成本意识，才能让企业发展壮大。

财务管理及资金运用在经营活动中是最关键、最敏感的问题。从某种意义上说，管理好资金比挣钱更重要。经营活动从本质上说是一种复杂的物质利益活动。只有合理安排资金，才能有效保证企业的生产和发展。具体地说，就是处理好资金周转、资金成本、利润、预算，解决好投资、税收、债务等问题，并利用好金融市场。

在企业的财务管理中，成本管理是尤为重要的。

首先，企业的管理者必须懂得授权的意义。他必须把一个庞大而复杂的工作交给几个独立的人去完成。每个人只有完成这一项工作中的一小部分，并对其负责。这种分权制的管理原则可以提高工作效率，也可以增强每个人的责任感，便于考核的展开进行。

在企业的成本控制中，责任分解的这一分权原则有着更广泛的运用。通常来说，企业的成本管理与各个部门及每个人的责任相结合，这会使企业庞大的预算、控制及决策指标分解到各个部门及个人。每个员工及部门都会对分内的指标数负责，这就有利于整体控制目标的实现。

在现实中，各个企业每年都要做大量的预算和开支计划，并且几乎每个企业无一例外地都有这样的计划，计划经主管部门批准之后，由一个具体的部门经理和班组长来负责这一计划的实施。只要预算和工作在公司制定的规章制度范围之内，都是被允许的。至于每个人如何来完成这些任务，达到这些目标，则是他们自己的事情。

因此预算与责任相结合是一个很好的办法，企业的管理者可以用它按系统分派责任。同时，还可以保持对成本的控制与监督。从责任分解的整个过程来看，制定恰当而合适的标准则是这一过程的关键因素。

具体来说，在制定这一标准过程中，我们应当考虑一些问题：整个预算的分配是否会提高工作效率，减轻工作负担；每一责任是否有专人负责，专人监督；分配责任后的预算控制系统是否留有时间进行决策思考；启动整个系统之后，是否会产生重大财务负担；每一预算是否严格而全面；是否将责任与员工的考核、选拔、激励、奖罚制度相结合。

在成本控制中，通过实行责任分解，可以取得良好的效果。

企业的各个部门和部门负责人都制定出他们的预算标准。通过实际费用的发生情况与预算进行对照，企业的财务状况就可以清楚地反映出来。企业的组织者和管理者就可以从这些报表中了解成本控制及管理工作的情况，使成本管理更加清晰、明了、简便易行。同时，如果他们发现报表中的实际情况与预算发生偏差，可以马上采取行动。而对于实际情况和预算相和谐的部分，就不必做任何事情。

预算和责任分解如果能在企业管理中得到恰当的运用，它一定能成为成本管理和控制中非常有效的工具，确保每个人的职责范围，随时发现问题，通过对每个责任者的奖优罚劣，严格考核责任者。

其次，管理者对资金成本的管理。

实际上，资金成本是产品成本必不可少的组成部分。与产品成本不同，资金成本并不是制造、生产线的成本，而是占用使用资金的成本。在市场经济的条件下，企业筹措资金往往是要付出代价的，这种代价就是资金成本。

资金成本通常包括两部分：一部分是用资费用。它是指企业在生产经营、投资过程中为使用资本而付出的费用，如向银行支付贷款利息、向股东支付红利等。这些构成了资金成本的主要内容。在通常情况下，用资费用同资金数量的多少和使用期限的长短成正比，它属于一种变动性的费用。

另一部分就是筹资费用。它指的是企业在筹措资金过程中为获取资金而付出的代价。如向银行支付借款手续费，因发行股票、债券而付出的发行费用等。筹资费用通常是在筹措资金时一次支付的，在用资过程中不再发生。因此是一种固定性费用。

在了解了资金成本后，我们可以应用资金成本来帮助制定决策。在使用资金成本概念进行决策时，我们应该避免一些误区，如一些管理者总是尽量吸引股权投资而避免借钱。他们认为，发行股票筹到的钱是无本万利的，不用交利息；借款要偿付利息而且有还款期限。实质上发行股票筹措的资金要远远超过借款所付出的代价。虽然你不向投资人还本付息，但要面临按份额分配你的盈利，因此股票筹资所付出的代价实质上远远超过借款。

除此之外，资金成本的概念还有更深的外延，如综合资本成本，它指的是企业长期资本的总成本；边际资本成本，它指的是企业完善筹措资金的成本；个别资本成本，它指的是债务成本、权益成本等单项成本。

在资金成本概念的运用过程中，我们可以比较筹措资本的方式的依据；可以选择追加筹资方案的评判标准；可以评判企业资本结构的基础；可以评价投资项目；可以比较投资方案；可以追加投资决策等。

作为企业的管理者，你必须学会用资金成本的观念来考察你的投资和理财计划是否科学与经济。计算各种资金的成本，学会相互比较，让资金成本参与你的投资决策。同时，不断评价整体的综合资金成本，改善你的资本结构。

德鲁克说过："在企业内部只有成本。"因此，成本的降低就意味着利润的增加。但是，有些企业在千方百计提高利润的同时，却忽视了全面的成本降低计划。

事实上，不管宏观经济情况如何，在力求提高利润或稳定利润时，成本降低应该是管理中最重要的工作。公司经理不能等到企业出现问题时，才考虑降低成本的方法。

降低成本要真正有效，不仅要制订有组织的综合的和连续不断的计划，而且还要使成本降低成为最优先的工作。从企业的管理者、组织者到每一个员工，都要真正地理解和认识到成本降低的重要性。

有一家在资金成本的运用中较为成功的企业,经过专家考察,确认该公司明确意识到降低成本和提高利润之间的关系,意识到降低成本是最优先的工作。该公司生产 50 种不同的产品,员工 100 人,其中 15 人为工程师。他们严格地遵循降低成本的原则,还创造出一种新型的成本降低法。他们每年在预算中都有降低成本 4% 的计划,而且每年都能完成这一任务。

这家公司降低成本的具体做法是:每个人都清楚自己的工作职责。同时,必须提交经过研究的、认可的成本降低建议书。每个员工都要安排到成本降低小组中。每个员工工资提高都要与成本降低直接挂钩。所有成本降低的建议都要采用书面的形式。

这些活动与措施在企业实施了多年,效果极为明显。

第七章 没有规矩不成方圆——孟子思想中的制度管理

不在其位，不谋其政

【原文】 有官守者，不得其职则去；有言责者，不得其言则去。我无官守，我无言责也，则吾进退，岂不绰绰然有余裕哉？（《孟子·公孙丑》）

【大意】 有官位的人，如果无法尽职尽责就应该辞官不干；有进言责任的人，如果言不听，就应该辞职不干。至于我，既无官也无进言的职责，那么我的进退去留，岂不是非常宽松而有自由回旋的余地？

孟子的这段话与孔子的"不在其位，不谋其政"道理相同。

孟子是针对政治社会管理而言，这对于现代企业管理而言也是非常重要的一条守则。

"不在其位，不谋其政"可以便于主管领导及时地发现责任的不完善、职权的不健全，从而及早提出解决方案。

责任重叠现象在现代企业管理中是一个行政组织系统发展过程中在所难免的事，而责任重叠的弊端往往被掩盖，造成组织层级中的有关人员推诿责任。

责任重叠和责任空白都是设计一个组织系统要特别注意防止的，尤其是责任重叠。这种责任重叠引发组织肌体的许多重大弊病，甚至会导致绝症及危及组织生存。

这种责任重叠主要是因为领导者的心理因素。有些领导害怕自己的权力被削弱，什么事都想插手，过于膨胀的权力欲使这些人更多地强调责任范围。

实际上，在很多企业之中，责任重叠远不是两个人或两个部门之间的事，而是许多人、许多岗位、许多部门重叠的现象。

责任重叠不解决，它就会像癌症一样，会导致一种恶性循环的"怪圈"。责任重叠最后往往成为互相推诿，无人负责。在一位主管领导发现这个责任范围无人负责后，会认为这是一块责任空白区域，于是他就再设置一个新的机构来管理这个区域，这样就更加重叠。而且一般地说，新设部门同原有的两个部门还会引发更多新的责任重叠区域。因此，组织运行由于责任重叠而进入了恶性循环状态。

研究行政管理的学者帕金森发现了"帕金森定律"。这个定律指出，行政组织运行到一定时期之后，就必须进行一次大的手术，采取革命性的变革，效率才会高起来。

第七章 没有规矩不成方圆——孟子思想中的制度管理

第八章　通权达变
——孟子思想中的企业创新管理

　　孟子有言曰：此一时，彼一时。事情是发展变化的，在不同的环境、不同的条件下考虑问题的方法也不尽相同。"可以久则久，可以速则速。"如果死守经验，死搬教条，那么很快就会被社会淘汰，所谓"尽信《书》，则不如无《书》"。一切要懂得通权达变，有变化才有发展。

　　我们处在一个不断变革、不断创新的时代，科学技术在飞速发展，企业经营环境处在不断改变之中，国内、国际市场也发生着变化，这都不断地向企业提出了新的挑战。应对这一切挑战的秘诀就是创新。只有不断创新，勇于变革，才能不断地适应市场，赢得竞争的胜利。

通权达变,弃旧图新

【原文】嫂溺不援,是豺狼也。男女授受不亲,礼也。嫂溺,援之以手者,权也。(《孟子·离娄》)

【大意】嫂嫂掉进水里而不去拉,简直就是豺狼。男女之间不亲手传递东西,这是礼的规矩。嫂嫂掉进水里,用手去拉她,这是通权达变。

孟子的学生淳于髡问孟子男女授受不亲是不是礼,接着又问:嫂嫂掉进水里,你去救,按照男女授受不亲的理论,不就违反了礼吗?孟子当即对此进行了反驳,孟子在这里就向我们表达出了一个通权达变的思想。在管理中通权达变的思想更为重要。社会发展日新月异,任何事情都不可能是一成不变的。达变,就是要变,要弃旧图新,才能有新的出路。

瑞士钟表在世界上名不虚传,其钟表的准确度和质量任何国家都无法媲美。然而,它有危机吗?有!

20世纪70年代中期至80年代初期,日本、美国等国家和中国香港地区钟表业迅速崛起,在竞争对手的"挤兑"下,"钟表王国"的王冠只是徒有虚名——1982年年度的世界市场占有率猛跌到9%;手表年产量下降到5300多万只;出口量从19世纪80年代中后期的8000万只以上跌落到3100万只;销售总额退居日本、中国香港之后而屈居第3位。市场竞争失势,业界苦不堪言——两家最大的钟表集团ASUAG、SSIH,1982年和1983年累计亏损5.4亿瑞士法郎;全国1/3的钟表工厂倒闭,数以千计的小钟表公司宣告停业,一半以上的钟表工人痛苦地加入了失业队伍……

瑞士钟表遭遇"停摆",摆在世人面前的瑞士钟表徒有虚名。

为提升市场占有率,瑞士7家银行联手投资10亿瑞士法郎,买下国内两家最大的钟表集团ASUAG、SSIH的98%的股票,然后将这两大集团捆绑在一起,于1983年5月组建为阿斯钟表康采恩。

汤姆克 1940 年出生于瑞士。也许是"钟表王国"对他的熏陶，1978年，他出任埃塔钟表零件公司的总经理。

汤姆克在担任埃塔钟表零件公司总经理前后，就奔走向国人示警：瑞士钟表业如不大力发展电子技术，将会丧失"钟表王国"的地位。他还带领公司进行技术创新，在全国钟表业一片危机之中保持兴旺发展的走势。

所有国人都看着他如何出手。

弃旧图新——摒弃对电子表不屑一顾的封闭观念，虚心学习对手的长处，追赶、进而领导石英表与电子表的新技术潮流。

许多人不敢苟同，也不愿意苟同。是啊，堂堂的机械表制造的老大竟然向石英表低头，没有面子。然而，摆在眼前的是生存问题，而不仅是面子问题。

汤姆克沉重地说："瑞士钟表业衰落的一条重要原因，不是别的，是对为自己创造了无比辉煌的机械表特别珍爱，不容许加以否定；而对自己首创的电子表新技术视若儿戏，迟迟不愿意推上生产线，但日本和香港地区的钟表厂商则敏锐地认识到电子表和石英表的未来前景，抢先一步，走在我们前面了。我们是被自己打败的。"

汤姆克同时让员工认识到电子表的优势：灵巧、方便；价值仅几十美元的石英电子表月误差不超过 15 秒，而"机械表之王"的劳力士的月误差一般在 100 秒左右，两者相比石英表无疑占有绝对优势。因此，在未来的几十年时间内，市场上手表需求量最大的将是准确而价廉物美的石英钟表，以及形同玩具的电子表。汤姆克大声疾呼："昨日的辉煌不能带来今天的出路。"

汤姆克就是汤姆克，在他带领下，公司很快推出了一批新式石英表，其中最具竞争力的就是薄型斯沃奇表。这种圆形长针日历表，全塑表壳表带，表身精美轻巧，并有许多不同的颜色，带有草莓、香蕉等多种不同香味。由于采用最新的制造工艺，零件比普通手表减少一半，且具有抗震性能强、防水性能好，并能经受得起 30 米深的水压等优点。在生产过程中，采用最先进的设备，如机器人操作等，因而性能稳定性很高，生产成本却相当低，而且售价仅 30 美元。该表问世后，销量扶摇直上。

汤姆克看准时机，来了一个回马枪，他已不满足"斯沃奇"表畅销欧洲、南美、非洲、东南亚等地市场，他要"师夷制夷"，进军石英表和电子表市场的"领头羊"——日本和美国。经过精心策划和广告促销，薄型"斯沃奇"表首批出口美国400万只，一下子就被抢购一空；接着又进军日本，在那里开设日本瑞士钟表公司，1986年以每只7000日元的价格畅销于日本市场。

瑞士人又一次看到了瑞士表在世界强劲的走势，心花怒放。在以机械表骄傲的氛围中，成功地推出反传统的电子表，汤姆克在产品结构的调整上迈出了可喜的第一步。

他能满足吗？他能满足就成不了精彩事典里的汤姆克。

过去，瑞士的"劳力士""珍妮·拉萨尔""欧米茄""浪琴""天梭""雷达"等名表，高档的每块售价达上万美元，但批量极小。如欧米茄和天梭表，生产品种款式分别多达1000种左右，其中许多品种生产批量极小，有的甚至每年仅生产几块。这不仅不利于提高生产效率、降低生产成本、稳定质量，也给工厂的管理带来许多麻烦。汤姆克对欧米茄、天梭等表的产品组合进行全面整顿：弃"多品种、小批量"战略，缩小产品线的宽度，坚决淘汰一批利润不高的品种；扩大生产的批量，从而大大地降低了生产成本，使手表质量因标准化的提高而得以稳定；大力发展石英电子表，使得欧米茄电子表占到整个欧米茄表产量的50%以上，天梭电子表占到整个天梭表产量的60%以上，均实现了以电子表为主的经营战略——大批量、标准化。这就是他的图新。

汤姆克的"弃旧图新，领导潮流"，终于使得瑞士钟表业再度辉煌：20世纪80年代中期的世界市场占有率又恢复到40%，成功地超过日本、中国香港而夺回了失落的"钟表王国"的王冠，再度称霸世界钟表业界。

这就是汤姆克的成功。

及时调整——创新成就联想

【原文】可以久则久,可以速则速。(《孟子·公孙丑》)

【大意】可以长久留任就长久留任,可以迅速离任就迅速离任。

孟子指出,在不同条件下,要审时度势,该慢则慢,该快就快,通权达变。

中国的企业界往往简单地将市场创新看作做广告搞促销。实际上市场创新是一个复杂的系统工程,它包括产品策略、价格策略、品牌策略以及服务网络架构等内容。看一个企业市场创新能力如何,主要看这几个方面工作的综合运作水平。好的策划、好的广告和好的促销方案,实际上仅仅是市场创新活动的一小部分内容。

联想集团在市场创新方面就做得很成功,其运作过程可以从时间上划分为两个阶段。第一阶段是1988年以前,当时联想的全部利润来源就是联想汉卡和相关产品,由于规模小、底子薄,联想的经营目标就是追求利润,进行资本积累。这个时期他们主要做了三件事:第一件事是证明联想汉卡是好产品。除了争得国家科技进步一等奖之外,还与近10家国家部委的计算机中心联合组建了"联想汉字系统协会",协会还创办了一本技术刊物《联想世界》。协会有上百家团体会员,每年由联想集团投入几十万运作经费。会员们可以经常活动,在一起交流使用联想汉卡的体会,会员还可以根据自己的需要,要求联想的专家们与自己一起在联想汉卡上进行针对自己需求的二次开发或三次开发。《联想世界》把所有这些活动和学术文章进行报道,然后寄往全国各地。联想人通过这样的办法来证明自己,证明联想汉卡是当之无愧的好商品。第二件事是宣传联想汉卡是好产品。主要通过广告、用户年会和产品演示会,每次演示会几乎都可以推出一个新版本的联想汉卡。通过以上各种方式,越来越多的人认识了联想汉卡,最终成为联想的用户。第三件事就是让更多的人来卖联想汉卡,也就是建立分销网络。因为在1988年以前,联想基本没有设立分公司,只是在北京以外大约十几个省市有自己的代理商。代理商要的是利润。联想不仅为代理商提供了广告支持,还定期举办代理商的技术培训班,以增强代理商对联想产品的认识。这一做法使它的营业额和利润都有了大幅度的提高,在当时这一市场创新可称得上独树一帜。

联想市场创新的第二个阶段是1988年以后,经营的核心由最大限度地追求利润转入既要利润又要市场份额,这是联想实力提高之后的必然选择。1988年后,联想集团在阐述自己发展计划时的变化是耐人寻味的。1989年、1990年他们说要抢占中国电脑行业头排交椅,1991年他们提出要挤入全球电脑板卡制造一流企业行列,直到1995年提出要在2000年实现营业额16亿美元,做到世界电脑行业榜上有名和东南亚一流。自此联想的目标不断清晰,不断量化,也不断提升,而这种变化正好说明联想集团发展规模经济的决心,而规模经济形成的最显著特征是企业的市场地位。

联想在抢占市场地位时,第一步是从海外战略开始的。首先,他们选择了与由几个毕业于英国伦敦帝国大学理工学院的年轻人创办的、技术实力和资本实力不太强的导远电脑有限公司进行合作,组成了香港联想电脑有限公司。之所以选择导远进行合作是因为他们对国际市场运行十分熟悉,这恰好是联想的劣势。联想人将这种合作比喻为"瞎子背瘸子";之后就是如何从零起步挤入国际市场。联想人采取了"汾酒质量二锅头价格"的策略,将1988年香港联想做了一年贸易的上千万利润全部用来进行自己电脑板卡进入国际市场的投资,与发展多年的台湾企业展开激烈竞争。凭这一策略在国际市场上步步为营,层层推进,联想电脑板卡由亏损到盈利,又由盈利到占有全球市场一定份额,全部过程用了5年的时间。

联想集团抢占市场的第二步是1990年联想电脑在中国问世以后,联想通过市场创新确立了在中国国内电脑市场的地位。首先在市场定位上,鉴于1994年之前中国基本上是两种定位的电脑:一种是价格高、性能优异、声誉和服务良好的国外品牌电脑;另一种是由中国一些中小企业组装的未经严格质量检测、性能一般的兼容机,于是联想选择了另一种定位,就是走大众名牌的道路。"买得起用得放心"便成为联想电脑大众名牌的核心内容。其次是在价格策略上，1995年年底之前，联想的调价频率并不很高，每次下调幅度也不大。基本上总是保持比国外品牌电脑便宜15%左右，但与兼容机相比价格还是高出很多的，这是由当时的实力决定的。然而在1995年，联想电脑年销售量达到10万台，这为他们提供了新的契机。1996年2月，筹划已久的联想人突然向社会宣布：为加快电脑进入家庭，联想集团各种型号电脑大幅度降价，其中奔腾5/75电脑降价幅度达到25%以上。这一消息无疑是一颗重磅炸弹，其震撼力不仅震动中国本土，还波及太平洋彼岸。联想为自己的品牌电脑潜心经营了5年，一点一滴培养自己的市场份额，从而赢得了1996年这个转折点。在如此众多的强敌面前取得这样的进展确实来之不易。这场价格战是联想集团市场创新的一个重大举措，具有非常重要的战略意义，标志着中国电脑民族工业与世界一流企业一次至关重要的正面交锋。继联想之后，又有四五家中国电脑企业宣布了降价消息，从而形成了中国电脑企业的一次集体行动。这样的行动对联想这样的企业乃至中国电脑行业的意义是不言而喻的，它是中国电脑行业开始走向成熟的一个重要标志。

没有新思路，企业就没有新动力。联想的做法向我们清晰地显示，系统运筹实际上是实力和智慧的合作。在实力不足的时候，不能异想天开地去蛮干，大跃进时期提出的"人有多大胆，地有多大产"而导致的后果就是很好的证明。

要想办法，或通过融资，或通过人力、物力的合作来壮大自己，而在实力具备的时候，就必须抓住时机扩大自己的优势，而不要拘泥不变，安于守成。只有这样，才能在激烈的市场竞争中最终赢得主动。

新的思想要与新的市场脉搏一起跳动

【原文】彼一时，此一时也。(《孟子·公孙丑》)

【大意】那时是一种情况，现在又是一种情况。

孟子认为人在不同的环境、不同的时间有不同的想法，人不能一成不变。我们创新管理也一样，新的思想、新的创意要随市场一起跳动。

一个企业的领导，有新思想很好，但更重要的是把新的思想运用到企业的实践中去，让自己的产品占据新的市场，与市场的脉搏一起跳动。

高尔文做到了这一点，所以当时摩托罗拉公司的产品风靡全球。

高尔文最大的成功就是能够掌握信息，利用关系，把自己的新思想立即付诸实施，跟市场的脉搏一起跳动，所以当别家企业面临危难的时刻，摩托罗拉公司却发展迅速。

高尔文一次次面对前进途中遇到的暂时挫折和失败，从不失去发展的信心。艰难的经历对他来说是一个巨大的宝库，里面储藏着他经历的胜利、失败和惊险。1937年和1938年期间的不景气，使他致力于经营多样化和制造新产品，并由此学会了清醒地重新估价。在以后的岁月中，他用这种方法解决了不少难题。

1936年，战争的乌云已经笼罩了整个欧洲。高尔文在这年携妻子丽莲和13岁的儿子鲍勃去欧洲旅游了6周。他们兴致勃勃地浏览了奥地利、法国、英国和德国的许多名胜古迹和艺术珍品，全家人在极大的欢乐中度过了一段美好的时光。

但是，弥漫在德国人中近似疯狂的好战情绪，引起了高尔文极大的注意。高尔文预感到：除非出现奇迹，战争已是不可避免的。这使他感到公司必须从事在战争时对国家有用的生产活动。在经历了1937年至1938年间的萧条之后，高尔文更坚定了自己的这种想法，于是，他开始让他的工程师进行军事无线电研究。

时机终于到来了！1940年年初的一天，《芝加哥每日新闻》一位编辑打电话告诉高尔文：在威斯康星州麦科伊营地进行军事演习的国民警卫队由于缺少无线电通信联络而行动受阻。

根据这一信息，高尔文立即派遣他的总工程师米切尔和约德前往麦科伊营地实地考察。

在军事演习现场，米切尔看到士兵们背着笨重的无线电设备作通信工具，用这种落后的东西去打仗，其结果是可想而知的。

米切尔当即向一位陆军通信部队的上校表示："用这种设备，根本无法打仗。我认为我们有能力向你们提供一种轻型并便于携带的无线电设备。"

米切尔回到公司详细向高尔文汇报了情况。在没有来自军队任何具体合同的情况下，高尔文当机立断，命令米切尔等工程师全力以赴研制适应军队打仗的无线电通信设备。

在米切尔出色的领导下，工程师们以热情的合作精神成功地解决了一个又一个难题，终于生产出了一台样机。这台样机由一个话筒、头部天线和内装电池构成，重量约5磅，最少能保证1英里内的通话质量，如果天气状况良好的话，还可达到3英里的范围。

这就是最早的手持无线电话机。

当高尔文他们兴致勃勃地向军队展示这种样机时，却只有很少的军官们对此抱有热情，许多高级军事指挥员对这种小东西能否在实际战斗中发挥效能抱有怀疑。因此，他们只签订了向部队发送少量无线电话机的合同。

这使许多参加研制开发的人不免有些垂头丧气。但高尔文却坚定地相信，有朝一日，无线电话机肯定会在战争中备受青睐。他要求米切尔和工程师们要继续改进该产品的功能。

不出高尔文所料，这种手持无线电话机很快便大放异彩了。罗斯福总统就职时看到情报人员为安全目的用这种东西与警察联系，不由得大感兴趣，并给当时组织伞兵的军官写了一封推荐信，军队也很快发现了这种小玩意儿在实际作战中的作用，并同高尔文签订了大批量的合同。

珍珠港被炸前的6个月,高尔文工厂投入了满负荷生产。有一次,他们收到一个订单,要求两天内向转运站发送100台话机,以适应"特殊的、最紧急的需要"。高尔文按时将货发了过去。几个月后,他们才知道,订购这批货物的是著名的"卡尔逊突击队"。突击队的将士有了这些无线电话机后,如虎添翼,在战场上取得了一个又一个胜利。由于高尔文在战争期间为军队做出了杰出贡献,美国陆军部和海军部先后5次授予高尔文三等奖章。

摩托罗拉在战场上所取得的辉煌成就更加触发了高尔文的灵感。他想,如果能够解决原有的设计及合作上存在的问题,那警察部门也可以大量应用无线电话机。他立即着手做这些事情,并对人们说:"这是一种需要,我看到了一个还没有人去占有的市场。"

有一次,高尔文在一本杂志上偶然读到康涅狄格大学诺布尔教授帮助警察局开发了FM汽车通信系统,他立即千方百计与诺布尔教授取得了联系,并说服教授与自己签订了一个协议:暂时离开大学到摩托罗拉工作一年。

对此举动,公司内部出现了一些反对意见。因为摩托罗拉原来的工程师大多没有受过高等教育,但却有着出色的实际工作能力,他们使用的工具也无非是简陋的螺丝刀和电烙铁。他们把诺布尔这样一个从不考虑价格和利润,只是埋头于纯学术研究的学者看作是入侵者。他们纷纷劝告高尔文:"不能相信这样的书呆子。"

但是,高尔文却是毫不动摇地信任诺布尔。美国参战后,诺布尔有次访问华盛顿,一位上校对他说:"美国陆军通讯部队有一个开发一种新型AM便携式无线电话收发机的合同。"诺布尔坦率地告诉他:"这是一个严重的错误,应开发的是FM便携式无线电话收发机。"正是由于这次谈话,促使陆军通讯部签发了委托摩托罗拉研制FM便携式无线电话收发机的合同。

当诺布尔从华盛顿归来后,摩托罗拉快马加鞭,很快便研制出了这种FM便携式无线电话收发机。在整个战争期间,这些话机被广泛应用于太平洋战场和欧洲战场,甚至让人们普遍感觉到这种步话机是战斗时唯一有用的通信设备。

战争使摩托罗拉羽翼渐丰，高尔文在最严酷的年代抓住了这一机遇，他凭着心中那股一直燃烧的信念和准确的洞察力，脚踏实地地揭开了摩托罗拉发展的新篇章。

当欧洲战场还是硝烟弥漫，美国部队也正忙于登陆战时，高尔文已经远见卓识地考虑战后生产的问题了。

1943年6月，高尔文在芝加哥举办的收音机厂商协会会议上指出："我们必须开始考虑回到和平时期的经济问题。"次年6月，他又同工业界领袖和战时生产局的官员们一起着手制订了一项计划，即在大战结束之后，必须修改战时生产局的限制法令，允许工业重新进入民用生产，同时继续军事生产。

高尔文预见到，战后军事需求必将大大削减，这会导致许多靠战争发家的企业倒闭。因此，他要求工程技术部门加紧民用新产品的设计工作，他开始准备新的经营管理计划，除继续从事收音机的生产外，增加了电唱机的生产，并将公司原在双向无线电通信器材生产中的领导地位尽力转变为稳妥而日趋增长的买卖。他认为，收音机行业前途光明，好运终将属于他们。

战争一结束，摩托罗拉便接到了终止战时合同的通知。面对类似的情况，许多公司开始拼命紧缩，采取了关闭工厂削减工资的办法。但高尔文却反其道而行之，表示决不降低任何岗位员工的工资和薪金。他认为，只要经营得当，员工们齐心协力，战时的工资水平在未来的民用生产中照样能支付下去。

事实证明高尔文是正确的。

1946年，在摩托罗拉由军用向民用经济转换的特殊年份里，上半年虽然亏损了约60万美元，然而到年底时，亏损不仅没有增加，还奇迹般地获得了60万美元的赢利。在别的公司都蒙受巨大损失的情况下，这一不寻常的利润使众多人士不得不对高尔文驾驭企业的非凡能力叹服。

从战火中昂然走出的摩托罗拉，羽翼更加丰满了。高尔文在增加电唱机生产的同时，决定向新兴的工业领域——电视机行业进军。

高尔文认为，战后电视机行业的发展前景将是十分诱人的。他说："当我们的确从事战后的电视机业时，那将开始成为大企业。我们将有另一种工业,这种工业将同收音机工业一样大,或是比它更大。"

要开发出优质的电视机产品,就必须有可以依赖的技术人员。高尔文广招贤才,从麻省理工学院雷达试验室聘请了一批才华横溢的工程师,还别出心裁地把他们分成两个研制组,以激发技术人员的竞争意识。

高尔文组织的两个开发小组不负众望,一举成功研制出两种不同型号的电视机。一组走传统路线设计出VT—101型电视机,其性能绝不逊于美国无线电公司的同类产品;另一组走创新之路,推出了VT-71型电视机,即1947年的"金色景象"电视机。这是一种上等的小型精品,屏幕只有7英寸,重25磅,易于搬动,并在设计上采用了新的电路,第一个使用内载波伴音,具有偏转电路的静电显像管以及7个频道的频率调整器。

如此卓越的设计,成本又极其低廉,真让高尔文欣喜不已。他成竹在胸地推行了新型电视机的营销策略,以令人震惊的低廉价格走向市场。这种薄利多销的计划使摩托罗拉电视机很快占领了市场。短短几个月内,摩托罗拉便在生产电视机的厂家中跃居第四位。

在进军电视机市场的同时,高尔文从来也没有放弃汽车收音机的生产,这是摩托罗拉起家和赖以发展的拳头产品,正是因为有了汽车收音机,摩托罗拉才成了美国市场上叫得响的名字。

随着1950年6月25日朝鲜战争的爆发,摩托罗拉又投入了军事生产。公司的生产进入了飞速发展时期,其销售总额该年底达到1.77亿美元。此后,摩托罗拉继续致力于开发新产品,并以一款彩色电视机再次征服市场。到1954年,摩托罗拉的销售总额上升到了2.05亿美元。在电视机的生产数量上名列第四,而汽车收音机的产量则数年独占鳌头。

福特 A 型车创造第二次辉煌

【原文】 尽信《书》，则不如无《书》。(《孟子·尽心》)

【大意】 完全相信《尚书》，那还不如没有《尚书》。

孟子指出要有怀疑的精神，对于威权要敢于质疑。在管理当中也同样适用，不能满足于现状，而要以创新的精神随时而动。任何一个企业要想在激烈的竞争中"永葆青春"，长盛不衰，就必须创新，积极求变，用最新的产品和优质的服务来征服市场，赢得顾客，而求变是其中的精髓。

1908 年春天，第一辆 T 型汽车在福特汽车公司诞生了，这标志着福特汽车时代的到来！为此，福特汽车公司专门举行了隆重的 T 型车新闻发布会。在会上，福特大声说："我可以保证，这种车全身上下找不出一丝华而不实的地方，这是专门为公众所设计的一种人人都买得起的大众车。"

"福特先生，这种车的售价是多少?"一名记者问。

"每辆车的价格不超过 850 美元。"福特的回答引起了会场上一阵骚动，因为此时美国市场上一般汽车的价格最低也得在 1300 美元以上。850 美元的价格低得实在让人难以置信，况且 T 型车还采用了许多当时在美国汽车业属于独创的技术。

福特汽车公司为配合 T 型车上市，展开了公司有史以来最强大的广告攻势——邮寄广告、报刊广告、标牌广告、电话推销等。1909 年，公司以 T 型车参加了从纽约至西雅图的横跨美洲大陆的汽车大赛，给了 T 型车以大显身手的良机。此次比赛路途遥远，道路复杂，途经各种不利的地形。T 型车经过艰苦拼搏，历经 20 天零 52 分钟，第一个到达了终点，以无可置疑的事实证明了 T 型车虽然结构简单、价格低廉，但仍具有其他各类汽车不可比拟的优良性能。这一结果在人们心中引起了强烈反响。

记者们纷纷对 T 型车给予了美好的评价：

"这种车的每一个零件都是为了适应延伸到美国各地的山路和土路而精心设计的,它可以像踩高跷一样通过乱石遍布和泥泞不堪的路面。"

"T 型车具有骡子的性格、猎犬的勇猛和骆驼的耐性,即使在恶劣的环境中,它也英勇无畏。"

广大消费者都被这种性能优越、价格低廉、易于维护、用途广泛的汽车迷住了,订单雪片般地飞向福特汽车公司。短短的一年时间里,1 万辆 T 型车被抢购一空,公司的营业额高达 900 多万美元。福特及福特汽车公司成功了。

巨大成功的喜悦,使福特有些沾沾自喜,并且盲目乐观起来,从而犯下了一个巨大的错误,这就是:忽视了在 T 型车生产的十几年中市场需求已发生了很大的转变。市场已经在变,而自己的产品还没有变,这种跟不上潮流的做法注定了公司要栽跟头,要受到市场严厉的惩罚。

进入 20 世纪 20 年代中期,整个市场形势发生了巨大的变化,这种变化使得福特汽车公司生产的 T 型车市场需求大幅下降,福特汽车公司的王者地位受到了来自其他汽车公司的猛烈冲击。

当时,正值美国汽车工业全面起飞的时期,各大公司纷纷推出色彩明快鲜艳的汽车,满足了消费者的不同需要,因而销路大畅。唯有黑色的福特车保持不变,显得严肃而呆板,销路自然大受影响。

但是,无论对各地要求福特供应花色汽车的代理商,还是对公司内的建议者,福特总是坚持顶回:"福特车只有黑色的,我看不出黑色有什么不好,至少比其他颜色耐旧些。"

生产逐渐艰难了,福特开始裁员,部分设备停工,将夜班调成白班以节省电灯费,公司内外人心浮动,连福特夫人也沉不住气了。

福特却笑着说:"这是我的袖里乾坤,先不告诉你,等想妥了再说。"他夫人担心公司里牢骚太盛,会不会人心思走。

福特了解夫人的担忧,信心十足地说:"我们公司的待遇高于任何企业,他们不会生异心,同时他们知道我是绝不服输的人,相信我不跟别人生产浅色车,一定另有计划。"

有人建议说,至少我们应该有新车在市面上销售,不至于让人说我们快倒闭了呀。福特诡谲地一笑:"让他们去说吧,谣言越多对我们越有利！"人们感到很奇怪，问公司是不是正在设计新车，是不是跟别人一样，会有各种颜色的车子？

福特回答说："不是正在设计，是已经定型了！也不是跟别人一样，而是我们自己的，而且我们的新车比别人的都便宜！"这是福特一生中最得意"杰作"之一——购买废船拆卸后炼钢，从而大大降低了钢铁的成本，为即将推出的 A 型汽车奠定了胜利的基础。

1927 年 5 月，福特突然宣布生产 T 型车的工厂全部停工，这是公司成立 24 年来第一次停止新车出厂，市面上所卖的都是存货。

消息一出，举世震惊，猜测蜂起，除了几个主管领导外，谁也摸不清福特打的是什么算盘。让人奇怪的是，工厂停工后工人并没有被解雇，每天仍然上下班。

1927 年 10 月 21 日，福特公司的新一代汽车终于诞生了。福特将其命名为 A 型车，这意味着福特公司的又一次新生。

新一代的 A 型车不愧为当时美国汽车业的得意之作。它配有手动变速的排挡、当时最先进的液压缓冲器、安稳舒适的绝缘橡胶坐垫、四轮制动系统、自动启动装置、自动雨刷、燃油表、计速器等等。为了满足不同消费者的要求，A 型车设计了 17 种车体式样和 4 种颜色，以便消费者根据自己的爱好而任意选择。

未经正式宣布，福特汽车公司研制成功新一代 A 型车的消息就传遍了整个底特律城。为了充分利用公众的好奇心，创造更好的宣传效果，福特汽车公司对新车采取了严格的保密措施，要求各地的经销商一定要确保在正式展出之前不让公众得知这种车的一点儿情况，哪怕是油漆的颜色。

1927 年 11 月底，福特公司花费巨资在全国各大报刊做了 3 天广告，对 A 型车进行了广泛宣传。

这一情况引起新闻界的极大兴趣，报纸上经常刊登有关福特的新闻，这更助长了人们的好奇心。

两个月后，福特终于透露，新的 A 型汽车将于 12 月应市。这比宣布工厂停工引起的震动更大。

年底，色彩华丽、典雅轻便而价格低廉的福特 A 型车终于在人们长期的翘首等待中上市，果然盛况空前，呈现出福特公司第二次起飞的辉煌局面。

福特公司由于T型车的开发，早已确定了它在美国汽车工业中的地位。这次面对各公司以色彩、外形为武器发起的挑战，福特并没有直接应战，而是养精蓄锐，扬长避短，抓住质量、价格这两个关键作充分准备，一旦成熟，就使对手们由强变弱、由优变劣了。

A型车又像当年的T型车一样取得了成功。

1928年，公司出售了63万辆A型车，1929年则达到了125万辆，占当年美国汽车销售总量的34%。

福特汽车公司又恢复了活力。

适时求变,守旧则意味着死亡

【原文】 大人者,言不必信,行不必果,惟义所在。(《孟子·离娄》)

【大意】 有德行的人说话不一定句句守信,做事不一定非有结果不可,只要合乎道义就行。

孟子本来是非常强调个人修养问题的,认为君子一定要言必信、行必果。但在这里却又提出言不必信、行不必果的命题,可能会让人困惑。其实,孟子指出的是一个大信与小信的问题,人在不同环境下,要能审视不同的条件,只要符合道义的就是可取的。孟子这里向人们指出的就是一个变化的思想,只要是符合道义的,一切都可以变。在管理中也是同样,只要符合企业利益,一切都可以变。而在如今高速发展的社会,不变就意味着被淘汰,意味着死亡。

1946年,日本卡西欧公司成立,当时公司只是一个仅有一台机床的小作坊。而现在,它已是拥有资金近千亿日元、营业额达1800亿日元的世界著名的大企业。卡西欧公司成功的秘诀在于对产品的不断创新。

卡西欧公司刚成立不久,就拿出了自己的拳头产品——中继式国产小型计算机。近50年来,卡西欧公司坚持在一定时期推出一些主打商品。几年后,人为地促使它陈旧淘汰,同时又生产出一些新产品来取代之,并且明确提出这样的目标:下一个王牌产品的功能要比现在的提高20%,价格则要便宜20%。70年代中期,卡西欧公司致力于开发以学生、小职员、家庭主妇为主要消费对象的人手一只的小型廉价品。70年代末,卡西欧公司又推出"迷你式"LC-78型微型计算器,进入80年代后,卡西欧仍然不断地向市场推出新产品,如像信用卡片大小的太阳能计算器、电子手册的数据库电脑等。

卡西欧公司在开发新产品时,十分注重产品的多功能复合化,让用户使用更方便。他们在60年代生产了具有计算数字、计时、读秒、闹钟等4种功能的复合式计算器；在70年代，又成功开发了多功能计算机和函数计算机；进入80年代，品种更是五花八门，有超薄型计算机、数据电子表、可以伴唱的电子乐器、附有自动打印装置的计算器、高灵敏的太阳能计算器等。这些源源不断问世的新产品，使卡西欧公司连续获得前进的动力和发展的活力。公司的发展目标也由"计算器的综合制造"发展到"情报机器的综合制造"，再发展到"电子机器的综合制造"。

为了从组织上保证新产品的开发工作，卡西欧公司设立了研究开发总部。该部拥有800多名科技人员，占职工总数的25%，专门从事新产品的研制和技术的开发工作，科研经费占销售总额的4%左右。研究开发总部分成许多个小组，各小组密切注视市场的动态，设计出适合各种需求的新产品，并及时地投入生产、投放市场。

此外，卡西欧公司还建立了"卡西欧振兴科学财团"，专门资助有突出成就的科研人员。

卡西欧公司的成功经验告诉我们：要想保持长盛不衰，就必须随时进行自我更新，用科学技术来改造原来的产品，以适应不断变化的市场需求。否则，因循守旧、骄傲自满、故步自封，无论企业过去的历史多么辉煌，最终也会被时代发展的大潮所淘汰。

美国的胜家公司曾经是一个国际性的大企业。它生产的"胜家"缝纫机曾经在全球畅销。1940年，世界每3台缝纫机中就有2台是这家公司的。可是，到了1986年，胜家公司不得不放弃了缝纫机的生产。

"胜家"为什么退出缝纫机生产领域呢？原来，胜家公司没有能够投入人力、财力开发新产品。一直到1985年，胜家公司生产的仍旧是以前设计的缝纫机；而其他的缝纫机生产厂家却研制出了新产品，如日本研制的缝纫机在操作失误时会发出声音提醒改正；英国则推出了"音乐缝纫机"；瑞典生产了"电脑缝纫机"。世界市场出现了如此巨大的技术更新浪潮，但胜家公司却永远保持原来的生产技术水平，不求技术创新，因此被淘汰当然是情理之中的事，也不足为怪了。

顺应市场发展规律，与时俱进

【原文】取之而燕民悦，则取之。古之人有行之者，武王是也。取之而燕民不悦，则勿取。古之人有行之者，文王是也。以万乘之国伐万乘之国，箪食壶浆以迎王师，岂有他哉？避水火也。如水益深，如火益热，亦运而已矣。(《孟子·梁惠王》)

【大意】占领它而使燕国的老百姓高兴，那就占领它。古人有这样做的，周武王就是。占领它而使燕国的老百姓不高兴的话，就不要占领它。古人也有这样做的，周文王就是。以齐国这样的一个拥有万辆兵车的大国去攻打燕国这个同样拥有万辆兵车的大国家，老百姓却用饭筐装着饭，用酒壶装着酒来欢迎大王您的军队，难道有别的什么原因吗？不过想摆脱那水深火热的日子罢了。如果您让他们的水更深，火更热，那他们也就会转而求其他的出路了。

这里是齐宣王问孟子要不要去攻打燕国。孟子在这里的态度非常谨慎，两种选择都给了齐宣王自己。但是我们仔细体会就会发现，其实孟子还是支持齐宣王攻打燕国的。不过孟子却说得比较含糊。这样，问题就来了，一贯反对霸道、反对战争的孟子怎么会支持齐宣王攻打燕国呢？要知道，这不仅有侵入之嫌，而且有点趁火打劫的味道！

原来，作为亚圣人孟子，与圣人孔子一样，并不是死搬教条、抱残守缺的书呆子，而是具有非常灵活的变通思想的。只要符合道义，就可以去攻占。

孟子的变通思想我们早有阐述，作为一个领导者，需要的就是灵活变通，而不是抱残守缺的书呆子。顺应市场发展趋势，才能不被淘汰。

一天，一个小孩站在河边发愁。一位头发斑白的老人走上前去，和蔼地问道："小朋友，你一个人站在这儿干什么？"

小孩答道:"老爷爷,我要过河去,怕弄湿了鞋,只有等河水流干了,我才能过河去!"

老人听了,哈哈大笑,对他说:"傻孩子,河水永远也不会干涸,如果像你这样等,就是等到老,你也是过不了这条河的啊!"

河流不会干涸,那就要在这个基础上考虑如何过河。

艾柯卡在福特公司做副总裁时,负责过林肯牌高级轿车的生产销售工作。当时林肯牌轿车车型老旧,缺乏时代气息,整个销售部门也缺乏生气,形势非常不妙。艾柯卡认为要扭转乾坤,必须在新产品上下功夫,于是他领导下属为"林肯"品牌高级轿车研制出了新的合乎时代潮流的新型车,即豪华型轿车"侯爵"和豪华型跑车"美洲豹",从而适合了市场需求,销售非常成功。

然而,好景不长,由于树大招风,再加上亨利·福特二世这位老板的独裁作风,艾柯卡不得不离开福特公司。

1978年11月,艾柯卡入主克莱斯勒公司,当时克莱斯勒公司经营困难,极其需要艾柯卡妙手回春术。

艾柯卡入主克莱斯勒公司后,开始实施他的领导大计,他根据市场要求的分析,首先恢复了克莱斯勒生产的道奇卡车的品牌标志,即一只大公羊,还根据顾客要求卡车结实、可靠、耐用的特点而在广告宣传上使用"道奇卡车和公羊一样壮实"的广告语。这样一来,克莱斯勒的卡车形象和美国公众心中的福特和雪佛莱一样有名气了,不少想买卡车的人,开始首选道奇卡车。

艾柯卡还首次推出了"退款保证"的销售方法,他宣传说,"请买我们的汽车开回家。如果在30天内,你不喜欢这辆车,可以开回车来退还车款。"这种销售方法引起了巨大的轰动,道奇卡车销量大增。

20世纪80年代初期,美国民众对小型车情有独钟,艾柯卡决定也生产小型车。经过努力他们研制成功了一种小型车,命名为K型车。艾柯卡抓住机会大肆宣传K型车的种种优点,并在广告中宣称"K型车出世了"以吸引大众的注意。后来,他又决定与一家大型经销商策划进行一场特殊的行销活动,称之为"K型车,来到了K市场",使K型车更加出名。在1981年中,K型车占据了小型车市场的20%份额,此后销路也一直不错。

这一仗，艾柯卡在其他公司不加注意的方面，迅速推出新产品，在市场上抢得了一席之地。

1984年，艾柯卡又领导克莱斯勒推出了符合市场需求的微型面包车。微型面包车比传统的旅行车稍大，又比常规面包车稍小，这是艾柯卡推出的一个新车型，可以装得下7个人，比较适合家庭使用。这款新车被《幸福》杂志评为年度十大最新产品，获得了消费者的热烈欢迎。这一年，克莱斯勒公司的汽车产量比上年同期增长了53.6%，销售额高达49亿美元，赢利7.05亿美元。

至此，艾柯卡重新挽救了克莱斯勒公司，他被美国百姓视为国家的英雄，甚至有人劝他去竞选总统，以挽救美国。

变,才是企业唯一不变的主题

【原文】国家闲暇,及是时,明其政刑。(《孟子·公孙丑》)

【大意】乘国家没有内忧外患时明修政治法律。

国家闲暇,也不能安逸度日,也要有变,改变不合时宜的以适应新的变化。

在企业管理中也是同样,企业发展有很多路,所谓"条条道路通罗马",但是,要记住一条,变,才是企业唯一不变的主题。

现代企业管理中,企业变化也是无止境的,想坐守旧境使企业发达,那是不可能的,特别是面对危机,更要及时应变。企业的变化要重视以下几点:

(1)一定要对比。对比可以在同行中对比,产品对比、企业对比,可以在对比中借鉴别人的生存方法。对比是无情的,只要站在同一地平线上,高下立即分出。

(2)决不能盲目应对,以为随便变化或者改一下形式就能解决问题,一种不负责任的应付会毁了一个企业。

(3)变化要有牺牲精神。

韩国三星集团会长李健熙就是靠善变的精神把企业带入到一个更高的高度的。

李健熙的父亲李秉哲1910年出生于韩国汉城的一个殷实之家。李秉哲好读书,中学毕业后,又赴日本就读于早稻田大学。

1938年,28岁的李秉哲回到韩国自己的家园,创办三星商会,从事贸易和酿造业,开始了创业。

李秉哲的创业之路极不平坦，直到 1953 年 7 月 27 日，朝鲜停战协定签订，三星公司才正式走上经营发展的大道。

李秉哲为三星公司制定了三星精神，也就是三个第一：品质第一，事事第一，利润第一。

1987 年，李秉哲与世长辞。其子李健熙出任三星集团会长。

1993 年对于三星公司来说，是改革之年。李健熙提出了一系列改革方案，被人称之为"三星新经营"。

李健熙在就职宣言中就提出"一定要成为世界超一流的企业"的目标，在平稳地度过了 5 年，完成了新老交替后，他开始将自己的诺言付诸实践了。

1993 年 2 月 18 日，三星集团电子部门的副总经理以上干部得到通知：立即到李健熙会长那里开会。会议名为"电子部门出口商品现场比较与评价会议"。会上，一向沉默寡言的李健熙一反常态，侃侃而谈："诸位，我们的商品现在处境不是很乐观。"他的声音有些颤抖了。手下的人有点不敢与他的目光对视。

"在美国，一支普通的高尔夫球棒卖到 150～250 美元，是我们三星 13 英寸彩电的价格！要知道，我们的彩电是由一千多个零部件组成的。一支好的高尔夫球棒在这里卖 500 美元，而我们 27 英寸的彩电才卖 400 美元。即使如此，我们的产品在这里仍然灰尘满面。请问，这样的产品还能贴上'SAMSUNG'的商标摆在柜台上吗？"

会议整整开了 8 个小时。会后，又用了整整一天时间在现场就世界 78 种产品与三星电子产品逐一进行了比较和分析，从而使三星人切实地认识到其电子产品在世界上所处的位置。

6 月 7 日，李健熙又发表了一个独特的主张，他明确地要求管理层和员工：除了老婆和孩子不能变外，其他一切都要变。

三星公司开始进行大刀阔斧的改革。

公司任人唯贤，每年都有近百名怀揣 MBA 背景的年轻人被提拔为高级主管。鼓励创新，尊重员工个性，有才能的员工感受到了快乐的工作。最值得一提的是，李健熙大力将公司建成网络化、扁平式企业，实现内部

管理的科学化。在三星公司，决策和实施过程公开、透明，各种信息由下而上，通过网络广泛传递，管理层和被管理层积极参与，最基层员工都可以通过电子邮件向总裁提建议。

当亚洲金融危机袭来之时，人们知道了三星公司的未雨绸缪是多么的明智。

金融危机来临时，三星公司一开始也陷入了混乱之中，但企业和员工适应能力显然强于韩国其他企业。在裁员问题上，三星公司几乎没有碰到任何阻力，很多员工平静地接受了被裁减的事实。1997年至1999年的两年时间里，三星公司231个企业进行了产权调整，多达1.5万名员工变更了隶属关系，员工总数减少了32%，从16.7万人减少到11.3万人。

李健熙非常感谢离开的那些员工曾经对三星公司的付出。他告诫留下来的人，只有加倍努力，才能无愧于那些在三星公司危急的时刻"支持"企业的人。

三星公司在裁员的问题上风平浪静，让李健熙更加应对有方，金融危机一发生，他指挥三星公司大量出售存货，积极回收应收账款，甚至不惜变卖了19亿美元的资产，放弃了无线寻呼机、洗碗机等16个利润过低的产品，此举使三星公司现金收入大增，也使得债务降到了正常的50%，资产结构明显改善，三星公司实现了最初的转机。

这个时候，李健熙更显大家风范。在危机中没有回避危机，而是在危机中对三星公司的产业结构进行大刀阔斧的调整，大做"减法"，将原来的65个公司减少到40个，着重发展4个核心领域中的3个：电子、金融和贸易，其他业务全部被清理。

1999年，三星公司毅然将汽车项目出售给雷诺公司，仅此一项就损失几十亿美元。这在韩国引起不小的轰动，三星公司这种壮士断臂的举动充分表明了企业专注于核心产业发展的决心。

金融危机前，韩国大集团的排名位置：现代第一，三星第二，大宇第三，LG第四。现在，四大集团发生明显分化，其中三星、大宇更是走上了截然不同的两条道路：三星公司扶摇直上，成为韩国金融复苏和经济振兴的典范；而大宇企业却负债累累，资不抵债，大宇神话一去不复返。

第九章　抓住机遇，主动出击
——孟子的机遇观

　　孟子在两千多年前提出"天时不如地利，地利不如人和"，成了教导我们"团结就是力量"的至理名言。然而，人们往往只注意"人和"，却忽视了"天时"也同样重要。这里的"天时"，指的就是机遇。孟子指出："虽有智慧，不如乘势，虽有镃基，不如待时。"意指虽然有智慧，不如趁形势，虽然有锄头，不如等农时。机遇不管是对人的发展，还是对企业的发展都是至关重要的。在市场竞争激烈的今天，抓住机遇就等于抓住了成功。

机不可失,有机遇一定要抓住

【原文】虽有智慧,不如乘势,虽有镃基,不如待时。(《孟子·公孙丑》)

【大意】虽然有智慧,不如趁形势;虽然有锄头,不如等农时。

孟子认为做事情要分析情况,抓准时机,所谓"赶得早不如赶得巧,算得精不如运气好"。机遇来了一定要抓住,才能事半功倍。

在企业的经营管理中,企业的战略管理很重要,如果当机会在眼前的时候而轻易放弃,企业就错过了最好的发展机遇。抓不住机遇,企业要想壮大就只是一句空话。

随着社会日新月异的发展,生存竞争也日趋激烈,只停留在先人留下的积累中细吃慢品,总有一天会坐吃山空,而这一点却很少被人们认识到。

自己不动脑筋,有机会来的时候没看到,看到别人在某一方面收益甚好,就如影随形,跟着学,往往会导致失败。

唐装是近年来春节前后最流行的服装之一,而且有很多服装企业在唐装上收益颇丰,同样也有很多的服装企业面对市场悔之莫及,望洋兴叹。为什么呢?就是没有及时把握住商机,抓住市场的空缺。在上海举行的APEC领导人非正式会议上,各国元首每人一件唐装着身时,一些敏锐的商家就发现了商机,立马行动,而有些商家看到后还坐在西装或牛仔裤上傻笑呢。待到一些服装企业的唐装上市热火朝天时,一些错失商机的企业主才如梦方醒,亦步亦趋地仿效。但在春节后,有些聪明的企业就停止了唐装的生产,而那些后来者蜂拥而上,后果可想而知。时机的把握和智商的敏锐性在商业领域的激烈竞争中由此可见一斑。

所以要扩大企业规模,以下几点必须要注意:

（1）该扩大规模时一定要扩大，绝不能停滞不前。

（2）为了优化资本结构，必须进行兼并收购。

（3）为了使公司的闲置资产得到有效的利用，盘活资产，实现资产的保值增值，必须通过横向联合盘活闲置资产。

（4）为了扩大生产，加快自我发展，必要时要与国际大公司合资合作。

（5）在企业内部，必要时也要进行股份改造和资本重组，使企业形成规模经济。

抓住市场"痒"处，饱和市场也有机遇

【原文】博学而详说之，将以反说约也。(《孟子·离娄》)

【大意】广博地学习，详尽地解说，目的在于融会贯通后返归到简约。

孟子这里指出了一个学习的问题，学习是由厚到薄、由薄到厚的过程。虽然谈的是学习问题，但我们也可以从中悟出一些道理来。由繁到简，其实繁并不代表满，只要你有心，就能发现其实还有空缺，就如饱和的市场未必饱和。

对于许多创业者来说，总是抱怨说市场都被一些大商家垄断了，根本没有他们的立足之地，没有机会与他们竞争，于是就失去了创业的信心。其实这种思想就是没有开发自己的智慧，只要你能够多进行市场调查，就能够发现市场始终有一些大商家忽视的空缺，抓住这种空缺就会在大商家的夹缝中发展起来，走向成功。

明尼唐克公司是排居在很多大公司之后的小型肥皂制造企业，由于是后起无名小辈，不敢与其他大公司发生正面竞争，因为那样无异于是以卵击石。通过仔细思考，公司决定采取侧面出击、出其不意的策略，不去踩别人的脚步，而是另辟新径，独出心裁，推陈出新。

1979年该公司首家推出了液体肥皂，这种产品悄然上市后，立即引起消费者的强烈反响，得到大批用户的认可。这种"液体肥皂"的上市，很快冲击了当时名望高规模大的棕榄、乐威、宝洁等知名公司，使他们大为震惊。因为"液体肥皂"的上市抢走了他们生产的块状肥皂的大块市场，明尼唐克公司用智慧赢得了空前的成功。

可见，智慧运用得当，不管现状怎样，都会给自己开拓出新的生存空间。抓住市场的空缺为自己开拓生存的空间尤为重要。忽视它，就等于忽视自己的潜在市场。如果明尼唐克公司不肯动脑子，依然按别人走过的路逐影随形，可能就不会有自己的出路，只能跟在那些大公司后面吃些残羹而已。

山姆·沃尔顿发展他的零售大业的策略是"农村包围城市"，这种渗透战略除了有利于分销和控制外，还有其他各种好处。

沃尔玛在阿肯色州西部的市场饱和后，便转向了俄克拉荷马州，然后再是密苏里州。沃尔玛一个地区一个地区地依次开发，一步一步，稳扎稳打，这也是山姆·沃尔顿的一个特点。有时，山姆·沃尔顿也会跳跃式地开发，例如，当山姆·沃尔顿在路易斯安那州的拉斯顿开了第 23 家分店时，发现在本顿威尔与拉斯顿之间的南阿肯色尚无分店，于是便回过头来在南阿肯色设了点。

山姆·沃尔顿发现这种扩张方式很有效，于是就一直坚持下来，从阿肯色州、田纳西州，一路扩展到堪萨斯州和内布拉斯加州，一直扩张到任何山姆·沃尔顿想去的地方。

对是不是扩展到大城市去这个问题，山姆·沃尔顿的确经过缜密的考虑。山姆·沃尔顿并不打算真正往大城市里发展，他的做法是在大城市周围一定距离内先发展沃尔玛分店，静候城市向外发展。这个策略在实际使用中被证明是十分正确的。

从一开始，山姆·沃尔顿就没有为广告花太多的财力，而渗透战略却帮助沃尔玛节约了一大笔广告费用。这正如沃尔玛公司开始时能想出许多主意一样，沃尔玛或多或少还在遵循着到小城镇去发展的战略，虽然山姆·沃尔顿现在也会在一些大城市开店。

随着事务的繁忙，山姆·沃尔顿买了一架飞机，穿梭于各店铺之间，及时了解各分店的业务进展。这样，随着山姆·沃尔顿的分店越开越多，飞机变成了勘察新店开设地点的最好工具。从空中勘察地势，山姆·沃尔顿大约比别的零售商早了 10 年，从中山姆·沃尔顿也找到了许多理想、合适的地点。20 世纪 70 年代后，沃尔玛已成为一个真正的有效益的零售实体，并为日后的腾飞奠定了扎实的基础。在零售业上，沃尔玛的竞争对手竟没能赶上来，也没能设法制止沃尔玛的飞速发展。不论什么时候，沃尔玛在一个城镇里设一家沃尔玛商店，顾客们就会"喜新厌旧"，纷纷跑到他的商店买货。

1970年初，山姆·沃尔顿竭尽全力到美国各地去促销沃尔玛即将上市的股票，其中包括洛杉矶、旧金山和芝加哥等地，向人们宣传说沃尔玛公司前途不可限量。同年10月1日，沃尔玛公司的股票正式上市。山姆·沃尔顿在上市说明书上记载发行30万股，每股15美元，溢价发行每股16.5美元。虽然买股票的人并不很多，但是市场反应良好。在800名买者中，大多数是投资机构和公司的熟人。在那次公开发行中，买进股票的人，或是原先有合伙股份并在那次沃尔玛股票上市时转换为股票的人，由于他们幸运地选择了沃尔玛，现在都已成为百万富翁。

在刚上市的时候，沃尔玛公司的市场价值大约是1.35亿美元，而现在的价值已经达到4000亿美元。

1974年底，山姆·沃尔顿取得了令人满意的成就，他已建立了一个大规模的地区性折价商店联号，在美国8个州有近100家沃尔玛商店。沃尔玛的销售额近1.7亿美元，其中利润有600多万美元。股票被折股了两次，并且在纽约证券交易所上市。现在，持有沃尔玛公司股票的人都从沃尔玛那里获得了丰厚的回报，公司也借助他们的资金得到了新的发展。

由于沃尔玛的低成本、低费用结构和低价格，山姆·沃尔顿终于在商业上立住了脚跟。

沃尔玛在1998年的销售额已达到近1400亿美元，开创了新的纪录。但是，沃尔玛的纪录并非到此为止，沃尔玛似乎总是在不断地创造着纪录。1999年，沃尔玛的销售额竟高达1660亿美元，公司在《财富》500强中排名第4位。在1990年到2000年的10年间，沃尔玛的增长率一直是两位数。在2000年度《财富》500强排行榜上除了通用电气公司就是沃尔玛了。2014年，沃尔玛公司以4762.94亿美元的销售额力压众多石油公司而荣登《财富》世界500强榜首，到现在，它已连续三年排名第一。

我们任何一位生存在这个世界上的人，都得具备开发智慧的意识，有勇于超越的魄力，只有这样，才会营造出属于自己的生存空间。

决策应该是以思考为基础的，思考的过程就该有智慧的协助。那么智慧是什么组成的呢？智慧要从知识的获取、实践经验的积累着手，不间断地跟上时代的脚步，这样，思考后的决策才会有成功的可能。

只要你有心,就会发现机遇

【原文】有复于王者曰:"吾力足以举百钧,而不足以举一羽;明足以察秋毫之末,而不见舆薪。"则王许之乎?(《孟子·梁惠王》)

【大意】假如有人来向大王报告说:"我的力量能够举得起3000斤,却拿不起一根羽毛;视力能够看得清鸟身上的细毛,却看不见摆在眼前的一车柴草。"大王您会相信他的话吗?

这里是梁惠王问孟子关于实行王道有什么办法的时候,孟子给予的回答。孟子再一次阐述了这样一个道理:实行王道其实是很简单的,就看你有没有心去实行而已。有句话是这样说的:只有你想不到的,没有做不到的。在管理中也同样如此,只要你有心,眼光够尖锐,你就能发现其实机遇就在你身边。

日本的泡泡糖市场,多年来一直被劳特公司所垄断,其他企业要想打入泡泡糖市场似乎已毫无可能。而在1991年,弱小的江崎糖业公司一下子就夺走了劳特公司1/3的市场,这成了日本这一年经济生活中一条轰动性的新闻。江崎公司是怎样获得成功的呢?

首先,公司成立了由智囊人员、科技人员和供销人员共同组成的班子,在广泛搜集有关资料的基础上,专门研究劳特公司生产、销售的泡泡糖的优点与缺点。经过一段时间认真细致的调查分析,他们找出了劳特公司生产的泡泡糖有以下缺点:

(1)销售对象太单一,以儿童为主,对成年人重视不够(其实成年人喜欢泡泡糖的也不少,而且越来越多);

(2)口味单一,只有果味型(其实消费者的口味需要是多样的);

(3)形状基本上都是单调的条状(其实消费者对形状的审美情趣也是多样的);

（4）价格为每块110日元，顾客购买时要找零钱，颇不方便。

发现以上这些可钻的空子以后，江崎公司对症下药，迅速推出了一系列泡泡糖新产品：提神用的泡泡糖，可以消除困倦；交际用的泡泡糖，可以清洁口腔，消除口臭；运动用的泡泡糖，可以增强体力；轻松休闲的泡泡糖，可以改变抑郁情绪。在泡泡糖形状上也有新的发明，推出了卡片形、圆球形、动物形各种形状。为了方便食用，采用一种新包装，只需一只手就可以打开使用。在价格上，为了避免找零钱的麻烦，一律定价为50日元和100日元两种。这样通过一系列措施，加上强大的广告宣传，1991年江崎糖业公司在泡泡糖市场上的占有率一下子由原来的0上升到25%，创造了销售额达150亿日元的高纪录。

江崎糖业公司的创办人江崎在谈他的创业成功秘诀时这样说："即使是已经成熟的市场，也并非无缝可钻。市场是在不断变化的，机会总能够找到。"

20世纪60年代，美国的饮料市场被两大可乐公司所统治。作为1968年刚刚问世的新饮料——七喜，如何才能突破垄断，抢占市场呢？

当时的美国人在口味上已经习惯于可乐饮料，而且在思维方式上也拘泥于可乐才是饮料。如何打破可乐在消费者心目中的统治地位呢？七喜公司打破了传统的逻辑习惯和思维方式，到饮用者的头脑中去找产品的位置。他们大胆地提出"非可乐"的产品位置。这一语破天惊的口号被美国的广告界称为"辉煌的口号"，也正是"非可乐"这一简单有力的口号，使七喜脱离开硝烟弥漫的可乐竞争圈，以清新的口味和逻辑习惯赢得了消费者。这个策略口号打出的第一年，七喜的销售量上升了15%。1978年菲里普·莫里斯公司收购了七喜公司，又使用"美国转向七喜"这一定位战略，虽然没有改变大众对可乐的消费口味，但它却占领了非可乐饮料的市场。

七喜公司采用了两级划分的方法，把饮料市场划分为可乐产品和非可乐产品两大部分，将七喜定位为非可乐产品，这就与两大可乐公司的产品有了明确的区分，突出了七喜与可乐产品反其道而行的产品形象，既给消费者留下了深刻的形象，又避开了与两大可乐公司之间的激烈竞争，使其可以集中力量赢得非可乐产品市场的霸主地位。

菲律宾有一家地理位置极差、但生意却极佳的餐馆，餐馆生意的成功全在于餐馆管理者的奇思妙想。

这家餐馆的生意起初并不好：由于地处偏远，且交通不方便，去餐馆用餐的顾客很少。有人建议管理者干脆关掉餐馆，另谋他路。管理者思索再三，决定看看其他餐馆的生意状况后再说。于是，管理者扮作一个顾客，一个餐馆一个餐馆地去察访。最后，管理者发现，那些地处闹市区、生意较好的餐馆有一个共同点："现代派"味道十足，"闹"得不能再"闹"。管理者不止一次发现，一些不喜欢"热闹"的顾客直皱眉头，匆匆用餐后即匆匆离去。

管理者想起了自己餐馆所处的独特幽静的地理位置，不由跃跃欲试，"来个'幽静高雅'，会是怎么样呢？"

管理者请来装修工，将餐馆的外貌精心装饰得淡雅、古朴；屋内的装饰只用白、绿两种颜色：白色的柱子、白色的桌椅，绿色的墙、绿色的花草。管理者还用莎士比亚时代的酒桶为顾客盛酒，用从印度买来的"古战车"为顾客送菜。

奇迹出现了，早已被喧嚣声搅得烦不胜烦的顾客们听说有一个古朴幽静的餐馆可以进餐，你传我，我传他，纷至沓来，餐馆的生意顿时好转。

让偶然变成一种必然

【原文】周于利者，凶年不能杀。(《孟子·尽心》)

【大意】财富充足的人，荒年不能让他窘困。

只有平时积累丰富的财富，才能应对危机；那么从另一个角度讲，只有平时多做功课，才能在机遇来的时候抓住，才能让偶然变成必然。

成功学大师希尔认为，机会是偶然的，把握了偶然的机会，你就成功了；反之，就会归于失败。

美国《妇女家庭》杂志的编辑爱德华·包克，从小就沉浸在一种想法中：他立志有一天要创办一种杂志。

由于他树立了这个明确的目标，所以特别留心每个机会。

有一回，他看见一个人打开一包纸烟时，从中抽出一张纸条，随即把它扔了。包克拾起这张纸条，见那上面印着一个著名女演员的照片，下面有一行字，这是一套照片中的一幅。

包克把照片翻过来，发现它的背面竟然是空白的。

包克立即感到这是个机会。

他推断：如果把印有照片的纸片充分利用起来，在它的背面印上照片上人物的小传，价值就可大大提高。

于是，他走到印刷这种纸烟附件的平板画公司，向经理说明了他的想法。

这位经理立即说道："如果你给我写100位美国名人小传，每篇100字，我将每篇付给你10美元。请你给我送来一些名人的名单，并分为总统、将帅、演员、作家等等。"

这就是包克最早的写作任务。

对他的小传的需要量与日俱增，以致他得请人帮忙。

于是他聘请了他的弟弟，付给每篇5美元的稿费。

不久，包克又请了五名新闻记者帮忙。

就这样，包克成了著名的编辑！

偶然的机会，有时就是这样，促使一个人愿望成为现实。

当然，偶然来临的机会与成大事毕竟还是有一段距离。

法国一位总统曾说过："人是有命运的，命运就是一种机会以及捕获机会的能力。"

机会是外在因素，捕获机会的能力就是内在因素。

在科学发展的历史上，由偶然性而导致的科学发明是不计其数的，它甚至成了从事发明创造的一种思维方法。

波尔多混合液的发明就是这样。

1878年，在法国梅杜克地区，葡萄霜霉病流行，严重地影响了该地区的葡萄生产。

然而，在西南部波尔多城的一片靠近马路旁的葡萄却没有得病，而且长势喜人。这个偶然例外，对于葡萄园的主人和专门研究者来说，无疑是一个机会。

波尔多大学教授米勒德特专访了这里的葡萄园主人，得知原来是为了吓唬小偷，在葡萄藤架上喷洒了用石灰和硫酸铜按不同比例配制成的农药，经过试验，发现它不但能防治葡萄霜霉病，还可防治马铃薯晚疫病、梨黑星病等多种植物病害。

事情就是这样巧，葡萄园主人为防小偷使用的药，意外地起到了防治葡萄霜霉病的作用，这确是偶然的发现。

可是不要忘了，只要把石灰和硫酸铜混合，就必然具有杀菌作用。

不过，这种必然性的作用是通过偶然性的形式表现出来的。

一个机会来临时，如果没有去很好地把握，往往会失之交臂，因而要想捕到深水中的"大鱼"，就要有耐心，有技巧，有对时机敏锐的把握能力。

法国人李比希是19世纪最杰出的化学家之一，1825年李比希从法国著名化学家盖·吕萨克那里学成归来，年仅22岁，已是台森大学的教授。

一天，一个制盐工厂的熟人给他送来了一瓶浸泡过某种海藻植物灰的母液，请他分析鉴定其中的化学成分。经过一番处理，李比希从中提炼出某些盐类。

他又将剩下的母液与氯水混合，再加一点淀粉试剂，母液立即呈蓝色，这说明母液中含有碘化物。

第二天一早，李比希又拿起这溶液来看，发现在蓝色的含碘溶液上面还有少量的棕色液层。

这液层是什么？

他并没有进一步深入研究，想当然地断定它是氯化碘，于是马上标签，实验便告结束。

一年以后，一个与李比希同龄的法国青年巴拉，因为家贫，一面在当地学院读书，一面在药学专科学校实验室当助手。

他没有轻信李比希的结论，而对棕色液体进行多方试验，结果发现了一种与氯、碘极为相似的新元素"溴"。

李比希因为想当然，与一个重大的发现失之交臂。为了永生不忘这一深刻教训，李比希每当指导学生实验时，就将"氯化碘"标签拿出来，告诫他们不得粗心大意，而应留心意外的发现。

当机会来临的时候，抓住不放，就会创造出意想不到的成就，成大事者往往就是这样"长成"的。

把握良机

【原文】夫环而攻之，必有得天时者矣。(《孟子·公孙丑》)

【大意】既然四面围攻，总会遇到好时机。

这是孟子论述天、地、人三者之间关系的时候所说的，并且说出了"天时不如地利，地利不如人和"的千古名言。在论述三者关系的时候，孟子主要强调了人和的重要性，只要人心齐，则什么都可以"破"，这我们在前面也有论述。但是有一点我们不应该忽视——时机的重要性。机遇对于企业的发展也是同样的重要。

在企业发展中，如果你能在时机来临之前就识别它，在它溜走之前就采取行动，那么，幸运之神就会光顾你的头脑。

1865年，美国南北战争宣告结束。北方工业资产阶级战胜了南方种植园主，但林肯总统被刺身亡。全美国沉浸在欢乐与悲痛之中，既为统一美国的胜利而欢欣鼓舞，又因失去了一位可敬的总统而无限悲恸。

但是，后来成为美国钢铁巨头的卡内基却看到了另一面。他预料到，战争结束之后，经济复苏必然降临，经济建设对于钢铁的需求量便会与日俱增。

于是，他义无反顾地辞去铁路部门报酬优厚的工作，合并由他主持的两大钢铁公司——都市钢铁公司和独眼巨人钢铁公司，创立了联合制铁公司。同时，卡内基让弟弟汤姆创立匹兹堡火车头制造公司和经营苏必略铁矿。

在联合制铁公司的工厂里，矗立起一座22.5米高的熔矿炉，这是当时世界最大的熔矿炉，对它的建造，投资者都感到提心吊胆，生怕将本投进去后不能获得收益。但卡内基的努力让这些担心成为杞人忧天，他聘请化学专家驻厂，检验买进的矿石、灰石和焦炭的品质，使产品、零件及原材料的检测系统化。

在当时,从原料的购入到产品的卖出,往往显得很混乱,直到结账时才知道盈亏状况,完全不存在什么科学的经营方式。卡内基大力整顿,贯彻了各层次职责分明的高效率的概念,使生产力水平大为提高。同时,他买下了英国道兹工程师"兄弟钢铁制造"专利,又买下了"焦炭洗涤还原法"的专利。

他这一做法很有先见之明,否则,卡内基的钢铁事业就会在不久的大萧条中成为牺牲品。

1873年,经济大萧条的境况不期而至。银行倒闭、证券交易所关门,各地的铁路工程支付款突然被中断,现场施工戛然而止,铁矿山及煤山相继歇业,匹兹堡的炉火也熄灭了。

面对这谈虎色变的大萧条,卡内基却慧眼独具地断言:"只有在经济萧条的年代,才能以便宜的价格买到钢铁厂的建材,工资也相应便宜。其他钢铁公司相继倒闭,向钢铁挑战的东部企业家也已鸣金收兵。这正是千载难逢的好机会,绝不可以失之交臂。"

于是,在最困难的情况下,卡内基却反常人之道,打算建造一座钢铁制造厂。

他为此专门找股东摩根,谈出了自己的新打算:

"我计划进行一个百万元规模的投资,建贝亚默式5吨转炉两座,旋转炉一座,再加上亚门斯式5吨熔炉两座……"

"那么,工厂的生产能力会怎样呢?"摩根问道。

"1875年1月开始工作,钢轨年产量将达到3万吨,每吨制造成本大约69元……"

"现在钢轨的平均成本大约是每吨110元,新设备投资额是100万元,第一年的收益就相当于成本……"

"比股票投资还赢利。"卡内基补充了一句。

在摩根的合作下,股东们同意发行公司债券。

有了资金,卡内基的宏伟计划开始实施,各项工程有条不紊地进行。但工程进度比预定的时间稍为落后。1875年8月6日,卡内基收到第一个订单:2000支钢轨。与此同时,他新建的熔炉也点燃了。

每吨钢轨的人工成本是 8.26 元,原料 40.86 元,石灰石和燃料费是 6.31 元,专利费 1.17 元,总成本不过才 56.6 元。这比原先预计的 69 元便宜多了,卡内基兴奋不已。

1881 年,卡内基与焦炭大王费里克达成协议,双方投资组建佛里克焦炭公司,各持一半股份。

同年,卡内基以他自己三家制铁企业为主体,联合许多小焦炭公司,成立了卡内基公司。

卡内基兄弟的钢铁产量占全美的 1/7,并逐步向垄断型企业迈进。

1890 年,卡内基兄弟吞并了狄克仙钢铁公司之后,一举将资金增到 2500 万美元,公司名称也变为卡内基钢铁公司。不久之后,又更名为 US 钢铁企业集团。

卡内基的成功是眼光和果断的结果,更是把握住了千载难逢的绝佳时机,大萧条成就了卡内基的雄心和智慧,也成就了一代钢铁大王的传奇。